V&R

Annette Kämmerer
Joachim Funke (Hg.)

Seelenlandschaften

Streifzüge durch die Psychologie

98 persönliche Positionen

Vandenhoeck & Ruprecht

Anschrift der Herausgeber:
PD Dr. Annette Kämerer
Prof. Dr. Joachim Funke
Psychologisches Institut der
Universität Heidelberg
Hauptstr. 47–51
D-69117 Heidelberg

Bibliografische Information Der Deutschen Bibliothek

Die Deutsche Bibliothek verzeichnet diese Publikation in der Deutschen
Nationalbibliografie; detaillierte bibliografische Daten sind im Internet
über ‹http://dnb.ddb.de› abrufbar.

ISBN 3-525-46206-9

Vorwort der Herausgeber

Die wissenschaftliche Psychologie hat seit ihrer Etablierung im 19. Jahrhundert enorme Fortschritte gemacht. Sie ist inzwischen ein weltweites Unternehmen, zu dem viele Wissenschaftlerinnen und Wissenschaftler ihre Beiträge liefern – heute zumeist in englischer Sprache, der »Lingua Franca« der Neuzeit. Aber nicht nur eine Vereinheitlichung der Sprache, sondern auch eine Vereinheitlichung der Form, in der Beiträge geliefert werden (der legendäre »APA style«), charakterisieren unsere Professionalität. Auch die Inhalte der psychologischen Forschung sind durch große, oft international bearbeitete Themenstellungen gekennzeichnet, der »main stream« erscheint angesichts komplexer Probleme und Fragestellungen nicht zu umgehen.

Umso wichtiger erschien es uns, einmal abseits der üblichen Inhalte und Formen einen Rahmen zu bieten, in dem Personen, die unser Fach Psychologie vertreten, etwas aus ihrem ganz persönlichen Schatzkästlein berichten können. Den Anstoß dazu gab das Buch »Philosophie à la carte« von Spitzley und Stoecker (2002), das diese Idee für das Fach Philosophie in die Tat umgesetzt hat.

Wir haben eine bunt gemischte Auswahl von rund 350 Professorinnen und Professoren für Psychologie aus den deutschsprachigen Ländern angeschrieben und sie darum gebeten, auf maximal zwei Seiten etwas Persönliches darzustellen – etwas, das im Alltagsgeschäft der Psychologie keinen Platz findet, mit dem aber etwas angesprochen wird oder in dem etwas anklingt, was den speziellen Reiz der Psychologie oder des Psychologischen deutlich werden lässt. Bewusst hatten wir keine inhaltlichen Beschränkungen vorgegeben und auch nicht korrigierend in die uns zugeschickten Texte eingegriffen. Manche haben spontan zugesagt, andere nach einigem Zögern. Wieder andere wollten nichts von sich berichten – ein Standpunkt, den wir respektieren.

Was dabei herausgekommen ist, ist ein subjektiver Führer durch das, was die Autorinnen und Autoren aus ihrer persönlichen Erfahrung berichten – kurz: ein Streifzug durch Seelenlandschaften. Wir laden Sie ein, uns durch diese Landschaften zu folgen. Die Orte, die Sie auf dem Weg finden werden, führen uns von Westen nach Osten und sind anhand ihrer Position auf den Längengraden geordnet. Lassen Sie sich von der Vielfalt dieser Seelenlandschaften anregen.

Die Realisierung des Vorhabens mit einer so großen Zahl an Autorinnen und Autoren stellte eine besondere Herausforderung dar und nicht immer lief alles glatt. Die Interaktion von Medien (Papier, E-Mail, Telefon, Fax) und Personen hat bei knapp 100 Beteiligten zu einem bunten Kommunikationsmix geführt. Dank ist daher an unsere Lehrstuhl-Sekretärin, Gustava Hess, zu richten, die fast die gesamte, zahlreiche – elektronische wie papierne –Korrespondenz abgewickelt und sorgfältig Buch geführt hat.

Ein besonderer Dank geht an Dr. Harry Lundberg, dem es in kürzester Zeit gelang, nicht einfach nur einen Verleger zu finden, sondern diesen so zu begeistern, wie es bei diesem Projekt besser nicht hätte kommen können. Ulrike Bade, der Herstellerin im Verlag, ist zu danken, da sie unsere Vorgaben – zwei Seiten pro Person – angesichts variierender Textlängen wunderbar erfüllen konnte.

Schließlich wollen wir nicht verhehlen, dass die Zusammenarbeit zwischen den beiden Herausgebern neben der (vorrangig organisatorischen) Arbeit auch viel Vergnügen bereitet hat – schön, dass so etwas im Wissenschaftsbetrieb der Psychologie möglich ist!

Annette Kämmerer und Joachim Funke

Günter Debus

Die Aachener Maulwurf-Strategie

An einer Technischen Hochschule – zumal wenn sie darauf beharrt, »Hochschule« genannt zu werden – ist manches anders. Dies gilt im besonderen Maß für die Artisten-Fakultät, der die Psychologie angehört. Passagere Gewerbetreibende mit wechselnden Rollen und gelegentlichen Umbauverpflichtungen.

Es war im Sommer 1984. Dem formal noch existierenden Institut für Psychologie waren die Studierenden abhanden gekommen, nachdem es seit 1982 aus der zentralen Vergabe der Studienplätze ausgeschlossen war. Im Auslaufmodell des kompletten Diplomstudiengangs hatten eine kleine Zahl in Aachen verbliebener Studierende noch ihr Examen gemacht, die meisten jedoch frühzeitig das Weite gesucht ohne Hoffnung, dass aus Aachen jemals wieder etwas werden würde.

Ich verwaltete mit den wenigen Mitarbeitern der verwaisten Professuren ein vereinsamtes Gebäude in der Jägerstraße, darauf wartend, dass es nach den Entscheidungen des Ministeriums und der Hochschule im darauf folgenden Semester weitergehen würde, mit einem geänderten Konzept: Schwerpunkt Arbeits-, Betriebs- und Organisationspsychologie (ABO) beschränkt auf den zweiten Studienabschnitt.

Aber wie bekommen wir Studierende nach dem Vordiplom aus anderen Universitäten nach Aachen? Und dies in ausreichender Zahl und ohne dass wir die Kollegen vergrätzen! Konspiration war angesagt, und wir setzten uns zusammen und berieten. Ein Informationsblatt musste geschrieben und an andere Hochschulen verschickt werden. Verschickt? Eingeschleust! – Gab es doch auch an anderen Orten Kollegen, die abseits der dominanten Klinischen Psychologie mühevoll ein Pflänzlein in ABO-Psychologie hegten und jeden nur andeutungsweise interessierten Studenten für sich zu gewinnen versuchten. Dort wären wir, wenn wir mit unserem Ansinnen hätten landen wollen, auf heftigsten Widerstand gestoßen. Unsere Informationsblätter würden nicht überleben, ja noch nicht einmal unsere Adressaten erreichen.

Was tun? Wir brauchten verdeckte Vermittler in möglichst vielen Instituten, die mögliche Interessenkollision eruierten! Maulwürfe sozusagen! Das war die Geburt unserer Maulwurf-Strategie. Jeder von uns schlug befreundete Kollegen in anderen Instituten vor, von denen wir annehmen konnten, dass sie keine ABO-Interessen hatten und für uns tätig werden konnten. An sie schrieben wir: Sie mögen Verständnis haben, wir brauchten nur 30 Studierende pro Jahr insgesamt, bei 15 Instituten – wenigstens so viele sollten sich bereit finden – seien das doch nur zwei aus einem Institut pro Jahr, das sei doch zu verschmerzen, und so weiter. Die Schreiben wiederholten wir Jahr für Jahr, legten einen Jahresbericht dazu und teilten unseren Termin für den Tag der offenen Tür mit. Unsere Maulwurf-Strategie ging auf. Die Informationsblätter wurden ausgehängt und – sofern verschwunden – wieder durch neue ersetzt. Vorsichtshalber hatten wir immer ein Dutzend Blätter zugeschickt.

Parallel dazu planten wir noch eine rheinische Offensive. In den Universitäten im Umfeld von Aachen starteten wir – von den dortigen Psychologen offiziell genehmigte – Werbefeldzüge. In Düsseldorf, meiner Habilitations-Uni, war es für mich unproblematisch, war man doch dort froh, »grundlagen-biologisch« schwer zu prägende Kandidaten für eine nur-angewandte Wissenschaft wie ABO-Psychologie abgeben zu können. In Köln und Bonn fehlte zu unserem Glück eine strenge Kontrollinstanz. In Trier lief es auch nicht schlecht, weil ABO nur am Rande über einen Lehrauftrag vertreten war.

In Wuppertal erfuhren wir dagegen eine prompte Abfuhr, strömten die dortigen Studenten nach dem Vordiplom ohnehin von allein weg – auf der Suche nach Klinischer Psychologie. Die Wuppertaler Psychologen-Kollegen wollten mit den wenigen verbliebenen Studenten eine eigene ABO-Psychologie aufbauen. Ein Geschäft war mit Bochum zu machen: Angebot einer Forschungskooperation – Andries Sanders, aus den Niederlanden nach Aachen berufen, lotete Zusammenarbeit durch Vorträge aus – gegen eine Informationsveranstaltung über das Aachener Studienmodell. In Bielefeld sorgte ein Freund der Aachener für ungestörtes Werbetrommeln.

Es dauerte nicht lange und wir hatten Erfolg. Zu unserer Verwunderung kamen tatsächlich Studenten in das verlassene Aachen. Nicht nur aus dem rheinischen Raum, sondern auch von weiter her, so Kiel, Würzburg, Konstanz. Wir waren tief beeindruckt.

Die gegenwärtig über uns hinwegrollende neue Welle der Studienreform wird es mit sich bringen, dass auch andere Institute für die bei ihnen angebotenen Schwerpunkte Studierende anwerben müssen. Wir haben dies bereits gelernt und hoffen, unseren Vorsprung zu halten.

Prof. Dr. rer. nat. Günter Debus, Institut für Psychologie der RWTH Aachen.
Fachgebiete: Ergonomie, Kognitive Psychophysiologie, Raumorientierung.

Dieter Bartussek

Das Don-Vincenzo-Problem

Seit 1973 betreiben wir an der Universität Trier ein EEG-Labor zur Untersuchung von Emotionen und Persönlichkeitsunterschieden. Forschung allein mit Fragebogen erscheint dafür unzulänglich. Aber auch »objektive« Verhaltensdaten können ihre Tücken haben. Keiner hat das so amüsant illustriert wie Hans Jürgen Eysenck. Im Kontext der Beschreibung solcher Probleme in der psychologischen Sexualforschung erzählt er die Geschichte einer »Ehetauglichkeitsprüfung« (»Die Experimentiergesellschaft«, 1973, S. 73–77), die ich hier gekürzt nacherzählen möchte:

Nach Annullierung der ersten Ehe des Prinzen Vincenzo Gonzaga war der Großherzog von Toskana, Francesco de Medici, bereit, ihm seine Tochter zur Frau zu geben. Die Bedingung der Medici für diese Heirat war, dass Don Vincenzo seine Potenz mit einer Jungfrau und vor Zeugen beweisen sollte.

Am 12. Dezember 1583 beschloss ein geheimes Konsistorium von 19 Kardinälen, dass der Prinz vor Zeugen seine Manneskraft *in virginem* zu beweisen hätte. Die Grundregeln wurden wie folgt festgelegt: l. Das Mädchen soll von je zwei Ärzten, Ammen und Matronen besehen und geprüft werden, in Gegenwart Don Alfonsos, Don Cesares und des Cavaliere Urbani. 2. Don Alfonso soll sie streng bewachen lassen, bis der Prinz sich ihr nähert. Sie soll in einen Raum eingeschlossen werden, der Gitterfenster und nur eine Tür hat. 3. Die Probe soll während einer einzigen Nacht stattfinden. 4. Der Prinz darf zur Entjungferung weder Finger, noch Instrumente gebrauchen, sondern nur seine natürliche Manneskraft. 5. Die Zeugen werden die Entjungferung feststellen. 6. Don Cesare soll nach Belieben die Natur des Prinzen mit seinen Augen besehen und mit seinen Händen betasten.

Es gab Streitigkeiten über die Regeln und die Auswahl eines Mädchens. Endlich wurde die zwanzigjährige Giulia ausgewählt, gebadet und für das Bett vorbereitet. Abgesandte beider Parteien untersuchten sie und stellten fest, dass sie für die Probe geeignet war. Auch über die Zeitbeschränkung einigte man sich: Vierundzwanzig Stunden hintereinander sollte der Prinz die Möglichkeit haben, seine Manneskraft zu beweisen. Der Prinz sollte das Zimmer allein betreten und die Beobachter prüfen lassen, dass er nichts bei sich hat als seine natürlichen Werkzeuge. Der Minister Seiner Hoheit sollte ihn besehen und eigenhändig betasten, wenn er am Werk ist. Der Ort sollte Venedig sein.

Als sich der Prinz einfand, war Giulia rundherum gewaschen und gereinigt worden und hätte sogar eine Marmorstatue in Erregung versetzen können. Der Prinz wurde untersucht, und man bestätigte, dass er keine Werkzeuge bei sich hatte. Dann legte er sich zu dem Mädchen ins Bett, schlief ein und schnarchte. Die schöne Giulia berichtete völlig frustriert, dass er wenige Minuten vor sieben erwachte, sie in seine Arme riss, sich ergebnislos auf sie legte und sich wieder neben ihr ausstreckte.

Als man ihr sagte, der Prinz habe sich den Magen verdorben und werde am Abend tun, was er am Morgen nicht habe vollbringen können, lachte sie und sagte: »Was will er denn mit mir machen? Ich habe ja nicht einmal seine Natur gespürt.« Drei Tage später erschien der Prinz endlich wieder zum Gefecht. Er legte sich neben das Mädchen und bat den Cavaliere, den Akt zu überwachen. Dieser berichtet: »Der erlauchte Prinz hob sich, auf den Ellbogen gestützt, ein wenig hoch, und meine Hand fuhr hindurch, bis sie die steife Natur des Prinzen zu fassen bekam. Dass sie in ihr war, ließ sich an ihrem wollüstigen Stöhnen erkennen.« Der Prinz aber sagte stolz: »Du hast dich durch Berühren und Betasten überzeugt – jetzt überlass mich meinem Geschäft.« Genau genommen war sein Geschäft zu dieser Zeit bereits erledigt, denn es gab drei kanonische Bedingungen für die Manneskraft: Die Erectio, Introductio und Emissio. Giulia wurde langwierig befragt, sie schien zufrieden. Der Heilige Vater wurde von dem Erfolg des Prinzen benachrichtigt und die Hochzeit wurde vorbereitet.

Vom wissenschaftlichen Standpunkt aus betrachtet bewies dieses »Experiment« nichts: Der Prinz hätte ein Werkzeug bei sich verbergen können, denn die Prüfung war nicht sehr streng. Er konnte außerdem seine Finger benutzt haben. Auch die Emissio könnte nicht stattgefunden haben. Dafür gab es keinen wirklichen Beweis: Man glaubte dem Wort des Mädchens, das leicht hätte bestochen sein können. So hatten selbst bei diesem »Experiment« verbale Berichte das letzte Wort!

Prof. Dr. Dieter Bartussek, Fachbereich I – Psychologie, Universität Trier.
Fachgebiete: Psychophysiologische Persönlichkeitsforschung, Psychologische Methodenlehre.

Sigrun-Heide Filipp

Autobiographisches Staccato

Ein sehr persönlicher »Blick zurück« anlässlich der Vollendung meines 60. Lebensjahres im Juli 2003

Gipfel erstürmt
Täler durchlitten
Urwald vermessen
Neugier besessen.

Blüthner gestreichelt
Stimme gebildet
Schubert gesungen
Lyrik verschlungen.

Hunde gekrault
Freunde geliebt
Nähe verspürt
Ludi entführt.

Tote beweint
Tränen getrocknet
Hände umklammert
Herze so weh.

Bäume gepflanzt
Katzen begraben

Kränze gebunden
Körper geschunden.

Manches geschrieben
Vieles gelesen
Kluges gedacht
Nicht alles vollbracht.

Getanes bedauert
Versäumtes beklagt
Gesagtes bereut
Am Heute erfreut.

Flüsse durchwatet
Steine gesucht
Perlen entdeckt
Zweifel versteckt.

Orkus verhöhnt
Erde geküsst
Wolken durchflogen
Himmel berührt.

Prof. Dr. Sigrun-Heide Filipp. Fachbereich I – Psychologie, Universität Trier.
Fachgebiete: Selbst, Krisen, Lebensspanne.

Günter Krampen

Psychologie – Was ist das?

Persönliche Anmerkungen zu Gegenstand, Einheitlichkeit und Pluralismus der Psychologie

Der Titel dieses Kurzbeitrags ist geklaut – geklaut von Klaus A. Schneewind, einem der Professoren, von denen ich vor gut 30 Jahren in die Grundlagen der Forschungs- und Anwendungspraxis der Psychologie eingeführt wurde. Klaus A. Schneewind, heute an der Universität München, hat 1975 ein Buch mit diesem Titel veröffentlicht in dem in zeitgemäßer Form die Gegenstandsbereiche der Psychologie abgesteckt und ihr Gegenstand selbst recht pragmatisch und spröde mit dem »Verhalten und Erleben von Menschen« definiert wird. Dies ist allgemein gehalten, wirkt auf den ersten Blick wenig informativ, genügt aber sicherlich den Anforderungen, die an einen Minimalkonsens zu stellen sind, dem möglichst viele Fachkollegen und -kolleginnen zustimmen könnten. Im Unterschied zu einer Vielzahl alternativer Gegenstandsdefinitionen für die Wissenschaft der Psychologie, die an bestimmte Denktraditionen oder Methodenpräferenzen (»Schulen«) gebunden sind, ist dies ein großer Vorteil. Gleichwohl suggeriert der Vorschlag eine Einheitlichkeit im Wissenschaftsverständnis, die der Pluralität der Psychologie weder historisch noch aktuell gerecht wird.

Historisch hat sich die Psychologie in der zweiten Hälfte des 19. Jahrhunderts als Disziplin aus den Geistes- und Naturwissenschaften ausdifferenziert. Die Berufung des Physiologen und Mediziners Wilhelm Wundt auf den ersten Lehrstuhl für Psychologie, der aus einem Lehrstuhl für Philosophie hervorging, symbolisiert dies sehr schön. Auch Wundts frühe Psychologie steht mit der Unterscheidung von Experimental- und Völkerpsychologie in dieser Tradition. Nach der Gründungsphase entstanden in der Konsolidierungsphase unserer Wissenschaft in der ersten Hälfte des 20. Jahrhunderts die »großen Schulen«, durch die Differenzierungen im Gegenstandsverständnis verstärkt wurden: Eher naturwissenschaftlich orientiert der Funktionalismus und Behaviorismus, eher geisteswissenschaftlich orientiert die Psychoanalyse und die Phänomenologische (verstehende) Psychologie sowie als Zwischenglied die Gestaltpsychologie. Methodologisch findet sich diese Trennung heute nach wie vor in vielen Köpfen mit dem Beharren auf »quantitativen« versus »qualitativen« Methoden. Gleichwohl wurde das Schulendenken in der Psychologie in der Mitte des 20. Jahrhunderts zu Gunsten eines kompetitiven theoretischen und methodischen Pluralismus weitgehend überwunden. Dies gilt jedoch weniger für methodologische Grabenkämpfe, die »Psychotherapie-Schulen« sowie die Bio- und Neuropsychologie, für die Separationsbestrebungen aufgrund verengter Gegenstandsverständnisse virulent sind.

Damit steht die Psychologie wieder oder immer noch in der Gefahr zu einer Kommode mit vielen Schubladen (darin sind ihre verschiedenen Teil-disziplinen, Anwendungsbereiche, Schulen, methodischen Präferenzen etc.) zu werden. Diese Schubladen könnten immer kleiner werden, es könnte Schubladen in Schubladen geben, Geheimschubladen könnten sich auftun, und bald könnte kaum mehr jemand von den Schubladen wissen, in denen andere stecken. Schubladenspezifische »Zitier-Zirkel« mögen diese Entwick-lung verstärken, und es droht eine durch die Beschränktheit der Sicht in den Schubladen gefährliche Überspezialisierung in der Forschungs- und Anwen-dungspraxis.

Psychologie ist *natür*lich Naturwissenschaft, *selbst*verständlich Geistes-wissenschaft und nicht zuletzt Sozialwissenschaft, da der Mensch Teil der Natur ist, einen Geist hat und von Geburt an ein soziales Wesen ist – kurz: Der Gegenstand der Psychologie ist komplex, und komplexe Phänomene müssen in ihrer Komplexität mit den in allen Wissenschaften verfügbaren Theorien- und Konzeptbildungen sowie Methoden analysiert werden. Die dreifach Verankerung unseres Fachs im Wissenschaftskanon macht die Psychologie zu einer transdisziplinären Wissenschaft. Dies macht ihren be-sonderen Reiz aus, kann aber auch zu Spannungen führen, die manch eine(r) nicht auszuhalten scheint. Das Resultat sind Verengungen im Gegenstands-verständnis, Überspezialisierungen und Separationsbestrebungen. Damit wird eine einheitliche Gegenstandsauffassung unterlaufen. Die Komplexität ihres Gegenstands ist das entscheidende Merkmal der Psychologie als trans-disziplinäre Wissenschaft und zugleich Gewähr für ihre Einheitlichkeit mit der Notwendigkeit, in Grundlagen- und Anwendungsforschung pluralistisch und kompetitiv mit natur-, geistes- und sozialwissenschaftlichen Konzepten, Theorien und Methoden zu arbeiten.

Jede einseitige Annäherung an den Gegenstand der Psychologie kann zwar gut sein, keine ist aber gut genug, um die Komplexität des Gegen-stands abzubilden. Die eine Annäherung mag diese vielversprechende Per-spektive aufweisen, die nächste eine andere. Die fehlerhaften Aspekte jeder Annäherung sind zu widerlegen, die richtigen sind für die Psychologie als Ganzes anzuerkennen, was nur im innerfachlichen Dialog einer transdiszi-plinären Wissenschaft fruchtbar möglich ist.

Prof. Dr. Günter Krampen, Psychologisches Institut, Universität Trier.
Fachgebiete: Klinische Psychologie und Psychotherapie sowie Wissenschaftsforschung und Geschichte der Psychologie.

Leo Montada

Natur- oder humanwissenschaftliche Psychologie

Der 11. September 2001. Was hat die Psychologin Dr. rer. nat. dazu zu sagen? Nicht viel, wenn der Doktortitel zu ihrem Expertisespektrum passt. Allenfalls mag sie wissen, dass es zur Natur des Homo sapiens gehört, dass er Theorien bildet über sich selbst, über andere Menschen, über die Welt. Vielleicht weiß sie auch, dass man das Handeln und Erleben der Menschen nicht verstehen und auch nicht vorhersagen kann, wenn man ihre Theorien und Ideenwelten nicht kennt, ob diese Theorien nun richtig oder falsch sind, ob die Ideen eine objektive Grundlage haben oder nicht.

Wenn sie eine breit gebildete Person ist, wird sie zweifeln, ob sie als Naturwissenschaftlerin das begriffliche und methodische Rüstzeug hat, um diese Theorien und Ideen der Menschen zu erkunden und begrifflich zu fassen, zumal diese Theorien oft soziale und kulturelle Konstruktionen sind. Auch individuell konstruierte Theorien schöpfen aus kulturellen Ideenbeständen. Für die Humanpsychologie wird sie sich nicht damit begnügen können, Naturgesetze zu entdecken in denen die Theorien und Ideen der Menschen als leere Variablen eingebaut sind. Sie weiß, dass sie sich mit den Inhalten beschäftigen muss.

Was waren Sinn und Zwecke der Terroranschläge? Aus welchen Ideen, Theorien und Überzeugungen sind sie entstanden? Welche Rechtfertigungen werden vorgebracht? Das heißt, wie sind sie zu verstehen? Als Vergeltung, wenn ja, wofür? Als Warnung und Drohung, wenn ja, wovor? Als Verteidigung einer kulturellen Identität? Als Werbung für eine politische Bewegung? Oder wie sonst?

Mit welchen Argumenten werden die Rechtfertigungen verteidigt oder zurückgewiesen? Wer sieht die Täter als Helden, wer als Verbrecher, wer als Opfer? Wer – das heißt, welche Überzeugungen machen diese Bewertungen verständlich?

Was ist zu tun gegen Terroranschläge dieser Art? Vorfrage: Wer ist verantwortlich? Verantwortlich wofür? Für die Organisation der Anschläge, für die Ideen, die sie rechtfertigen oder ihnen Sinn geben? Wenn es Hass gegenüber »dem Westen« oder Empörung über Macht und Einflussnahme oder Furcht vor kultureller Überfremdung sein sollte: Wer ist verantwortlich für die Entstehung dieses Hasses und dieser Empörung? Die Täter und die Gruppierungen hinter ihnen oder die Angegriffenen, die vermeidbare Fehler gemacht haben?

Welche Handlungsoptionen gegen Terroranschläge dieser Art gibt es? Vergeltung, Ausrottung, Zerschlagung der Strukturen – oder Eingeständnis, Korrektur und Vermeidung politischer Fehler der Angegriffenen, internationale Delegitimierung des Terrors als Mittel der Politik, Schaffung von internationalen Gremien zur Vermittlung in interkulturellen Konflikten?

Diesen und weiteren Handlungsoptionen liegen ebenfalls Ideen, Theorien und

Überzeugungen zugrunde, die man kennen sollte, um sich mit ihnen auseinandersetzen zu können.

Die Zuschreibung von Verantwortlichkeit ist Teil vieler Theorien und Ideen, die in diesem Problemfeld und vielen weiteren »virulent« sind. Die Zuschreibung von Verantwortung setzt die Annahme von Willensfreiheit voraus: Nur wer die Freiheit hat, anders zu handeln, kann verantwortlich gemacht werden. Wer Handlungsoptionen hat und sich entscheidet, ist verantwortlich für diese Entscheidungen.

Die Naturwissenschaften machen immer wieder den Versuch, die Willensfreiheit des Menschen in Frage zu stellen und sein Verhalten und Erleben aus Bedingungen zu erklären. Für die Humanpsychologie ist die anthropologische Wahrheit der Willensfreiheit nicht entscheidend. Entscheidend sind die diesbezüglichen Überzeugungen. Man kann Hass und Empörung nur verstehen, wenn man die Annahme der Willensfreiheit unterstellt. Und man kann Hass und Empörung auflösen, wenn man gute Gründe vorbringt, dass Akteure nicht gehandelt haben, das heißt, dass sie nicht hätten anders handeln können. Man kann Hass und Empörung auch auflösen, indem man überzeugende Rechtfertigungsgründe zu bedenken gibt.

Man stelle sich vor, wie die Weltsicht und das Selbstbild des Homo sapiens aussähen, wenn sich die Idee allgemein durchsetzte, der Mensch habe keine Willensfreiheit, sondern sei determiniert durch Bedingungen. Es gäbe fortan keine Schuld und keine Empörung, keinen Hass und keine Vergeltung mehr. Es gäbe zwar noch Verhalten und Erleben mit schlimmen Folgen, aber niemand wäre dafür verantwortlich (zu machen), denn Verhalten und Erleben wären (nur) die gesetzmäßigen Folgen antezedierender Bedingungskonstellationen.

Terror und Verbrechen wären vielleicht als Störungen anzusehen und zu behandeln, sofern es eine dafür zuständige Instanz gäbe. Die Frage, wozu diese Instanz eingerichtet wurde und von wem, hätte keinen Sinn wie auch das Nachdenken über Optionen, wie man diese Störungen wirkungsvoller vermeiden oder korrigieren könnte. Dies macht nur Sinn unter der Annahme von Entscheidungsfreiheit. Der seiner subjektiven Willensfreiheit entledigte Mensch wäre zwar von vielleicht drückender Verantwortung entlastet, aber damit auch seines Anspruchs auf Selbstbestimmung beraubt, seines Vertrauens in Kontrolle und in Selbstwirksamkeit in der Gestaltung des eigenen Lebens und der sozialen und kulturellen Gemeinschaften, des Stolzes auf eigene Leistungen und der Hoffnung auf ihre Anerkennung und Belohnung.

Es ist zu bezweifeln, dass sich die Skepsis der Naturwissenschaften bezüglich Willensfreiheit verbreiten wird. Zu eindrucksvoll ist das Erleben von Entscheidungsfreiheit – ein Grund mehr, sich mit der Psychologie der Theorien und Ideen der Menschen zu befassen, was heißt, eine Humanpsychologie zu kultivieren.

Prof. Dr. Leo Montada, Universität Trier.
Fachgebiete: Psychologie der Gerechtigkeit, Konfliktmediation, soziale Verantwortung, Bewältigung von Verlusten.

Gabriele Gloger-Tippelt

Nichts ist praktischer als eine gute Theorie

Ein Kollege stellte mir einmal die elementare Frage, welcher theoretische Ansatz oder Forschungsbefund in der Psychologie mir tatsächlich persönlich etwas bedeute. Er könne für sich keine wirklich bedeutsame Richtung der Psychologie als Wissenschaft erkennen, die ihm etwas Grundsätzliches vermittelt habe. In unserer akademischen Sozialisation zwischen 1965 und 1980 am Psychologischen Institut der Universität Heidelberg hatten wir mehrere zeitweilig aktuelle Ansätze, methodische Verfeinerungen, die »kognitive Wende« aktiv verfolgt, Beiträge zu Übergängen im Lebenslauf und Familienzyklus erarbeitet. Nichts von Dauer?

Mich faszinierte zunehmend ein Forschungsansatz: Im Kontext einer Längsschnittstudie zum Übergang zur Elternschaft und dem frühen Aufbau der Beziehung zwischen Eltern und Kindern lernte ich die Bindungstheorie kennen, die für mich einen hohen Einsatz von Energien und Lebenszeit lohnte. Hier einige Statements ihres Begründers:

- »Enge emotionale Bindungen sind überlebenswichtig ...
- die Steuerung dieser Bindungen kann man sich in Form eines kybernetischen Regelkreises vorstellen, der im Zentralnervensystem jedes Partners verankert ist und die Nähe und leichte Zugänglichkeit des Anderen gewährleistet,
- Zur effektiven Wirkung des Systems müssen beide Partner ein inneres Arbeitsmodell vom Selbst und vom Anderen und von den Interaktionen zwischen beiden aufbauen,
- Nach aktuellem Forschungsstand sollte eine Theorie der Entwicklungswege spezifische Phasentheorien ersetzen ...« (Bowlby 1988, S. 162).

Für die Eltern-Kind-Bindung führt er aus: »Nach meinem Verständnis besteht der Kern der Elternschaft darin, dass beide Eltern eine sichere Basis zur Verfügung stellen, von der aus Kinder oder Jugendliche Entdeckungsreisen in die Welt unternehmen, zu der sie jederzeit zurückkehren können, in der Gewissheit, willkommen zu sein, körperlich versorgt und emotional unterstützt zu werden, bei Sorgen getröstet und bei Ängsten beruhigt zu werden. Im Wesentlichen besteht diese Rolle darin, zur Verfügung zu stehen, zu unterstützen, zu ermutigen und vielleicht zu helfen, wenn es gewünscht wird, aber nur dann einzugreifen, wenn es wirklich nötig ist« (Bowlby 1988, S. 11, Übersetzung der Verfasserin).

Die Zitate kennzeichnen den Ausgangspunkt im Werk von Bowlby, aus dem immer neue Fragestellungen und breit gefächerte Forschungs- und Praxistätigkeiten hervorgegangen sind. Bei der Erforschung von Familienbeziehungen und Erfahrungen in der Weiterbildung überzeugten mich die folgenden Ergebnisse besonders:

- Nachweise der Bedeutung besonders früher, aber auch späterer familialer Interaktions- und Kommunikationsformen für die Entstehung individueller Unterschiede in der Qualität der Bindung,
- die Vielfalt von Möglichkeiten, Bindung mit kreativen, entwicklungsangemessenen Erhebungsinstrumenten zu erfassen, über beobachtbares Verhalten bei Kleinkindern, über symbolisches Spiel in der Kindheit oder über Interviews im Jugend- und Erwachsenenalter,
- das Wiederauftauchen früher eingeführter Konzepte wie Perspektivenübernahme bei der Entwicklung einer zielkorrigierten Partnerschaft im Kindesalter, der sozialen Kognition bei verinnerlichten Bindungsrepräsentationen, allerdings wesentlich ergänzt um die differentielle Unterscheidung von Bindungsgruppen und die Bestätigung der transgenerationalen Vermittlung und Weitergabe der Bindungsmuster von Eltern an ihre Kinder,
- Umsetzungen der Bindungstheorie zur Förderung von unterstützenden Beziehungsmustern in verschiedenen Praxisfeldern, zum Beispiel zur Verbesserung feinfühligen Elternverhaltens, zur Schärfung der Beobachtungen von Erzieherinnen, zum besseren Verstehen der psychologischen Dynamik zwischen Erfahrungen in der Herkunftsfamilie der Eltern, deren Verarbeitung und einer gesunden oder gestörten Persönlichkeitsentwicklung ihrer Kinder.

Die Offenheit des Bindungsansatzes für neue Befunde der psychologischen Grundlagenforschung, die solide Methodenkultur und Anwendungen in zahlreichen Bereichen menschlicher Beziehungen haben ihn für mich zu einem lohnenden weil zentralen und humanen Bestandteil psychologischen Wissens gemacht.

Literatur
Bowlby, J. (1988): A Secure Base: Parent-child Attachment and Healthy Human Development. New York.

Prof. Dr. Gabriele Gloger-Tippelt, Erziehungswissenschaftliches Institut, Universität Düsseldorf.
Fachgebiete: Entwicklungspsychologie und Pädagogische Psychologie, Familienpsychologie, Bindungsforschung.

Annemarie Fritz

Plotin, oder wie wir lernten, uns selbst zu helfen

*Gelten die ersten Eindrücke als die nachhaltigsten und erinnerungs-
stärksten, so trifft dies auch auf die Erinnerungen und Lerner-
fahrungen an meine ersten Semester in Basel 1973 zu. Zwei Eindrücke sind es vor allem: das Erleben von Respekt und Verehrung vor
der großen Leistung und der Größe anderer und die Wirksamkeit von
eigenem und gemeinsamem Engagement. In einer Zeit knapper
Ressourcen verhinderte Letzteres die Verkümmerung des Fachs und
führte im Gegenteil zur Vermittlung tragfähigen Wissens. So wird für
die Basler Studierenden dieser Zeit die Kognitive Psychologie nicht
mit den Experimenten Jerome Bruners zur Begriffsbildung beginnen,
sondern mit der Ideenlehre Platons oder spätestens mit dem Idealis-
musstreit im Mittelalter.*

Das philosophische Seminar fand immer am Montagabend statt.
Ich erinnere das deshalb so genau, weil montags der »Spiegel« erscheint und es Professor Salmony stets gelang, gleichgültig, welche
der Duineser Elegien zur Interpretation anstand, ob über die Lehre
Kants oder Plotins philosophiert wurde, aktuelle Ausführungen aus
der neuesten Ausgabe des Nachrichtenmagazins einzubringen.

Der oft gewagte Interpretationsbogen mag fremd gewirkt haben in
den Räumlichkeiten, in denen die philosophischen und psychologischen Seminare abgehalten wurden, im »Schönen Haus«. Dieser in
den Jahren 1240–1270 erbaute Gebäudekomplex mit Innenhöfen,
Wendeltreppen und Türmen soll auch wegen seiner »exorbitanten
Prachtentfaltung« (Basler Denkmalpflege) im Inneren sogleich nach
seiner Erstellung den Namen »Schönes Haus« erhalten haben. Anderen Gerüchten zufolge erhielt es diesen Namen allerdings infolge seiner profanen Nutzung während des Konzils (1431–1449).

Dieser altehrwürdigen Tradition fühlte sich wohl mancher verpflichtet. So auch Professor Salmony, der einen ritualisierten Einzug
in sein Seminar zelebrierte: Durch eine eigene Tür trat zunächst der
Oberassistent ein, es folgte der Professor, sodann die junge Assisten-
tin mit dem Glas Wasser, dies alles unterstützt durch das applaudie-
rende Klopfen der Studierenden.

Ohne Curriculum und feste Prüfungsordnung existierte die Psychologie in Basel zu dieser Zeit nur in Ansätzen. Gerade einmal 70

Studierende, von den Erstsemestern bis zu den Doktoranden, bemühten sich um ein Studium. Der einzige Lehrstuhl war vakant, der von allen Studierenden verehrte Emeritus Professor Hans Kunz vertrat sich selbst und bot zwei Veranstaltungen an: eine Vorlesung und ein Seminar. Vor der Vorlesung pflegte er ein, zwei Stunden im Zoologischen Garten spazieren zu gehen. Manche Tiere kannten ihn schon. Kam er dann zur Vorlesung, was nicht immer geschah, griff er in seine Jackentasche und zog dort ein Büchlein hervor, meist Husserl oder Dilthey, aus dem er vorlas und die ausgewählten Stellen interpretierte. Seiner Meinung nach war das Passen in die Jackentasche ein wichtiges Kriterium für ein Buch.

Diese Veranstaltungen, ergänzt noch um ein Proseminar, konnten das Wissens- und Studienbedürfnis der Studierenden in der Psychologie nicht befriedigen – also bemühten sich die Studenten selbst um eine Anreicherung des kargen Veranstaltungsangebots. So entstand eine Arbeitsgemeinschaft zur kritischen Psychologie; zwei Doktoranden boten daneben Seminare zur Wissenschaftstheorie an.

Ein Jahrestag oder dergleichen war es auch, der von den Doktoranden genutzt wurde, das Studienangebot weiter zu ergänzen. Zum Symposium eingeladen waren neben anderen auch die Professoren Wolfgang Metzger und Heinz Heckhausen

Metzger, 75 Jahre alt, gebrechlich schon und sehr klein, mit langem, schlohweißem Haar und Vollbart, völlig schwarz gekleidet, verkörperte in seiner Erscheinung den Prototyp des Professors einer vergangenen Zeit. Er war Assistent bei Köhler und Wertheimer gewesen, als einer der »Väter« der Gestaltpsychologie reichten seine Wurzeln bis in die Anfänge der deutschen Psychologie. Trotz seiner Emeritierung fünf Jahre zuvor war er noch voll im Institut an der Universität Münster tätig. Heckhausen, sein früherer Assistent, führte ihn respektvoll und stolz wie eine Kostbarkeit in den Seminarraum.

Nach den Vorträgen beider entspann sich eine – wie es schien, oft geführte – Diskussion zwischen den Gelehrten, der alle aufmerksam lauschten. Bis Metzger sie souverän für sich entschied mit den Worten: »Heinz, das hast du immer noch nicht verstanden.« Und der damals ebenfalls längst hoch geschätzte und einflussreiche Heckhausen lächelte und schwieg.

Prof. Dr. Annemarie Fritz-Stratmann, Fachbereich 2, Erziehungswissenschaften, Psychologie und Sport, Universität Duisburg-Essen, Standort Essen.
Fachgebiete: Pädagogische Psychologie, pädagogisch-psychologische Diagnostik, Trainingskonzepte, kindliche Entwicklungsstörungen.

Jürgen Bredenkamp

Statistische Hypothesentests in der psychologischen Forschung

»Theorien oder empirische Hypothesen werden folgendermaßen geprüft: Aus der Theorie (Hypothese) werden Folgerungen abgeleitet, die empirisch geprüft werden. Kann die Folgerung bestätigt werden, so hat sich die Theorie oder Hypothese in diesem Fall bewährt; findet sich keine Bestätigung und ist dieses Ergebnis wiederholbar, so kann die Hypothese beziehungsweise die Theorie, zumindest ein Teilsystem der Theorie, als falsifiziert gelten (vgl. Popper 1966).

Oftmals gestatten psychologische Hypothesen nur die Prognose einer gerichteten Populationsmittelwertsdifferenz. Als Beispiel diene die Spezifitätshypothese beim Seriellen Lernen, die für ein auf bestimmte Art und Weise geplantes Experiment das Auftreten eines positiven Transfers, das heißt einer gerichteten Populationsmittelwertsdifferenz, voraussagt (vgl. Young et al. 1963). Immer wenn die aus einer Hypothese abgeleitete Prognose einer statistischen Hypothese entspricht, wie das in dem genannten Beispiel der Fall ist, da der prognostizierte positive Transfer der statistischen Alternativhypothese eines einseitigen Signifikanztests entspricht, ergibt sich für die Überprüfung der Hypothese ein Problem, das wie folgt dargestellt werden kann. Meistens ist dem experimentierenden Psychologen die Wahrscheinlichkeit eines statistischen Typ-II-Fehlers, der vorliegt, wenn trotz der Richtigkeit der statistischen Alternativhypothese aus den experimentellen Daten auf das Zutreffen der Nullhypothese geschlossen wird, nicht bekannt. Deshalb wird von Statistikern empfohlen, aus der Nichtablehnung der Nullhypothese nicht auf das Zutreffen derselben zu schließen (vgl. z. B. Menges 1968, S. 333). Hält sich der experimentierende Psychologe an diese Empfehlung, so hat er sich überhaupt der Möglichkeit beraubt, ein der theoretischen Voraussage widersprechendes experimentelles Ergebnis finden zu können, mit anderen Worten das Experiment ist so angelegt, dass die Theorie oder empirische Hypothese nicht an der Realität scheitern kann« (Bredenkamp 1969).

Das wiedergegebene Zitat ist die Einleitung zu einem Artikel, der auf der Grundlage der Neyman-Pearson-Theorie des statistischen Hypothesentestes ein Verfahren darstellt, das die Schätzung des Stichprobenumfangs für eine Untersuchung so erlaubt, dass neben der Wahrscheinlichkeit eines statistischen Typ-I-Fehlers die eines Typ-II-Fehlers kontrolliert werden kann. Dieses Thema hat mich im Rahmen der Auseinandersetzung mit Poppers Methodologie bis in die heutige Zeit beschäftigt (s. z. B. Erdfelder u. Bredenkamp 1994). In seinen »Conjectures and Refutations« befasst sich Popper (1963) mit der Frage, was Einsteins Relativitätstheorie von anderen Theorien, zum Beispiel Freuds Psychoanalyse oder Adlers Individual-psychologie, unterscheidet. Zu den letzt genannten Theorien schreibt er: »Once your eyes were … opened you saw confirming instances everywhere: the world was full of verifications of the theory. Whatever happened always confirmed it« (Popper 1963, S. 35). Anders verhält es sich nach Popper mit der Relativitätstheorie: Sie kann experimentell getestet und widerlegt werden. Die Widerlegbarkeit ist nach Popper der spezifische Unterschied zwischen der Relativitätstheorie und der Psychoanalyse oder der Individualpsychologie.

Wenn man der Überzeugung ist, dass auch psychologische Theorien oder Hypothesen prinzipiell widerlegbar sein müssen, stellt sich das Problem, die Methodologie Poppers mit dem statistischen Hypothesentesten, auf das – leider! – in der Psychologie selten verzichtet werden kann, so zu verbinden, dass dieses informativ für die psychologische Theorie oder Hypothese ist. Diesem Thema sind der Artikel, dem das Zitat entnommen wurde, aber auch weitere Arbeiten verpflichtet (z. B. Erdfelder u. Bredenkamp 1994). Ein Befolgen der in diesen Arbeiten gegebenen Empfehlungen könnte die von Methodikern für unser Fach so oft beklagte sinnlose Jagd nach Signifikanzen beenden, die an Poppers »confirming instances everywhere« erinnert.

Ich schätze den Artikel, dem das obige Zitat entnommen wurde, nicht deshalb, weil ich ihm aus heutiger Sicht vorbehaltlos zustimme. Wertvoll ist er für mich, weil er ein grundlegendes Problem in der Psychologie deutlich macht und Lösungsvorschläge offeriert, denen sich auch andere Wissenschaftler (z. B. Ostmann u. Wutke 1994) anschließen können. Er war der Beginn einer Reihe von Publikationen, die sicherlich charakteristisch sind für die Art, wie ich Psychologie betreibe.

Literatur
Bredenkamp, J. (1969): Über die Anwendung von Signifikarztests bei theorie-testenden Experimenten. Psychologische Beiträge 11: 275–285.
Erdfelder, E.; Bredenkamp, J. (1994): Hypothesenprüfung. In: Herrmann, T. Tack W. (Hg.): Methodologische Grundlagen der Psychologie = Enzyklopädie der Psychologie, Themenbereich B, Serie I, Band 1. Göttingen, S. 604–648.
Menges, G. (1968): Grundriß der Statistik, Teil 1: Theorie. Köln/Opladen.
Ostmann, A.; Wutke, J. (1994): Statistische Entscheidung. In: Herrmann, T.; Tack, W. (Hg.): Methodologische Grundlagen der Psychologie = Enzyklopädie der Psychologie, Themenbereich B, Serie I, Band 1. Göttingen, S. 694–737.
Popper, K. (1963): Conjectures and Refutations. London.
Popper, K. (1966): Logik der Forschung. Tübingen.
Young, R. K.; Patterson, J.; Benson, W. M. (1963): Backward Serial Learning. Journal of Verbal Learning and Verbal Behavior 1: 335–338.

Prof. Dr. Jürgen Bredenkamp, Psychologisches Institut, Universität Bonn.
Derzeitiger Forschungsschwerpunkt: Arbeitsgedächtnis und Sprachproduktion.

Gerhard Blickle

Wissenschaft und Praxis – Das Problem des Einzelfalls im Alltag und die Weiterentwicklung wissenschaftlicher Theorien

Theo war viele Jahre lang mein Kollege. Theo kann man nichts vormachen. Er kennt das Leben und weiß, worauf es ankommt. Außerdem ist er witzig, schlagfertig und kreativ. Je kürzer seine Sätze, desto gehaltvoller. Noch nie zuvor und nie danach habe ich es bei einem Kollegen erlebt, dass Wissenschaft und Alltag so eng verflochten sein können wie bei ihm. Irgendwann hatte er dann den genetischen Ansatz für sich entdeckt: Welchen Beruf jemand wählt, ob jemand bei der Arbeit glücklich oder unzufrieden ist, wie intelligent jemand ist, welche Persönlichkeitsmerkmale er hat, wie häufig sich jemand scheiden lässt et cetera – alles, so erzählte er uns, sei auch genetisch beeinflusst. Und Theo ist kreativ. Deshalb untersuchte er ganz ernsthaft in einem Forschungsprojekt, wie sich die genetische Nähe von Personen auf deren materielles Vererbungsverhalten auswirkt. Je mehr Personen der Vorausgängergeneration gemeinsame Gene haben, desto mehr sollten sie am Wohlergehen der Personen in der nächsten Generation interessiert sein. Deshalb, so seine These, werden Verwandte beim Erben besser gestellt. Wenn beispielsweise eine fromme, alte, kinderlose Frau stirbt, wen bedenkt sie dann mit ihrem Vermögen? Den Neffen, der einzig noch lebende Nachkomme, die fürsorgliche Krankenschwester von der Sozialstation, die seit Jahren zu ihr kommt, oder die Kirche. Wenn die alte Frau nach wertmäßiger Übereinstimmung geht, müsste sie die Kirche mit ihrem Erbe bedenken. Wenn man den Vererbungsvorgang als Gegenleistung betrachtet, müsste die Krankenschwester von der Sozialstation bedacht werden. Wenn die genetische Nähe jedoch entscheidend ist, dann müsste vor allem der Neffe bedacht werden. Theo hat diese Fragen in komplizierten Designs analysiert, er hat Hunderte von Personen untersucht, viele Testamente ausgewertet und darüber auch schöne Artikel in amerikanischen Journals publiziert. Denn Theo hatte in seinen vielen Studien einen Trend in den Daten gefunden, der sich kaum noch mit dem Zufall erklären ließ: Biologisch verwandte Nachkommen werden begünstigt. Der Neffe wird von seiner Tante am reichsten bedacht.

An einem wunderschönen Morgen im Spätherbst kam ich an Theos Bürotür vorbei. Sie war offen. Theo saß an seinem Schreibtisch, aber er arbeitete nicht. Melancholische Musik tönte aus der Lautsprecherbox seines PC. Als er mich sah, flüsterte er leise: »Gestern war die Testamentseröffnung von meiner Tante – sie hat ihr ganzes Vermögen der Kirche vermacht.«

Theo hat inzwischen seine Theorie revidiert: Was ist das Überleben der Gene gegen das eigene ewige Leben im Himmel? Die Tante, argumentiert Theo inzwischen, verhält sich völlig rational und macht Gott ein Angebot, das er nicht ablehnen kann: Das ganze fette Erbe gegen einen Platz in der dritten Reihe, gleich hinter den Cherubim und Seraphim.

Prof. Dr. Gerhard Blickle, Psychologisches Institut, Universität Bonn.
Fachgebiete: Arbeits-, Organisations- und Wirtschaftspsychologie.

Oswald Huber

Wollen wir mal gucken?

Prof. Dr. Oswald Huber, Departement für Psychologie, Universität Fribourg.
Fachgebiete: Psychologie des Entscheidens, Risikoentscheidungen.

Meinrad Perrez

Psychologie an der Universität Fribourg vor 100 Jahren

Als die Deutsche Gesellschaft für Psychologie ihre Geburtsstunde erlebte, war die Philosophische Fakultät der Universität Freiburg in der Schweiz eifrig bemüht, die experimentelle Psychologie zu etablieren. Nachdem bereits im
Wintersemester 1897/98 eine Veranstaltung zum Thema
»Elemente der Psychophysik und Grundzüge der physiologischen Psychologie« angeboten worden war, wurde zum
Beginn des neuen Jahrhunderts im Gegenwind der thomisti-
schen Lehre und Tradition die Einrichtung eines von der
Philosophie unabhängigen Lehrstuhls für experimentelle
Psychologie gefordert.

Kaspar Decurtins, ein leidenschaftlicher Promotor der
Universität und Absolvent von Löwen, ermahnte im August
1905 seinen Freund, den für die Erziehung zuständigen
Staatsrat Georges Python, dass durch die experimentelle
Psychologie »frische Luft in die Enge der bisherigen Philosophie hineingebracht werden« müsse (Fry 1952), nachdem
er bereits ein Jahr zuvor mit einem potenziellen Kandidaten,
mit Frans van Cauwelaert (1880–1961) in Löwen Kontakt
aufgenommen hatte. Er wollte damit auch die psychologischen Grundlagen für die Lehrerbildung sicherstellen.

Van Cauwelaert hatte nach seinen Studien in thomistischer
Philosophie mit der Medizin begonnen, dieses Studium dann
unterbrochen, um sich in experimenteller Psychologie am
ersten experimentellen psychologischen Laboratorium Bel-
giens, das Désiré Mercier bereits 1891 an der Universität
Löwen eingerichtet hatte, zu spezialisieren (Heller u. Perrez
1990). Er verbrachte auch zwei Semester in Leipzig bei

Wundt und war bei Lipps und Cornelius tätig, bis er 1907, 27-jährig, nach Freiburg zum Extraordinarius für experimentelle Psychologie gewählt wurde.

Noch vor seiner offiziellen Nomination zum Professor e.o. bat er den Erziehungsminister Python um einen Kredit von sFr. 1000 für den Kauf von Apparaten und Büchern für die experimentelle Psychologie, den er auch erhielt und im Rahmen von sFr. 823,60 eingelöst hatte. Was er kaufte, wissen wir nicht mehr, aber Heller hat rekonstruiert, dass bei einem Umrechnungskurs von 1 Sfr. = 0,81 Mk Cauwelaert beim damals renommierten Lieferanten Zimmermann in Leipzig zum Beispiel die folgenden Geräte für diese Summe hätte erwerben können: ein Tachistoskop nach Wundt, einen Gedächtnisapparat nach Wirth, einen Farbvariator nach Marbe und einen Schallschlüssel nach Römer. Es wäre ihm dann immer noch Mk 95 verblieben, um einige Bücher zu kaufen (vgl. Heller u. Perrez 1990, 63).

Van Cauvelaerts Aktivität in Fribourg dauerte nur gute drei Jahre. Wegen einer schweren Erkrankung seiner Frau muss er nach Belgien zurück, wo er später Bürgermeister von Antwerpen (1921–1932), Präsident der belgischen Abgeordnetenkammer (1939–1954) und schließlich erster Präsident des Interparlamentarischen Rats der Beneluxstaaten (1957–1961) wurde (Heller u. Perrez 1990).

Welch ein Aufwand, um den Verlust einer Professur für experimentelle Psychologie zu kompensieren!

Literatur
Fry, C. (1952): Capar Decurtins, der Löwe von Truns 1855–1916, Bd. 2. Zürich, S. 9–92.
Heller, D.; Perrez, M. (1990): Die Anfänge der Experimentellen Psychologie in der Schweiz unter besonderer Berücksichtigung ihrer Entwicklung an der Universität Fribourg. Schweizerische Zeitschrift für Psychologie 49 (1): 57–65.

Prof. Dr. Meinrad Perrez, Departement für Psychologie, Universität Fribourg.
Fachgebiete: Klinische Psychologie, Prävention, computer-unterstütztes Self-monitoring von Belastungserleben und -verhalten in Familien.

Rainer Krause

Exkurs über das scheinbar Unmögliche oder wie wird man ein psychoanalytisch bewanderter klinischer Forscher

Nach einer Berufsberatung durch einen Psychologen begann ich 1964 das Studium eines Nicht-Berufes. Der hatte gemeint, Psychologie sei kein Beruf. Von allen Seiten wurde abgeraten: *Das seien die Neurotiker, da verdiene man nichts, das sei keine Wissenschaft!* Die ersten Semester verbrachte ich bei den Professoren Elfriede Höhn und Günther Mühle. Sie hielten sozial- und entwicklungspsychologische Vorlesungen und Seminare, die ich sehr beeindruckend fand. Nicht zuletzt wegen der Personen: Günther Mühle war schwer kriegsversehrt und hatte eine großartige Gelassenheit. Elfriede Höhn war eine Frauenrechtlerin die – wie ich erst später erfuhr – zu diesem Zeitpunkt schon schwer vom Patriarchat gezupft worden war. Auch sie hatte sich nicht einschüchtern lassen. Die experimentalpsychologischen Übungen waren vom Feinsten. Wir saßen in einem umgebauten Zahnarztstuhl und schauten mit fixiertem Kopf in eine dioptrische Halbkugel, um die Kontextabhängigkeit der Farbwahrnehmung zu bestimmen. Wir machten Bezugssystemforschung mit Gewichten, Bleistiften, ein Experiment zur unterschwelligen Wahrnehmung mit dem Tachistoskop. Die Bedingungen waren pionierhaft. Es gab keinen ordentlichen Hörsaal, man musste zwischen fünf verschiedenen Orten herumwandern, aber alles war im Aufbruch. Ich konnte mich in die psychiatrische Klinik und eine Psychodramagruppe einschleusen. Gleichzeitig hörte ich Philosophie und besuchte einen anthropologischen Grundkurs, der einen in die Lage versetzen sollte, Kretschmer-Indizes zu bestimmen. Dieser Grundkurs schloss damit ab, dass wir die Patienten der Nervenheilanstalt, auf einem Podest stehend, in Badehosen, mit dem Anthropometer vermaßen um herauszufinden, ob sie leptosom oder pyknisch seien. Im dritten Semester kam die Kulturrevolution durch die Neubesetzung der Lehrstühle für Persönlichkeitspsychologie und Allgemeine Psychologie mit den Professoren Bergius und Mittenecker. Wir bekamen eine ordentliche methodische Ausbildung, die so neu war, dass von den 14 Prüflingen des Faches Methodenlehre 9 durchfielen – unter anderem auch ich.

Im letzten Jahr meines Studiums explodierte die Psychologie zeitgleich mit der Initiation der Bewegung, die man später die 68er nannte. Statt acht waren es nun 150 Erstsemestrige. Ich war damals kein 68er. Die Verteufelung der »Feinde« hat mich geängstigt und zornig gemacht. Aus heutiger Sicht habe ich mehr Verständnis dafür, dass eine Reihe von Personen öffentlich »geoutet« werden mussten. Das war überfällig. Von 1970 bis 1976 hatte ich meine formativen Jahre als Assistent und Oberassistent in der Klinischen Psychologie an der Universität Zürich. Ich begann meine psychoanalytische

Ausbildung und promovierte in pädagogischer Psychologie an der Universität Tübingen bei Günther Mühle über Kreativität. Professor Ulrich Moser prägte mich mit seiner Verbindung von Kognitiver Psychologie, der Simulation seelischer Prozesse und der Psychoanalyse. Wenn man an den Arbeitssitzungen teilnehmen konnte, hatte man etwas fürs Leben gelernt. Der Lehranalytiker war ein guter Schweizer Handwerker aus Bern, der mich mit »Ihr« betitelte und eine Eselsgeduld mit mir hatte. Ich fühlte mich sicher in einer wehrhaften bürgerlichen, etwas altertümlichen Welt, was ich als deutsches Kriegskind nicht gewöhnt war. Ansonsten war alles atem os: die Nachwirkungen der 68er, die Aufbruchstimmung, die analytische Erfahrung, das Beziehungs- und Liebesleben.

Ich flüchtete aus Europa mit einem Stipendium des Schweizerischen Nationalfonds. Die Auslese war hart. In dieser Zeit habe ich mit Leuten, die ich sonst nie zu sehen bekommen hätte, gearbeitet, gesprochen, geredet, diskutiert, beispielsweise mit Paul Ekman, Stanley Feldstein, Aron Siegmann, Bob Wallerstein, Mardi Horowitz, Sylvan Tomkins, Albert Schefflen, David Rosenthal, Starkey Duncan, Daniel Stern. Viele waren damals noch ebenso unbekannt wie ich. Ich habe für meine gesamte spätere Karriere und Lebensentwicklung von dieser Zeit profitiert. Nach einigem Hin und Her landete ich mit meiner Frau und einem kleinen Sohn, in den ich sehr verliebt war, in Saarbrücken und wurde dort der jüngste C4-Professor der Fakultät mit 39 Jahren. Diese Anfangsperiode, in der mein psychoanalytischer Hintergrund sehr zur Idealisierung durch die Studenten beigetragen hat, war schwierig. Im zweiten Semester brach die Idealisierung zusammen und man attestierte mir in der Studentenzeitschrift eine Borderline-Struktur. Die Diagnose war falsch; richtig war, dass ich in mancher Hinsicht überfordert war. Das Hauptproblem bestand darin, hohe Qualitätsstandards durchzusetzen in einem kulturellen Umfeld, in dem alles und jedes, aus angeblich humanitär – empathischen Gründen, toleriert wurde. Nun folgte eine sehr fruchtbare Zeit, in der ich von vielen Seiten Unterstützung erfahren durfte, vor allem von den psychiatrischen Kollegen, Klaus Wanke, später Christoph Mundt und Franz Resch. Von Beginn an hatte ich eine sehr gute Zusammenarbeit mit den Heidelberger Kollegen Peter Fiedler und Reiner Bastine. In den besten Zeiten hatten wir an die fünfzehn Mitarbeiter. Alles war gleichzeitig sehr klinisch und sehr grundlagenorientiert. Es ging um die Affekte und ihren Austausch. Die analytische Ausbildung, die wir im Saarland aufgebaut hatten, und die Möglichkeit, so viele junge Leute in dieses Gebiet einführen zu dürfen, waren ein großer Gewinn. Bisher hatte ich ein reiches, interessantes, anstrengendes und schönes wissenschaftliches und persönliches Leben geführt, mit sehr guten Studenten und Mitarbeitern.

Prof. Dr. Rainer Krause, Lehrstuhl für klinische Psychologie und Psychotherapie, Fachrichtung Psychologie, Universität des Saarlandes.
Fachgebiete: Austausch von Affekten bei seelischen Erkrankungen.
Grundlagen und Anwendungsaspekte.

Margret Wintermantel

»Wenn Du etwas wissen willst und es durch Meditation nicht finden kannst, so rate ich Dir, mein lieber, sinnreicher Freund, mit dem nächsten Bekannten darüber zu sprechen. Es braucht nicht eben ein scharf denkender Kopf zu sein, auch meine ich es nicht so, als ob Du ihn darum befragen solltest, nein! Vielmehr sollst Du es ihm selber allererst erzählen ...

Oft sitze ich an meinem Geschäftstisch über den Akten und erforsche, in einer verwickelten Streitsache, den Gesichtspunkt, aus welchem sie wohl zu beurteilen sein möchte. Ich pflege dann gewöhnlich ins Licht zu sehen, als in den hellsten Punkt, bei dem Bestreben, in welchem mein innerstes Wesen begriffen ist, sich aufzuklären. Oder ich suche, wenn mir eine algebraische Aufgabe vorkommt, den ersten Ansatz, die Gleichung, die die gegebenen Verhältnisse ausdrückt und aus welcher sich die Auflösung nachher durch Rechnung leicht ergibt. Und siehe da, wenn ich mit meiner Schwester davon rede, welche hinter mir sitzt und arbeitet, so erfahre ich, was ich durch ein vielleicht stundenlanges Brüten nicht herausgebracht haben würde. Nicht, als ob sie es mir, im eigentlichen Sinne, sagte; denn sie kennt weder das Gesetzbuch, noch hat sie den Euler oder den Kästner studiert. Auch nicht, als ob sie mich durch geschickte Fragen auf den Punkt hinführte, auf welchen es ankommt, wenn schon dies Letzte häufig der Fall sein mag ...

Aber weil ich doch irgendeine dunkle Vorstellung habe, die mit dem, was ich suche, von fern her in einiger Verbindung steht, so prägt, wenn ich nur dreist damit den Anfang mache, das Gemüt, während die Rede fortschreitet, in der Notwendigkeit, dem Anfang nun auch ein Ende zu finden, jene verworrene Vorstellung zur völligen Deutlichkeit aus, dergestalt, dass die Erkenntnis, zu meinem Erstaunen, mit der Periode fertig ist ... Dabei ist mir nichts heilsamer als eine Bewegung meiner Schwester, als ob sie mich unterbrechen wollte; denn mein ohnehin schon angestrengtes Gemüt wird durch diesen Versuch von außen, ihm die Rede, in deren Besitz es sich befindet, zu entreißen, nur noch mehr erregt und in seiner Fähigkeit, wie ein großer General, wenn die Umstände drängen, noch um einen Grad höher gespannt ... Es liegt ein besonderer Quell der Begeisterung für denjenigen, der spricht, in einem menschlichen Antlitz, das ihm gegenübersteht, und ein Blick, der uns einen halb ausgedrückten Gedanken schon als begriffen ankündigt, schenkt uns oft den Ausdruck für die ganze andere Hälfte desselben.«

Aus dem Brief »Über die allmähliche Verfertigung der Gedanken beim Reden« von Heinrich von Kleist (1777–1811).

Dieser Text hat mich schon während meiner Schulzeit beschäftigt und eigentlich geärgert. Weist der Autor doch – hochmütig und egozentrisch – der Gesprächspartnerin im Dialog eine Rolle zu, die auf die Klärung der eigenen Gedanken reduziert ist; sie wird nicht als Subjekt wahrgenommen. Später dann schienen mir die Ausführungen Zentrales über die sprachliche Kommunikation und über die Beziehung zwischen Sprechen und Denken auszusagen. Wir können andere verstehen und uns verständlich machen, können über Dinge und Ereignisse sprechen, weil wir wissen, was sie bedeuten. Wir können mit Inhalten höchst variabel umgehen, wir können unsere Gedanken »auf die Reihe« bringen und sie mit anderen teilen. Wie wir unsere Gedanken für andere verständlich formulieren, das hängt von der Situation und in erster Linie von der Person ab, zu der wir sprechen. Sie hilft uns, unsere Gedanken zu klären, sie so zum Ausdruck zu bringen, dass sie uns selber klarer werden. Dies ist wiederum eine Vorstellung, die Kleist literarisch überzeugend dargestellt hat.

Das Verhältnis von Denken und Sprechen als ein individualpsychologisches Problem, das seit Platon die Philosophen und Psychologen beschäftigt, ist im Licht der kommunikativ-pragmatischen Funktion der Sprache zu sehen. Wir sprechen, um uns der anderen Person verständlich zu machen, wir wollen wissen, ob wir uns auf einem gemeinsamen Boden befinden, wollen unsere Gedanken teilen, wollen uns mitteilen und uns mitteilen lassen. Die individualpsychologische Sichtweise mit der Frage der Interaktion mit anderen zu verbinden, ist und bleibt eine der zentralen Fragen, auf die die Psychologie immer wieder neue Antworten finden wird.

Prof. Dr. Margret Wintermantel, Präsidentin der Universität des Saarlandes,
Lehrstuhl für Sozialpsychologie, Universität des Saarlandes.
Fachgebiete: Sprache und Kommunikation, Soziale Kognition.

Hans-Werner Bierhoff

Fact and Fiction in Psychology

Fast jeder Psychologe hat eine Meinung zu der Frage, ob Psychotherapie erfolgreich ist oder nicht. Mich hat das Thema der Effektivität der Psychotherapie immer schon beschäftigt, wobei ich im Rückblick feststelle, dass meine Einstellung gewechselt hat. Ich kann mich an Jahre erinnern, in denen ich fest davon überzeugt war, dass Psychotherapie ein erfolgreicher Beitrag der Psychologie ist, der das Wohlbefinden und die Zufriedenheit der Menschen fördert. Dann kann ich mich aber auch an Jahre erinnern, in denen ich überwiegend eine kritische Haltung der Psychotherapie gegenüber hatte.

Wie einige andere Themen der Psychologie wurde mir auch die Frage des Erfolgs der Psychotherapie durch das Lesen von H. J. Eysenck in seinem Buch »Fact and Fiction in Psychology« nahe gebracht. Eysenck hatte eine klare Auffassung: Wenn nur die »richtige« Technik der Therapie angewandt wird, ist der Erfolg gewiss.

Zweifel kamen mir, als ich mit einem meiner früheren Marburger Kollegen wiederholt in der Kaffeepause über das Thema Psychotherapie sprach. Der Kollege war ein gelernter Verhaltenstherapeut und somit ein Vertreter der Richtung, die Eysenck als erfolgreich ansah. Seiner Erfahrung nach war es so, dass Klienten im Allgemeinen eine Vielzahl von sozialen und psychischen Problemen nennen, wenn sie einen Psychotherapeuten aufsuchen, so dass man ihnen nur bedingt helfen kann, indem man zum Beispiel ihre Höhenangst durch systematische Desensibilisierung mildert.

Mir war das Ergebnis der Metaanalyse bekannt, die Anfang der 80er Jahre in den USA durchgeführt wurde und die zeigte, dass Psychotherapie erfolgreich ist. Ergänzend wurde festgestellt, dass sich keine großen Unterschiede zwischen verschiedenen Therapierichtungen finden ließen. Eine neue Metaanalyse des Erfolgs von Psychotherapien, die 2002 erschien, ist teilweise zu einem negativeren Ergebnis gekommen als die aus den 80er Jahren. Es wurde berücksichtigt, dass neben Verbesserungen, die durch Psychotherapie ausgelöst werden können, auch Verschlechterungen möglich sind, etwa dann, wenn es zu psychischem oder sexuellem Missbrauch durch den Therapeuten kommt oder wenn der Therapeut selbst der Narzisst ist. Die Ergebnisse zeigten, dass Psychotherapie einen nachweisbaren positiven Effekt hat, aber nur als Kurzzeiteffekt, also wenn die Therapie gerade vorbei ist. Hingegen lässt sich nicht nachweisen, dass ein positiver Langzeitgewinn (über ein Jahr oder länger) im Sinn einer nachhaltigen Psychotherapie zustande kommt.

Woran liegt das? Die meisten Kommentatoren der Ergebnisse der neuen Metaanalyse stellen die Richtigkeit der Befunde nicht in Frage. Vielmehr geht es vor allem darum, die Ursachen und Folgen der fehlenden Langzeiterfolge zu diskutieren. Bei der Suche nach Wegen zu dem Ziel einer nachhaltigen Psychotherapie stößt man auf Verfahren, die das Anliegen betonen, dass Rückfälle nach dem erfolgreichen Abschluss der Therapie vermieden werden. Ein Beispiel ist die Depressionsbehandlung, die für das Rückfallproblem besonders anfällig zu sein scheint. Solche Rückfälle bei Depressionen, die im Übrigen zu einer schleichenden Verschlimmerung der Leiden der Patienten führen, lassen sich bekämpfen, indem den Klienten Mittel an die Hand gegeben werden, um auf die Gefahr von Rückfällen aufmerksam zu werden und außerdem im Bedarfsfall Gegenmaßnahmen ergreifen zu können.

Die Stabilisierung des verbesserten Zustands der Klienten nach der Therapie ist ein Thema, das leicht übersehen wird. Das hängt vielleicht auch damit zusammen, dass die Therapeuten ihre Klienten vielfach nur in ihrem Büro kennen lernen. Es wäre wichtig, Ratschläge und Verfahren zu vermitteln, deren Befolgung es den Klienten ermöglicht, ihre Bewältigungsstrategien so zu verbessern, dass sie auf die Gefahren späterer Rückschläge besser vorbereitet sind. Solche Techniken sind je nach Störungsbild unterschiedlich, aber ihre Bereitstellung ist entscheidend, um mit mehr Optimismus über den nachhaltigen Erfolg einer Therapie sprechen zu können.

Viele Klienten haben eine Geschichte von mehreren Therapien hinter sich. Das verdeutlicht noch einmal das Problem der fehlenden Langzeiterfolge. Eine Schwäche der Psychotherapie scheint häufig darin zu liegen, dass nicht über den Tellerrand der Therapiesitzungen hinausgeblickt wird. Tatsächlich müsste aber ein Schwerpunkt auch darauf liegen, die Klienten für die Zeit nach der Therapie realistisch vorzubereiten, sodass sie erfolgreich auf die Vorboten der Rückkehr ihrer Probleme reagieren können.

Nachdem ich dies geschrieben hatte, las ich einen Bericht von Sabine Etzold in der Wochenzeitung »Die Zeit« (Nr. 32/2003, S. 23) über eine Veranstaltung der Christoph-Dornier-Klinik für Psychotherapie in Münster, der die Aktualität meines Themas unterstreicht. Darin heißt es: »(Die Studie des Wirtschaftswissenschaftlers Aloys Prinz von der Universität Münster) an acht Kliniken ... über den Erfolg von Angsttherapien lieferte ein deprimierendes Ergebnis. Nur eine Klinik schaffte eine positive Behandlungsbilanz, will heißen: Der Mehrheit der Patienten ging es *ein Jahr nach der Behandlung* nachweislich besser. Zwei Kliniken fielen völlig durch: Ihre Patienten waren nach einem Jahr nachweislich schlechter dran als zuvor« (Hervorhebung von mir).

In der Medizin würde sich niemand mit einem solchen Ergebnis bezogen auf eine heilbare Krankheit zufrieden geben: Dass es die Patienten nach der Behandlung schaffen, das Krankenhaus ohne fremde Hilfe zu verlassen und allein nach Hause zu fahren, ist klar. Dass sie aber auch noch ein Jahr später von der Behandlung profitieren, wird in der Medizin selbstverständlich auch erwartet. Medizinische Behandlungen müssen in der Regel nachhaltig erfolgreich sein, damit sie Anerkennung finden. Genauso ist zu wünschen, dass eine nachhaltige Psychotherapie betrieben wird, deren Erfolge nicht nur am Tag des »erfolgreichen« Therapieabschlusses sichtbar sind.

Prof. Dr. Hans-Werner Bierhoff, Fakultät für Psychologie, Universität Bochum.
Fachgebiet: Prosoziales Verhalten, Enge Beziehungen.

Heinrich Wottawa

Das hat meine Großmutter auch schon immer gesagt

Wie ärgert man leistungsstarke Studenten in einer für ihre Berufsfähigkeit besonders förderlichen Form?
- Ich lasse sie eine psychologische Theorie vor einer Seminargruppe referieren.
- Bitte sie, die relevanten Kernaussagen auf den Punkt zu bringen (etwa: »Ereignisse, die von der handelnden Person selbst oder von dem überwiegenden Teil der für sie relevanten Bezugsgruppe positiv bewertet werden, werden von der handelnden Person bevorzugt internal stabil attribuiert, bei überwiegend negativer Beurteilung external, oder internal instabil«).
- Lasse sie die wesentlichen Aussagen in einen normalen Sprachcode übersetzen (»Wenn ich Erfolg habe, habe ich das gemacht, wenn etwas schief geht, die anderen, oder ich hatte vielleicht einmal Pech; das denke ich mir auch dann, wenn es vielleicht gar nicht stimmt»).
- Dann frage ich, ob sie sich vorstellen können, dass meine Großmutter (eine sehr kluge Frau, gelernte Kellnerin) diese Erkenntnis auch schon so um 1920, also lange vor dem Erscheinen der Originalliteratur zu dieser Theorie, meiner Mutter als Tipp fürs Leben gesagt haben könnte.

Die Antwort war bisher immer »ja«. Den meisten ist dabei die hohe Dissonanz zwischen dem Stolz auf das erlernte psychologische Wissen und der Unfähigkeit, auf diesen ja klassischen »Trivialitätsvorwurf« gegen die Psychologie adäquat zu antworten, deutlich anzumerken.

Nach Klärung der Struktur hinter diesem Phänomen bitte ich die Seminarteilnehmer, in Kleingruppen einen Kurzvortrag zu dieser Theorie im Rahmen eines Verhaltenstrainings vorzubereiten, in dem gleichzeitig deutlich wird, dass die Psychologie für die Wirtschaft sehr viel zu bieten hat. Manche Ergebnisse sind kümmerlich, andere aber so gut, dass wir sie unmittelbar für unsere echten Trainings nutzen könnten.

Die Psychologie bietet eine faszinierende Menge von Konzepten, die man nicht nur für das Verstehen, sondern gerade auch für das zielorientierte Gestalten sozialer Situationen viel öfter als erwartet nutzen kann, man muss nur nachdenken. Vor Jahren bot ich einen Preis für alle Mitarbeiter an, die mir eine akzeptierte Psychologische Theorie nennen könnten, die sich *nicht* sinnvoll anwenden ließe. Ein Assistent aus der Allgemeinen Psychologie fand den Kappa-Effekt. Die anderen Mitarbeiter fanden nichts (oder wollten mit so einer »unakademischen« Fragestellung ganz einfach nichts zu tun haben).

Es gibt in unserem Fach einen tiefen Graben zwischen »Wissenschaft« und »Anwendung«. Die Optimierung nutzengeleiteten Handelns mit Hilfe der wissenschaftlichen Psychologie kann selbst nicht Wissenschaft sein. Nicht das Streben nach Erkenntnis steht dabei im Zentrum, sondern die Problemlösung. Man kann dies mit der Metapher »Kunsthandwerk« beschreiben, mit vieler eindeutig falschen, aber auch vielen verschiedenen »richtigen« Vorgehensweisen. Fachlich fundierte Kreativität, nicht Falsifikation von Thesen ist die entscheidende Leistung. Die höhere Bewertung von Kreativität dürfte übrigens selbst in der Wissenschaft gelten. Zumindest haben wir bisher erst einen Nobelpreis gefunden, der nur für eine Falsifikation bestehender Ideen vergeben wurde (die Widerlegung der Äther-Theorie). Das Finden neuer, innovativer Ideen ist letztlich auch in der Forschung die besonders honorierte Leistung.

Vielen Psychologen fällt das Nutzen von Theorien als Kreativitätshilfe emotional enorm schwer, vermutlich trainieren wir den Studenten diese Kompetenz auch systematisch ab. Zumindest die ersten Erfahrungen mit unserem B.Sc.-Studiengang »Wirtschaftspsychologie« zeigen, dass es den Studenten dort in den Anfangssemestern viel leichter fällt, diese Art der Nutzung der Psychologie zu erlernen, als unseren Hauptdiplom-Studenten.

Die klassischen Naturwissenschaften haben den Gegensatz von »Wissenschaft« und »Anwendung« nicht dadurch gelöst, dass die Physiker Brücken bauen (eine sehr beunruhigende Vorstellung!). Es wurden eigenständige, auf den theoretischen Grundlagen basierende Ingenieurwissenschaften aufgebaut. Die zunehmenden Angebote Psychologischer Studiengänge an den Fachhochschulen könnten ein erster Ansatz in diese Richtung sein. Manchmal frage ich mich, warum es mir eigentlich emotional doch viel lieber wäre, wenn auch die Universitäten dies leisten könnten.

Prof. Dr. Heinrich Wottawa, Fakultät für Psychologie, Arbeitseinheit Methodenlehre, Diagnostik und Evaluation, Universität Bochum.
Fachgebiete: Eignungsdiagnostik (insbesondere internetgestützt), automatische Entscheidungsfindung, Personal- und Organisationsentwicklung.

Norbert Groeben

Holzwege einer reflexiven Erkenntnishaltung?

(Also) stellt die Explikation eines »realistischen Konstruktivismus« nicht nur ein ungelöstes, sondern ... ein unlösbares Problem dar. Aber auch hier gilt: Natürlich sind alle Scheinprobleme unlösbar; aber nicht jedes unlösbare Problem ist ein Scheinproblem! Es kommt darauf an, ob man sich »sehenden Auges« zumuten will, an etwas zu arbeiten, das nach menschlichem Ermessen – von Menschen – nicht endgültig gelöst werden kann. Wie die Diskussion mit dem Radikalen Konstruktivismus zeigt, ... handelt es sich dabei nicht zuletzt auch um eine persönliche Entscheidung. Und deshalb möchten wir als letztes ein Argument anführen, dessen Kriterium wir mit dem Radikalen Konstruktivismus teilen: die Interessantheit! Für uns ist es ungleich interessanter, nach dem (wenn auch nie endgültig aufklärbaren) Verhältnis von Erfindung und Entdeckung in der menschlichen »Erkenntnis« zu fragen, als sich einfach dichotomisierend für das eine oder das andere zu entscheiden. Sicherlich ist es eine Sisyphosarbeit, in diesem Sinne an einem »realistischen Konstruktivismus« zu arbeiten, weil dabei bestenfalls eine weitere, aber keineswegs eine letzte Konzeption dieses Verhältnisses erreichbar ist. Jedoch (vgl. Camus 1991, S. 101): »Wir müssen uns Sisyphos als einen glücklichen Menschen vorstellen!«

Nüse, R.; Groeben, N.; Freitag, B.; Schreier, M. (1991): Über die Erfindungen des Radikalen Konstruktivismus. Weinheim, S. 340f.

Wenn man einmal die in der Psychologie bisher erforschten Konstrukte unter dem Aspekt der positiven Entwicklungsmöglichkeiten des Menschen betrachtet, so zeigt sich, daß »positive« Konstrukte sehr viel weniger erforscht worden sind als »negative« bzw. problematische. Zu »Angst« gibt es ungleich umfangreichere Forschung als zu »Freude«, zu »Aggression« mehr als zu »Hilfeleistung« etc. ... Was ist der Grund für diese Asymmetrie der Forschungsanstrengungen? Ich glaube, daß die implizite Begründung dafür, die zum Teil auch in der Methodologie der empirisch-experimentellen Psychologie enthalten ist, folgenderweise lautet: Aufgabe der psychologischen Forschung ist es in erster Linie, die Realität menschlichen Denkens, Fühlens, Verhaltens (bzw. Handelns etc.) zu analysieren. Wenn die Realität unter welchen präskriptiven Gesichtspunkten auch immer mehr »negativ« als »positiv« ist, dann muß empirische Psychologie eben genau diese Verhältnisse auch abbilden. Denn nur eine realistische Abbildung gerade auch der »Negativität« des Menschen kann auf Dauer deren Überwindung ermöglichen: durch die Aufklärung über Manifestationen und Bedingungen solcher »Negativität«. Allein die möglichst präzise Aufklärung über die Genesebedingungen »negativer« Phänomene (von Aggression über Angst bis Mißtrauen etc.) setzt den Menschen in die Lage, sich gegen diese Bedingungen zu entscheiden, über ihre Vermeidung einer Verringerung derartiger »negativer« Phänomene näherzukommen. Von daher ist die Erforschung der problematischen Aspekte der condition humaine gerade als Manifestation des Aufklärungspotentials empirisch-psychologischer Forschung anzusehen.

Ich halte diese Argumentation für einen Trugschluß, den ich den Aufklärungs-Fehlschluß nennen will. ...

Groeben, N. (1988): Die Utopie der Sehnsucht der Utopie. In: Groeben, N.; Keil, W.; Piontkowski, U. (Hg.), Zukunfts-Gestalt-Wunsch-Psychologie. Münster, S. 193f.

(Vor) diesem Hintergrund läßt sich zusammenfassend als Selbstanwendungs-Postulat formulieren: Solange es empirisch sinnvoll und brauchbar ist, sind im Bereich der Psychologie vorgeordnet Subjektmodelle zu generieren, die eine Anwendung auf das Erkenntnissubjekt selbst ohne (pragmatische) Widersprüche erlauben; die Generierung nicht-selbstbezogener Objektmodelle ist auf bestimmte Gegenstands- und Problembereiche zu beschränken, für diese spezifisch (moralisch) zu rechtfertigen und zeitlich so weit als möglich zu begrenzen (d. h. es ist stetig zu versuchen, sie in Richtung auf selbstanwendbare Modelle zu überwinden).

Groeben, N. (1981): Zielideen einer utopisch-moralischen Psychologie. Zeitschrift für Sozialpsychologie 12, S. 119.

»Holzweg«: Alltagssprachlich gleich »Irrweg«, ursprünglich aber auch der durch Holzplanken gebildete Weg, der durch das Moor führt ...

Prof. Dr. Norbert Groeben, Psychologisches Institut, Universität Köln.
Fachgebiete: Allgemeine Psychologie, Kulturpsychologie, Theoretische Psychologie, Empirische Literaturwissenschaft.

Lenelis Kruse

Interdisziplinäre Sprachspiele

Heute wird in fast allen wissenschaftlichen Disziplinen – und das trifft auch für die Psychologie zu – die Notwendigkeit von interdisziplinärer Zusammenarbeit betont. Mehrere Gründe können dafür ausschlaggebend sein:

Die fortschreitende Entwicklung der Wissenschaft geht mit einer Tendenz zu immer mehr und immer kleineren Spezialgebieten innerhalb jeder Wissenschaft einher, die zu Abkapselung und Verständigungsproblemen führt. Dies lässt sich auf jedem Kongress beobachten. Die Sub- und Sub-Sub-Disziplinen sind einander so fremd geworden, dass der Versuch einer intra-disziplinären Zusammenarbeit zwischen diesen Spezialgebieten schon fast den Charakter einer inter-disziplinären hat, je mehr man den doch eigentlich unmittelbaren Nachbarn verständnis- und sprachlos gegenübersteht.

Die Notwendigkeit zu interdisziplinärer Zusammenarbeit ergibt sich aber auch aus der Erwartung, dass Wissenschaft, mehr als bisher eingefordert, zur Lösung gesellschaftlicher Probleme beitragen sollte. Da gesellschaftliche Probleme aber in der Regel komplex sind und nicht aus der Perspektive nur einer Disziplin behandelt werden können, ist die Kooperation von verschiedenen Disziplinen geradezu zwingend. Je stärker diese Disziplinen auf Problemlösungen hinarbeiten und diese auch in den politischen Raum einbringen wollen, umso mehr muss aus einer multidisziplinären eine interdisziplinäre, wenn nicht gar transdisziplinäre Arbeitsweise werden.

Wenn man, wie ich, im Bereich Umwelt arbeitet und aus umweltpsychologischer Perspektive zur Analyse und Lösung lokaler und globaler Umweltprobleme beitragen möchte, ist die Diskussion und Kooperation mit anderen Umweltwissenschaften inzwischen selbstverständlich, aber durchaus nicht unproblematisch. Seit zwei Jahrzehnten arbeite ich im Rahmen des UNESCO-Programms »Der Mensch und die Biosphäre« mit einer Reihe von Naturwissenschaftlern (z. B. Hydrologen, Boden- und Waldforschern, Geographen, Naturschutzexperten) zusammen. Außerdem hatte ich als Mitglied des Wissenschaftlichen Beirats der Bundesregierung Globale Umweltveränderungen acht Jahre lang die Chance, zusammen mit elf weiteren Wissenschaftlern (Klimaforschern, Wasser- und Agrarexperten, aber auch Ökonomen, Juristen, Raumplanern) Politikempfehlungen für die Bundesregierung zu erarbeiten, die Themen wie die globale Boden- und Wasserproblematik, Klimawandel, Schutz biologischer Vielfalt, Risikomanagement behandelten. Gerade diese Aufgabe war insofern eine Herausforderung, als die Wissenschaftlergruppe keine Minderheitenvoten in Kauf nehmen, aber doch die komplexen Themen so aufbereiten wollte, dass sie von den Politikverantwortlichen gelesen und verstanden würden.

Interdisziplinäre Zusammenarbeit ist immer auch ein Kommunikationsproblem!

Dass jede Disziplin ihre eigene Wissenschaftssprache hat, ist bekannt und akzeptiert. Man kann sich bemühen, bestimmte Fachtermini zu lernen und ihren Bedeutungsgehalt zu verstehen. Schwierig wird es, wenn Alltagsbegriffe auch als Fachtermini verwendet werden. Wenn wir beispielsweise wie selbstverständlich von Risikomanagement (oder Management von Wasserressourcen) sprechen, kann weniger die Verständigung als vielmehr der berechtigte Gebrauch des Begriffs schnell zu einem Problem in der Diskussion mit Ökonomen werden. Für einen neoliberalen Markttheoretiker klingt Management zu sehr nach Kontrolle und ist als Begriff nicht akzeptabel. Manchmal reicht es dann schon, statt von »Management« von »Umgang« zu reden.

Noch komplizierter wird es, wenn man (als Humanwissenschaftlerin) ganz konkret erfahren muss, dass verschiedene Wissenschaften für sich und ihre Sprache einen Bekanntheits- und Geltungsgrad (um nicht zu sagen Wahrheitsgrad) beanspruchen, den sie anderen Wissenschaften nicht zugestehen. Da hilft es dann, Strategien zu entwickeln. Ich plaudere aus dem Nähkästchen: Ein Naturwissenschaftler ist zum Beispiel schnell dabei, den Juristen, der sich mit Klimaschutzprotokollen beschäftigt, zu fragen, woher er denn sein naturwissenschaftliches Wissen bezieht. Wenn umgekehrt der Klimaexperte seine Überlegungen über die Motive von Konsumenten, klimarelevante Verhaltensweisen zu ändern (Fernreisen einschränken, regional produzierte Produkte bevorzugen), ausbreitet und die Psychologin nachfragt, woher er denn sein humanwissenschaftliches Wissen beziehe, kommt prompt die Antwort: Ich bin schließlich auch ein Mensch. Ich antworte dann gern: »Ich (als Mensch) bestehe zu 70 Prozent aus Wasser und trotzdem verstehe ich mich noch nicht als Wasserexperte.« Manchmal hilft das.

Und noch eine Strategie: Begriffe aushandeln! Einen Begriff, wie zum Beispiel »Kognition«, gebrauchen zu dürfen, kann viel Zeit und Erklärungsanstrengungen erfordern. Da hilft ein Tauschangebot: »Wenn ihr (Naturwissenschaftler) weiter von ›Ökosystem‹ sprechen wollt, dann muss mir auch die Rede von Kognitionen zugestanden werden.«

Merke: Bei interdisziplinären Sprachspielen geht es nicht nur um das Aushandeln von Wörtern, sondern immer auch um Kompetenzgerangel.

Prof. Dr. Lenelis Kruse, Institut für Psychologie, FernUniversität Hagen.
Fachgebiete: Umweltpsychologie, Globale Umweltveränderungen,
Sprachliche Kommunikation.

Klaus Opwis

Wahrnehmung und Kunst: Gedanken über die Perspektive der Informationsverarbeitung in der Psychologie

Unsere visuelle Wahrnehmung ist auf den ersten Blick unauffällig, und erst bei genauerer Analyse offenbart sich ihre enorme und faszinierende Leistungsfähigkeit. Wahrnehmung ist Informationsverarbeitung, basierend auf der Umwandlung von Licht in neuronale Signale. Zahlreiche Teilleistungen unserer Wahrnehmung können wir heute im Detail erklären.

Die echte (rechts) und die vertikal gespiegelte (links) Mona Lisa.

Zentrale Aufgabe unseres visuellen Systems ist die Erkennung von Objekten in unserer Umwelt. Zur Illustration präsentiere ich den Studierenden gerne Leonardos *Mona Lisa*, allerdings in einer vertikal gespiegelten Form (Abbildung). Meine erste Frage, wer kennt dieses Bild, wird ungeachtet der Spiegelung von praktisch allen Studierenden bejaht, zumeist begleitet von einer allgemeinen Erheiterung. Meine nächsten Fragen, wo befindet sich das Bild, wer hat das Bild gemalt, wann wurde das Bild gemalt, werden von immer weniger Studierenden beantwortet. Und spätestens die Frage nach den Gründen für die Berühmtheit des Bildes löst allgemeine Ratlosigkeit aus, die durch die Darbietung der »echten« Mona Lisa einer gewissen befreienden ungläubigen Heiterkeit weicht.

Am Beispiel der *Mona Lisa* lassen sich grundlegende Fragen zur Funktionalität unseres Wahrnehmungssystems diskutieren: Wie erkennen wir Objekte und Formen? Wie lösen wir das Problem der dreidimensionalen Interpretation einer zweidimensionalen Darstellung? Wie kommt es zu Farbeindrücken? Welche Rolle spielen Licht und Helligkeit für unsere Wahrnehmung? Welche Bedeutung hat Vorwissen für unsere Wahrnehmung?

Beginnen wir mit der Frage der Wahrnehmung von Raum und Tiefe. Die wichtigste Information für die Tiefenwahrnehmung liefert normalerweise das Stereo-Sehen: Die beiden Augen übermitteln dem Gehirn zwei leicht gegeneinander verschobene Ansichten derselben Szene (Bewegungsparallaxe). Aber beim Betrachten eines statischen Bildes existieren keine binokulare Tiefeninformationen, wie das Schließen eines Auges unmittelbar erkennen lässt. Unser Eindruck von Raum und Tiefe basiert in diesem Fall ausschließlich auf statischen monokularen Tiefeninformationen von der relativen Lage der Objekte zueinander (nähere Objekte verdecken weiter entfernte Objekte), der relativen Größe der Objekte (große Objekte sind näher), der relativen Schärfe der Objekte (weit entfernte Objekte sind unschärfer), unserem Wissen über die natürliche Größe von Objekten bis hin zur überaus wichtigen, aber auch schwierig in einfachen Worten zu beschreibenden Verteilung von Licht und Schatten sowie den Gesetzen und Prinzipien der perspektivischen Darstellung von Objekten. Letztere wurden in der italienischen Renaissance zu Beginn des 16. Jahrhunderts systematisch diskutiert und von Leonardo da Vinci (1452–1519), dem Maler der *Mona Lisa,* als Erstem explizit und klar umschrieben.

Wie nehmen wir Farben wahr? Wir kennen heute die physiologischen Mechanismen der Farbwahrnehmung, mit deren Hilfe die Wellenlänge des Lichtes in Nervenimpulse unseres visuellen Systems kodiert wird. Wir wissen, dass die von Thomas Young (1773–1829) und Herrmann von Helmholtz (1821–1894) formulierte *Dreifarbentheorie* in gewisser Weise ebenso ihre Berechtigung hat wie die von Ewald Hering (1834–1918) formulierte *Theorie der Gegenfarben.* Beide sind notwendige, aber nicht hinreichende Bestandteile einer umfassenden Theorie der Farbwahrnehmung. Beide erklären spezielle Phänomene der Farbwahrnehmung und beide lassen sich in direkter Weise auf neurophysiologische Erkenntnisse abstützen (kurz-, mittel- und langwellige Rezeptoren, Gegenfarbenzellen in der Area striata, im Corpus geniculatum laterale und im visuellen Cortex).

Die Rolle und Bedeutung von Vorwissen ist offenkundig und vielfältig. Die Einordnung der *Mona Lisa* in den kunstwissenschaftlichen Kontext der Porträtkultur der Hochrenaissance bietet eine Fülle weit über das Bild hinausreicher der Assoziationen.

Zusammenfassung
Die kognitionspsychologische Wahrnehmungsforschung versteht die elementaren Prozesse der Informationsverarbeitung und deren neurophysiologischen Grundlagen sehr gut, und dieses Wissen hat auch für die Betrachtung von Bildern seine Gültigkeit und Berechtigung. Helmholtz war in seinem populärwissenschaftlichen Vortrag »Optisches über Malerei«, erstmals gehalten 1871 in Berlin, dezidiert der Meinung, dass die Kenntnis und das Verständnis der elementaren Prozesse »die unumgängliche Grundlage auch für die Lösung der tiefer eindringenden Fragen bilden müssen«. Damit thematisiert er einen klassischen theoretischen Konflikt im Paradigma der Informationsverarbeitung, das Spannungsfeld von *Top-down-* und *Bottom-up*-Prozessen. Unter der Perspektive der *Analyse* elementarer Prozesse und Phänomene war das Paradigma der Informationsverarbeitung in den letzten Jahrzehnten konkurrenzlos erfolgreich. Aber das Verständnis komplexer Systeme erfordert auch die komplementäre Perspektive der integrativen *Synthese* von Teilleistungen. Hier wartet künftig noch viel Arbeit auf uns, theoretisch und methodologisch. Die subjektiven Empfindungen beim Betrachten der *Mona Lisa* sind weiterhin ein großes ungelöstes Rätsel, aller Fortschritte unseres Wissens zum Trotz.

Prof. Dr. Klaus Opwis. Ordinarius für Allgemeine Psychologie und Methodologie an der Universität Basel.
Fachgebiete: Gedächtnis und Wahrnehmung aus kognitions- und neurowissenschaftlicher Sicht, wissenschaftliches Denken und computerbasiertes Lernen.

August Flammer

Wenn wir das Gegenteil von dem tun, was wir wünschen, resp. das Gegenteil von dem wünschen, was wir tun

Irina: Fortfahren nach Moskau. Das Haus verkaufen, mit allem hier Schluss machen, und nach Moskau.
Olga: Ja, Nur schneller nach Moskau.
Irina: Unser Bruder Andrej wird wahrscheinlich Professor, er wird hier sowieso nicht leben. Da ist nur *ein* Hindernis: die arme Mascha.

Die drei Schwestern in Tschechows gleichnamigem Drama leben physisch in der russischen Provinz, mental aber in Moskau, der Weltstadt, der Stadt mit den Anlässen der vornehmen Gesellschaft. Genau genommen leben sie aber auch mental gar nicht in Moskau, sondern in ihrer Vorstellung von Moskau, vielleicht sogar nur im Wunsch nach … Ja, wonach? Einfach im Wunsch, dass alles anders sei und doch so bleibe. Sie wissen aber offensichtlich, dass sie nie nach Moskau umziehen werden.

Das ist eigentlich ein trivialer Plot, aber er gewinnt zunehmend an Spannung, weil sich an der Lage der drei Schwestern durch das ganze Drama hindurch nichts ändert.

Ich gestehe, dass mich dieses Drama fasziniert und ich noch heute nicht recht weiß, warum. Eine oberflächliche Interpretation könnte sein, dass ich wissenschaftlich relativ oft meine Thematik ausgeweitet, verschoben, ja gewechselt habe; ich war immer wieder von neuen Themen angezogen. Das machte mir Freude, kostete aber Energie und brachte Identitätsverluste in der Fachwelt. Eine noch oberflächlichere, für mich aber bedeutsamere Interpretation ist die, dass Tschechow wie manche andere Autoren der so genannten schönen Literatur fundamentale psychologische Zusammenhänge so treffend und kurz (nicht extensiv interpretierend) darstellt.

Auf der letzten Seite der »Drei Schwestern« lässt Tschechow Mascha sagen:

»Oh, wie die Musik spielt! Sie (die Truppen mit ihren Offizieren) gehen fort …; wir bleiben allein, um unser Leben von neuem anzufangen. Man muss leben … Man muss leben …«

Und im »Kirschgarten« sagt Ljubov, die hoch verschuldete Gutsbesitzerin, nachdem sie geborgtes Geld verschenkt hat, zu ihrer entsetzten Pflegetochter:

»Was soll man bloß mit mir machen, ich Dummkopf! Zu Hause gebe ich Dir alles, was ich habe, leihen Sie mir noch etwas …«

Weiter hinten, nachdem ihr der Verwalter den Konkurs angedeutet hat, sagt sie zu Firs, ihrem 87-jährigen Lakaien:

Ljubov: Firs, wenn das Gut verkauft wird, wo gehst du dann hin?
Firs: Wo Sie befehlen, da gehe ich hin.

Tschechow macht tiefsinnige Entwicklungspsychologie, indem er überfällige Veränderungen nicht stattfinden lässt. Das hat mich wiederholt bewogen, auf der Basis so genannter belletristischer Literatur ein Seminar zu Barrieren der Entwicklung anzubieten. Natürlich musste dann die Rede sein von der Abschaffung der Leibeigenschaft im Russland des 19. Jahrhunderts und von der Schwierigkeit sowohl der Herrschaft als auch der Leibeigenen, die »bessere« Ordnung anzunehmen. Und natürlich haben wir von lebenslanger Entwicklung, von Übergängen und von deregulierten Lebensläufen mit ihren Chancen und Verlusten gesprochen.

Solches müssen wir tun, das ist unsere akademische Aufgabe und ist gesellschaftlich bedeutsam. Indes: Die Produktion von Wissen ist eines, aber Einsichten in Haltung und Handlung überzuführen ist ein anderes, letztlich das Wichtigere. Vielleicht ist Ästhetik das, was eine Botschaft zum berührenden Erlebnis macht. Darum noch einmal Tschechow:

(Plötzlich erklingt ein entfernter Ton, wie vom Himmel der Ton einer gesprungenen Saite, ersterbend, traurig)
Ljubov: Was war das?
Lopachim: Ich weiß nicht. Vielleicht ist irgendwo im Bergwerk ein Förderseil gerissen. Aber irgendwo sehr weit weg.
Gaev: Oder vielleicht ein Vogel ...
Trofimov: Oder ein Uhu.
Ljubov *(zusammenfahrend)*: Irgendwie unheimlich.
(Pause)
Firs: Vor dem Unglück war es genauso: die Eule schrie, und der Samovar hat unentwegt gesummt.
Gaev: Vor welchem Unglück?
Firs: Vor der Freiheit.
(Pause)
Ljubov: Wisst Ihr, Freunde, wir wollen gehen, es wird schon Abend. *(Zu Anja:)* Du hast Tränen in den Augen. Was hast Du, Mädchen? *(umarmt sie)*.
Anja: Nur so, Mama. Nichts.

Und ganz am Schluss des Dramas nochmals Firs:
Sie sind weg. Mich haben sie vergessen. Macht nichts. Ich setz mich ein Weilchen. Und Leonid Andreic hat sicher nicht den Pelz angezogen ... Ich habe nicht aufgepasst. Oh, diese jungen Leute! ... Das Leben ist vorbei, als hättest du es gar nicht gelebt. *(Legt sich)* Ich leg mich ein Weilchen hin. Kein bisschen Kraft mehr, nichts mehr. Ach du ... taube Nuss!

Prof. Dr. August Flammer, Institut für Entwicklungspsychologie, Universität Bern.
Fachgebiete: Entwicklungstheorien, Adoleszenz, Entwicklung des kompetenten Selbst.

Walter J. Perrig

Die bewusste und unbewusste Erfahrung der Vergangenheit

»Es muss gute Gründe geben, wenn ein Mensch sich quasi ein Leben lang einem Forschungsgegenstand verschreibt«, so habe ich gedacht und in mich hinein gehorcht. »Ein Mutterschaf«, so hörte ich als kleiner Junge meinen Vater sagen, »säugt seine Lämmer nicht, wenn es selbst von seiner Mutter verstoßen wurde.« Dabei musste ich zusehen, wie jeder Saugversuch eines Lämmchens, das sich kaum auf den Beinen halten konnte, von seiner Mutter vereitelt wurde. Diese Szene muss mich wohl besonders berührt haben, ist sie mir doch bis zum Beginn meines Psychologiestudiums (1971) an der Universität Fribourg, als Erinnerung bewahrt worden. Im Studium hat diese episodische Erinnerung dann eine besondere Relevanz entfaltet.

Nicht bei Schafen zwar, aber bei Mäusen, Ratten und Tauben hatte die damalige wissenschaftliche Psychologie in den vorangegangen 40 Jahren herausgefunden, wie die Grundprinzipien des Lernens funktionieren. Nur auf diesem Hintergrund kann ich mir heute erklären, dass ich Fragen wie die folgenden beantwortet haben wollte: War das gezeigte Verhalten des Mutterschafs angeboren? War das erfahrene Fütterungsverhalten prägend? Was wurde dabei vom Tier gelernt? Wie wurde diese frühe Erfahrung im Gedächtnis gespeichert? Dabei war es doch nie meine Absicht, Tier- oder Schafpsychologie zu betreiben. Andere Fragen hielten das Interesse wach: Und wenn das Schaf eine Frau, eine Mutter, wäre? Wie wäre es dann mit dem Seelischen, dem Bewussten und dem Unbewussten, dem Kontrollierbaren, den Langzeiterinnerungen oder der Bewahrung von Erfahrenem und dessen Einflussnahme auf das aktuelle psychische Geschehen überhaupt?

Die Bedeutung der frühen Erfahrungen wurde in den Lehrveranstaltungen der Tiefenpsychologie im Unbewussten lokalisiert und in der Entwicklungspsychologie beim Bindungsverhalten von Affen und Kindern ausführlich thematisiert. Spannend und relevant erschienen die beschriebenen Sachverhalte, befriedigende gedächtnistheoretische Erklärungen gab es aber nicht. In der damaligen Gedächtnispsychologie war diesbezüglich nichts zu holen: Knochentrocken und gänzlich irrelevant für die Beantwortung der gestellter Fragen waren die Ausführungen zu den sensorischen Registern, zum Kurz- und Langzeitgedächtnis mit den dominierenden Modellen der semantischen Organisation, den Hunderten von Experimenten mit bedeutungslosen Silben, Wortlisten, Phrasen, den propositionalisierten Texterinnerungen und den Arbeiten mit einfachen visuellen und auditiven Reizen.

Beeindruckend war indes die akribische wissenschaftliche Sorgfalt, mit der experimentiert wurde. Der Aufwand bei der Begründung der Experimentierlogik, die Strenge bei den Kontrollen, der Datenauswertung und den Schlussfolgerungen. Kurz: Wenn auch irrelevant für persönlich wichtigere Fragen, so dann doch korrekt in der Prozedur und deren Ergebnis. Faszinierend war jedoch in der Folge die rasche Entwicklung und die geradezu explodierende Vielfalt bei den Fragestellungen, bei den Untersuchungsmethoden und den entstehenden Theorien.

So stehen wir heute vor der spannenden Möglichkeit, genetisches, unbewusstes, implizites, explizites, implantiertes (selbst konstruierte Erinnerungen), autobiographisches und prospektives Gedächtnis, intuitives Verhalten, Aufmerksamkeit und Ausführungskapazitäten und deren biologischen Korrelate bei Menschen über die ganze Lebensspanne zu untersuchen. Die Messbarkeit der verschiedenen theoretisch beschriebenen Gedächtnisfunktionen ist die Grundlage für die individuelle Diagnostik der Gedächtnisfunktionen bei Lernstörungen, neuropsychologischen Problemen, aber auch bei der Bewältigung von Entwicklungsaufgaben, Lebenskrisen und der Unterscheidung von wahren und falschen Erinnerungen. Große Ansprüche und Aussichten gelassen ausgesprochen? Gewiss, aber lebendige Forschungsarbeit lebt vom Optimismus, der in die Zukunft weist. In diesem Sinne begeistert die heutige Psychologie als »Lehre von der Seele« und als »Wissenschaft von den bewussten und unbewussten seelischen Vorgängen und Zuständen sowie deren Ursachen und Wirkungen«. Möge diese Definition aus dem Duden (Das Fremdwörterbuch) die Lehrbuchdefinition der »Psychologie als Wissenschaft vom Verhalten« ein für allemal ersetzen.

Prof. Dr. Walter Perrig, Institut für Psychologie, Universität Bern.
Fachgebiete: Allgemeine Psychologie, Neuropsychologie, Gedächtnis, Lernen, Unbewusste Informationsverarbeitung.

Jürgen Bengel

Das Zueinander von Psychologen und Medizinern

1986 – Im Rahmen meiner ärztlichen Ausbildung war ich auf der allgemeinchirurgischen Station an einem Krankenhaus der Grundversorgung tätig. Es war die erste Station meines praktischen Jahres. Weder dem Chefarzt noch dem Ärzte- und Pflegeteam der Abteilung war mein »Erstberuf« Psychologe bekannt. Kurz vor Beginn dieser Tätigkeit hatte ich im Rahmen meiner Promotion im Fach Psychologie einen Modellversuch zur »ärztlichen Gesundheitsberatung« evaluiert; der Abschlussbericht war gerade abgegeben und die Ergebnisse der Presse vorgestellt.

In diesem Modellversuch boten Internisten und Ärzte für Allgemeinmedizin nach einer Fortbildung durch Psychologen ihren Patienten eine gesprächspsychotherapeutisch und verhaltenstherapeutisch orientierte präventive Gesundheitsberatung an. Sie sollten Risikofaktoren der koronaren Herzerkrankung und des Lungenkrebses wie Bluthochdruck, Rauchen, Übergewicht, Bewegungsmangel und Stress erkennen und Empfehlungen zu ihrer Veränderung und Reduktion geben.

Die zentrale Aufgabe der Evaluationsstudie war es, die Effekte dieser ärztlichen Gesundheitsberatung zu dokumentieren. Der Modellversuch sollte eine Entscheidung darüber ermöglichen, inwieweit solche Präventionsmaßnahmen zu einer Verbesserung des Gesundheitszustandes der Versicherten führen und ob deren Einführung in die kassenärztliche Versorgung inhaltlich gerechtfertigt und kostenrelevant ist.

Wie von Psychologen als Evaluationsteam nicht anders zu erwarten, wurde ein komplexes Design entwickelt und nach mehrjähriger Forschungsarbeit lag ein umfangreicher Evaluationsbericht vor. Er enthielt unter anderem eine ausführliche Diskussion der methodischen Einschränkungen und Probleme sowie den Hinweis, dass die eigentlich notwendige Langzeitkatamnese zur Sicherung von präventiven Effekten im Rahmen einer solchen

Evaluationsstudie nicht durchgeführt werden konnte. Danach folgte ein ausführlicher Ergebnisteil, der neben den Interventionseffekten auch zur psychologischen Kompetenz der Ärzte Stellung nahm. Die Effekte der Gesundheitsberatung waren dabei in Abhängigkeit von den betrachteten Risikofaktoren, den Merkmalen der Patienten und der Intensität der Beratung sehr unterschiedlich.

Unter anderem berichtete die »Medical Tribune«, die täglich erscheinende Ärztezeitung, über diesen Modellversuch und vor allem über unsere Evaluationsbemühungen. Die Überschrift auf der ersten Seite lautete: »Ärztliche Gesundheitsberatung erfolgreich – Niedergelassene Ärzte leisten entscheidenden Beitrag zur Prävention der koronaren Herzerkrankung«. Psychologen hätten wohl kaum diese Überschrift gewählt. Viel zu sehr quälen sie sich mit den forschungsmethodischen Einschränkungen einer selektiven Stichprobenauswahl, einer nur mäßig gelingenden Operationalisierung der untersuchten Parameter, einer notwendigen Differenzierung von Subgruppen der Zielpersonen und weiteren Problemen.

Zurück in die chirurgische Abteilung. Bei der Morgenbesprechung der Chirurgen kurz nach sieben Uhr las der Chefarzt unserer Abteilung wie jeden Tag aus der besagten Ausgabe der »Medical Tribune« vor. Er kommentierte die Schlagzeile »Ärztliche Gesundheitsberatung erfolgreich« und den Bericht über die Ergebnisse unseres Modellversuches wie folgt: »Warum muss diese Frage überhaupt untersucht werden – wer außer Ärzten sind kompetente Gesundheitsberater?«

Zwei Wochen später sichtete ich den Pressespiegel zum Modellversuch. Ich wählte einen Beitrag aus einer wöchentlich erscheinenden Ärztezeitung aus und nahm ihn mit in die morgendliche Frühbesprechung. Er trug die Überschrift: »Kassenärzte lernen von Psychologen«.

Prof. Dr. Dr. Jürgen Bengel, Institut für Psychologie, Universität Freiburg.
Fachgebiete: Rehabilitationspsychologie, Gesundheitspsychologie, Evaluationsforschung.

Franz Caspar

Beiträge zur Steigerung der Effizienz und Qualität von Psychotherapien

Bereits Miller und Webster (1956) führten – was heute weitgehend unbekannt ist – Überlegungen zur Steigerung der Kostenwirksamkeit von Psychotherapien durch Aufteilung von Aufgaben zwischen verschiedenen Akteuren in die Welt der Psychotherapie ein. Fred Turner schuf dann (1958) ein System von außerordentlicher Gründlichkeit und Aufmerksamkeit fürs Detail. Sein 75-seitiges Manual zur Durchführung und Training von Verhaltenstherapien spezifizierte fast alle Details des therapeutischen Vorgehens. Es beschrieb zum Beispiel haarklein, wie Patienten angesprochen werden sollten und welche Eigenschaften vorausgesetzt wurden, um sie in ein Therapieprogramm aufzunehmen. Heutige Manuale haben ein mehrfaches dieses Umfangs. Innerhalb der Ansätze, in denen sie verwendet werden, sind sie oft als »Bibel« bekannt und enthalten detaillierte Anweisungen zur Verwendung verschiedener Techniken. Therapeuten, die sich an diese Anweisungen nicht hielten, riskierten bereits zu Turners Zeiten, ihre Lizenzen zum Ausüben des Ansatzes zu verlieren. Zur Erleichterung des Einhaltens von Regeln und zur Erinnerung gab es kleine Memozettel, die an relevanten Stellen im Therapieraum angebracht waren. Bereits damals war also ein Therapieraum voller Signale, die den Therapeuten sagten, was sie zu tun haben. Die Bedeutung des guten ersten Eindrucks wird im Manual immer wieder betont, wobei es auch auf nur scheinbar äußerliche Aspekte ankommt, wie das freundliche Lächeln zur Begrüßung und den einladenden Blickkontakt, um den Patienten zu vermitteln, dass man sich freut, sie zu sehen.

Eine Standardisierung von Abläufen ist die Voraussetzung dafür, im Sinne des APA-Modells (Chambless et al. 1996) ein Therapieangebot sicherzustellen, das tatsächlich auch dem entspricht, was gemäß randomisierten Vergleichsstudien wirksam ist. Jede noch so gut gemeinte Abweichung vom Standard kann die Wirksamkeit unwillentlich gefährden. Eine Standardisierung erhöht auch die Effizienz, das heißt, es können in beschränkter Zeit mehr Patienten behandelt werden, weil viel vom zeitraubenden Drumherum entfällt.

Den Experten für verschiedene Aspekte und Bereiche von Psychotherapie wird so möglich, wirksam Einfluss darauf zu nehmen, wie Therapie in der Praxis durchgeführt wird. Durch genaue Festlegung können sie Techniken, Abläufe, Outcome und Qualität bestimmen. Dadurch werden vertieft qualifizierte Therapeuten eigentlich auch überflüssig. Wissen und Skills sind ja weitgehend in die festgelegten Abläufe und Techniken eingebaut, die allein es nun zu lernen und mit einem hohen Maß an Adherence auszuführen gilt. Die therapeutische Arbeit ist zu einem guten Teil durch Skills auf konkrester Ebene bestreitbar und kann durch speziell für diese Tätigkeiten trainiertes Personal ausgeführt werden. Weil einzelne Angestellte relativ leicht ersetzt werden können, gibt es auch weniger Anlass, an bestimmten Angestellten festzuhalten, was den Verhandlungsspielraum bei angestellten Therapeuten in Verhandlungen unter anderem über Löhne deutlich erhöht. Damit konnten indirekt auch die Preise bei niedergelassene Psychotherapeuten gesenkt werden, nachdem kostengünstig arbeitende Kliniken und ambulante Versorgungseinrichtungen in Verhandlungen mit Kassen die Preise gedrückt hatten.

Psychotherapeuten hatten sich zum Teil ihren Beruf etwas anders vorgestellt. Von diesen haben einige ein Auskommen mit Privatpatienten, die sich eine besondere Behandlung leisten können und wollen und oft selber etwas antiquierte Vorstellungen von individueller, auf sie zugeschnittener Psychotherapie haben. Wie früher schon Anwälte und ähnliche Berufe, akquirieren Psychotherapeuten, die sich auf solche Patienten verlegt haben, diese auf Golfplätzen, Festen der guten Gesellschaft, aber auch – zeitgemäß! – über das Internet.

Vordenker in der Wissenschaft, die mit einer evidenzbasierten Manualisierung eigentlich die Wissenschaftlichkeit der Psychotherapie stärken wollten und nun zum Beispiel ein Drittel weniger Psychologen wissenschaftlich ausbilden können, weil Psychotherapie durch angelernte Kräfte ausgeführt wird, reiben sich die Augen. Die Mittel, die universitären Psychologischen Instituten zufließen, wurden reduziert. In der gegenwärtigen Krise des Gesundheits- und Bildungswesens ist jedoch die Verbilligung von Psychotherapie bei gleichzeitig garantierter Qualität ebenso willkommen und unausweichlich wie die Einsparungen in der Ausbildung von Psychotherapeuten durch den Wegfall von neun Zehnteln dessen, was Psychotherapeuten früher zu lernen hatten.

PS: Zur Vermeidung von Missverständnissen: Der Autor vertritt ein solches Modell keineswegs (s. u. a. Caspar, F. [2000]: Therapeutisches Handeln als individueller Konstruktionsprozess. In: Margraf, J. [Hg.], Lehrbuch der Verhaltenstherapie, Bd. 1. Berlin, S. 155–166). Es handelt sich um die freie Übersetzung eines Textes über die Fast-Food-Industrie mit Adaptation auf Psychotherapie (Schlosser, E. [2001]: Fast Food Nation. The Dark Side of the All-American Meal. New York). Text zur Manualisierung: Chambless, D. L. et al. (1996): An update on empirically validated therapies. The Clinical Psychologist 49(2): 5–14.

Prof. Dr. Franz Caspar, Institut für Psychologie, Universität Freiburg.
Fachgebiete: Psychotherapieforschung, Innere Prozesse bei Psychotherapeuten, Individuelles Verständnis psychischer Störungen.

Hans Spada

Die nachfolgende Kurzgeschichte mit Beispielen zum deduktiven und induktiven Denken stammt aus einem meiner Seminare im Grundstudium zur Allgemeinen Psychologie. In diesen »Mach-mit«-Seminaren versuchen wir, durch verschiedene Aufgaben und Übungen die Studierenden zu einer aktiven und konstruktiven Beschäftigung mit Themen der Allgemeinen Psychologie anzuregen (Ernst, Opwis, Plötzner u. Spada 1996; Beitrag in der Psychologischen Rundschau). Eine der Aufgaben im damaligen Seminars war es, eine möglichst spannende Kurzgeschichte zu verfassen und dabei Phänomene des deduktiven und induktiven Denkens zu illustrieren. Das besonders gelungene, hier abgedruckte Beispiel wurde von Andrea Bender verfasst, damals Studentin im ersten Semester, Nebenfach Psychologie, heute promoviertes Mitglied meiner Forschungsgruppe.

Morgengrauen

Als Tom die Augen öffnete, sah er nichts als eine Kaskade aus Licht, das schräg über die Dachfirste der Hochhäuser durch das Fenster fiel, genau in sein Gesicht. Alarmiert fuhr er in die Höhe: Wenn die Sonne bereits so hoch am Himmel stand, musste der Morgen ziemlich fortgeschritten sein. Kopfschmerzen und dumpfe Übelkeit veranlassten ihn allerdings rasch dazu, sich wieder niederzulegen. Mit geschlossenen Augen verfiel er ins Grübeln. Sicher kam er zu spät zur Arbeit, wie so oft in letzter Zeit. Die Konsequenzen mochte er sich gar nicht ausmalen. Erneut öffnete er die Augen und starrte zur Zimmerdecke hinauf.

Seltsam, heute kam sie ihm so fremd vor. Auch das Fenster mit der Aussicht dahinter war ihm unbekannt. Das Bett – das hatte er ebenfalls noch nie gesehen, und diese Wände … Ja, zum Kuckuck, wo war er hier?! Wieder fuhr er in die Höhe[1], und diesmal ignorierte er die daraus resultierenden Unannehmlichkeiten. Auf nackten Füßen stolperte er durch einen fremden Raum in einen fremden Flur, öffnete planlos weitere fremde Türen. Immer wieder musste er dabei über verstreut liegende Kleidungstücke hinwegsteigen. Da ihn fror, hob er probehalber einen Pullover auf, um ihn überzustreifen, stellte aber fest, dass er ihm zu klein war. Ihm konnte er also wohl kaum gehören.[2] In der Hoffnung, das Zimmer nicht in diesem Aufzug aufgesucht zu haben – er sah noch einmal an sich hinab und befand, dass sein Adamskostüm ihn nichtsdestotrotz gut kleidete –, nahm er an, dass sich irgendwo auch das ein oder andere Stück aus seiner Garderobe finden lassen müsse.[3] Die Hose dort hinter dem Sofa schien seiner Größe angemessener zu sein. Das Hemd mit den grellbunten Farben ließ ihn zwar erschauern, passte aber ebenfalls. Von seinen Schuhen hingegen tauchte nur einer auf.

Noch immer mühte er sich ab, den gestrigen Abend zu rekonstruieren. Doch beharrlich verweigerte ihm sein Gedächtnis den Dienst. Wie war er nur hierher gelangt? Aha, eine Socke. Und was mochte sich hier zugetragen haben?[4] Wieder bekam er Kopfschmerzen; also beschloss er, sich nicht mehr vornüber zu beugen[5], sondern die Socke mit dem Fuß unter dem Heizkörper hervorzuangeln.

Nach dieser Odyssee durch die ihm gänzlich unbekannte Wohnung nun halbwegs anständig, wenn auch etwas fragwürdig gekleidet, setzte Tom sich auf den nächstbesten

Stuhl und versuchte ein Resümee: Alle Kleidungsstücke, die ihm unterwegs begegnet waren, schienen ziemlich temperamentvoll und wahllos in den Räumen verstreut. Einige davon gehörten ihm. Der Pullover war ihm entschieden zu klein – also gab es mindestens ein Kleidungsstück, das ihm nicht gehörte und das wahrscheinlich eine zweite Person ziemlich temperamentvoll verstreut hatte. Das schränkte die Möglichkeiten dessen, was da vor seinem Blackout geschehen sein könnte, drastisch ein.[6]

Nun kann man nicht behaupten, dass Tom ein sehr neugieriger Mensch sei, sieht man von seiner Neugier auf das andere Geschlecht einmal ab. Doch ein paar Informationen mehr über seinen triumphalen Erfolg[7] vom gestrigen Abend wünschte er sich schon. Also stolperte er den Weg zurück ins Schlafzimmer. Und tatsächlich lugten da zwei große und einige mittelgroße Zehen unter der Bettdecke hervor – sie schlief also noch. Doch Tom irrte. Im Näherkommen wurde auch der Kopf sichtbar; mit gerunzelter Stirn und großen, weit geöffneten Augen sah sie ihm entgegen.

»Guten Morgen, schönes Fräulein.« Tom bemühte sich um sein charmantestes Lächeln. »Wünsche, wohl geruht zu haben. Wie ist das werte Wohlbefinden?«

»Hm«, brummte die junge Frau etwas unwirsch. »Wer bist'n du?«

1   Dies scheint zunächst einmal von einem eklatanten Mangel an deduktiven Denkfertigkeiten zu zeugen. Aber vielleicht hat Tom durch den Schock auch nur versäumt, die Information »Wenn ich ihn die Höhe fahre, verursacht das Kopfschmerzen und Übelkeit« aus dem Kurzzeit- ins Langzeitgedächtnis zu übertragen.

2   Ein Modus Tollens! »Wenn ein Pulli mir (= Tom) gehört, ist er nicht zu klein. Er ist zu klein. Also gehört er nicht mir.« Durch die Negation der Konsequenz ergibt sich in der Tat logisch-deduktiv auch die Negation des Antezedens – eine beachtliche Leistung, die ich Tom in diesem Zustand morgendlicher Desorientierung gar nicht zugetraut hätte.

3   Auf den Punkt gebracht, lautet Toms Argument: »Wenn ich fremder Leute Gemächer aufsuche, trage ich Kleidung. Ich habe fremder Leute Gemächer aufgesucht. Also habe ich Kleidung getragen.« Logisch natürlich völlig korrekt, liegt hier doch ein Modus Ponens vor, die trivialste Form der Deduktion, der Toms übliches Denkvermögen am ehesten gewachsen ist. Dennoch scheint es mir angebracht, am inhaltlichen Wahrheitsgehalt in Zweifel zu ziehen. Sie stimmen mir da vielleicht nicht zu, aber Sie kennen ja auch Toms zweifelhaften Charakter nicht!

4   Aufgeweckte Leser sind anhand der bisherigen Merkmale und einer kleinen Portion induktiven Denkens in ihren Ermittlungen inzwischen sicher weiter vorgedrungen. Aber seien Sie unbesorgt – auch Tom wird es irgendwann noch dämmern.

5   Hier zieht Tom mal wieder einen falschen Schluss, denn mit der Vermeidung des Antezedens (Vorbeugen) ist nicht automatisch auch die Konsequenz (Kopfschmerz) beseitigt. Tom würde beispielsweise auch der Schädel brummen, wenn er angestrengt nachzudenken versuchte – weshalb er diese Tätigkeit ja auch tunlichst zu vermeiden trachtet.

6   Diese kümmerlichen Ansätze quantorenlogischer Überlegungen können Tom kaum zu dem (im Übrigen inhaltlich richtigen) Schluss verholfen haben. Es waren wohl eher seine einschlägigen Erfahrungen mit ähnlichen Situationen.

7   Hier nun eine letzte Kostprobe von Toms kognitiven Kompetenzen, die zugleich sein unverbesserliches Macho-Denken entlarvt. Mir jedenfalls ist keine Inferenz bekannt, mit der man aus dem offenkundigen Chaos in der Wohnung einen »triumphalen Erfolg« im Tom'schen Sinne ableiten könnte …

Prof. Dr. Hans Spada, Institut für Psychologie, Universität Freiburg.
Fachgebiete: Kognition, Emotion, Kommunikation.

Alexa Franke

Von der Utopie des rettenden Ufers

»Doktor Ladislaus Wasserfallen, gelernter Bergbauingenieur, hatte sich, leider ohne medizinische Vorbildung, zum Gruppentherapeuten umschulen lassen in einer sechsjährigen Schnellbleiche beim umstrittenen Guru Memmon, der gesunden Menschen einzureden verstand, sie litten unter dem Limes-Syndrom, seien Grenzwertexistenzen und kippten demnächst über ins Niemandsland des Unendlichen, wenn sie sich nicht einer mehrjährigen, alttestamentlich geführten Gruppenorgie unterzögen. Sein Trick bestand darin, aus Gesunden Patienten, aus Patienten Co-Therapeuten und aus observierten Sitzungsleitern selbständig erwerbende Analytiker zu machen, wodurch ein Teil des verplauderten Geldes in eine sogenannte Ausbildung investiert war. Doch die Krankenkassen weigerten sich, die Memmoniten zuzulassen, weil sie keine Ahnung hatten vom menschlichen Körper und am laufenden Band Grenzfallpatienten erfanden, die keine waren, denen mit einem Nerventonikum oder einem Schlafmittel geholfen werden konnte. Den fundiert ausgebildeten, also von der Medizin her kommenden Analytikern warfen sie Standesdünkel und Kastenpolitik vor, zeichneten sich aber ihrerseits durch verbalen Terrorismus aus. Hatten sie einen Therapienehmer mal in den Fängen, ließen sie ihn nicht mehr frei, bevor sie ihm mindestens zwanzigtausend Franken abgeknöpft hatten für die Einsicht, daß man über vieles, eigentlich über alles reden könne.«

Diese Textstelle entstammt dem Roman »Die künstliche Mutter« von Hermann Burger, für den der therapie- und rehabilitationserfahrene schweizerische Schriftsteller 1983 den Hölderlin-Preis erhielt. Burger zeigt die Nöte der Kranken, aber auch ihre Stärken und Fähigkeiten, und mit unvergleichlicher Ironie hält er dem Medizin- und Reha-System seinen (Narren-)Spiegel vor. In einem komprimierten Satz finde ich dort auch mein Verständnis von den Aufgaben und Zielen der Rehabilitationspsychologie formuliert: »Den Rest an Gesundheit, und sei er noch so minim, gegen das Verscherzte durchzusetzen.« Darum geht es für uns Professionelle in Rehabilitation und Therapie: Menschen dabei zu helfen, möglichst gesund zu werden, so viel Gesundheit zu realisieren, wie es angesichts bestehender Schädigung, Traumata, ungünstiger Lebensereignisse, Verschleiß oder Kräfteverlust möglich ist.

Die für mich fruchtbarste wissenschaftliche Umsetzung dieser therapeutischen Grundüberzeugung habe ich in Antonovskys Konzept der Salutogenese gefunden. Salutogenese fragt nicht, welche Menschen wann warum und unter welchen Bedingungen krank werden, sondern wie es Menschen gelingt, angesichts der Ubiquität von Stressoren gesund zu bleiben. Die seit einigen Jahren in der Klinischen Psychologie zu beobachtende und insbesondere durch die Einführung des Psychotherapeutengesetzes gestärkte Pathologisierung von Menschen, die Ausdifferenzierung immer komplizierterer Diagnosesysteme, die quantifizierende Zergliederung menschlichen Leids, um es anschließend wieder in einer Komorbiditätskorrelation zusammenzufügen – ich halte dies für den Ausdruck von Überheblichkeit, professionellem Machtstreben und den Versuch des Selbstschutzes vor der Kontamination mit der psychischen Erkrankung. Antonovskys Metapher vom Fluss des Lebens, in dem wir alle schwimmen und mit unterschiedlichen Fließgeschwindigkeiten, Stromschnellen und Strudeln umzugehen haben, zeigt, dass es keine Expertinnen und Experten gibt, die trockenen Fußes am Ufer entlanggehen und die Retter spielen können: »Das Wesen der Flüsse, in denen wir uns befinden, ist unterschiedlich. Äthiopier, Israelis und Schweden, gehobene und niedrigere Sozialschichten, Männer und Frauen sind alle in verschiedenen Flüssen, deren Strömungen und Strudel oder andere Gefahrenquellen variieren, aber niemand befindet sich jemals am sicheren Ufer.«

Franca Ongaro Basaglia hat diesen Gedanken so formuliert:

»In Wahrheit nämlich sind die Probleme der Gesundheit von denen der Krankheit nicht zu trennen, und umgekehrt. Sie dennoch voneinander trennen – in die Organisation der Arbeit, der Produktion, des Profits einerseits, die Organisation der medizinischen Versorgung, des Sterbens, des Ausschlusses aus der Gesellschaft andererseits – heißt, einer Logik gehorchen, in der Berechtigungsphantasien und Kontrollansprüche die Postulate der Menschenwürde zum Schweigen gebracht haben.«

Prof. Dr. Alexa Franke, Fakultät Rehabilitationswissenschaften: Rehabilitationspsychologie, Universität Dortmund.
Fachgebiete: Klinische Psychologie, Gesundheitspsychologie, Gemeindepsychologie.

Rainer Bromme

Eine wissenschaftliche Erfahrung ist eine Erfahrung, die der gewohnten Erfahrung widerspricht

Von der Pädagogischen Psychologie erwarten viele Menschen zu Recht, dass sie Wissenswertes und Nützliches für die Unterstützung des Lernens zu Stande bringt. Wer sich in der Schule oder der Hochschule viele Jahre mit unverständlichen Erklärungen, schlecht aufbereiteten Lehrtexten, schwierigen Prüfungsaufgaben herumgeschlagen hat, der erwartet, dass man auch herausfinden sollte, wie besser gelehrt und das Lernen besser unterstützt werden kann. Diese Erwartung wird dadurch gespeist, dass man nicht nur Hindernissen, sondern (manchmal) auch guten Erklärungen, hilfreichen Lehrern, verständlichen Lehrtexten begegnet ist.

Viele solcher Erwartungen beziehen auf die Wirkung der konkreten Erfahrung, der konkreten Anschaulichkeit. Die Schlussfolgerung: Wäre der Unterricht nur lebensnäher, nur besser an die Erfahrungen der Lerner angepasst, dann wäre das Lernen leichter. Es scheint so, als sei Lernen und Lehren um so leichter, je geringer der Abstand zum Alltag des Lerners wird.

Anknüpfen an der Alltagserfahrung kann natürlich hilfreich sein. Aber: Die eigentliche Herausforderung für das Lernen (von wissenschaftlichem Wissen) besteht darin, dass solches Wissen genau deshalb wissenswert ist, weil es der gewohnten Erfahrung widerspricht. In seiner *Kritik des gesunden Menschenverstandes* beschreibt Ernst-Peter Fischer (Berlin 2002), wie sehr die Überwindung alltäglicher und intuitiver Vorstellungen erforderlich ist, um das moderne Weltbild der Naturwissenschaften zu verstehen. Fischer befasst sich nur mit den Naturwissenschaften, aber das gilt auch für die Sozialwissenschaften und natürlich auch für die Psychologie, die sowohl Sozial- als auch Naturwissenschaft ist. Zur wissenschaftliche Allgemeinbildung, die das Studium der Pädagogischen Psychologie (besser noch: der Psychologie) vermittelt sollte, gehört auch das Verständnis der Paradoxie, dass wir den gesunden Menschenverstand brauchen und zugleich überwinden müssen, um die Welt wissenschaftlich zu begreifen. Fischer schreibt:

»Salopp könnte man formulieren: Wissenschaft wird zwar von Menschen gemacht, aber die Menschen sind nicht gemacht worden, um Wissenschaft zu machen.

Wenn man sie wortwörtlich nimmt, dann ist diese Formulierung natürlich nicht zu halten, denn der Mensch ist nicht von irgendjemandem gemacht worden ... er ist vielmehr im Rahmen der biologischen Evolution entstanden. Nach Auskunft der Wissenschaft sind wir die Geschöpfe einer natürlichen Selektion. So jedenfalls lässt sich ein wichtiger Aspekt des Menschen und damit auch von uns selbst verstehen und so können wir auch einige unserer sehr menschlichen Eigenschaften erklären. Was über die Erfordernisse der Evolution hinausgeht – und die wissenschaftliche Erkenntnis gehört dazu –, bleibt zunächst unverständlich und ist keineswegs selbstverständlich. Die genaue Kenntnis der algebraischen Zahlentheorie oder die Fähigkeit zur Röntgenstrukturanalyse von Proteinen war sicher nicht erforderlich, um sich im Gedränge der ersten Höhlen zu behaupten und der natürlichen Selektion eine Entscheidungshilfe zu geben. ...

Die wissenschaftliche Erfahrung
Die Bilder, die das Gehirn den Überlebenden liefert, passen sicher gut auf den Teil der Realität, der biologisch relevant war und ist, der auf uns eingewirkt hat und noch einwirkt. ... Aber unser Geist ist dabei nicht stehen geblieben. Wir haben – mit einem Wort des Philosophen Gerhard Vollmer – die ›kognitive Nische‹ unserer Alltagserfahrung verlassen und dabei auch erkundet, was unseren Sinnen nicht zugedacht und nicht zugänglich war. ...
    Der Hinweis, dass es das Kennzeichen einer wahrhaft wissenschaftlichen Erfahrung ist, dass sie im Widerspruch zur Alltagserfahrung steht, findet sich zum erstenmal explizit formuliert bei dem französischen Philosophen Gaston Bachelard: ... ›Der wissenschaftliche Geist muss sich gegen die Natur bilden, gegen das was in uns und außerhalb unserer selbst Anstoß und Weisung der Natur ist, gegen die Vereinnahmung durch die Natur, gegen die bunten und vielgestaltigen Tatsachen. Der wissenschaftliche Geist muss sich bilden, indem er sich umbildet.‹ Oder kurz und drastisch formuliert: ›*Eine wissenschaftliche Erfahrung ist eine Erfahrung, die der gewohnten Erfahrung widerspricht*‹« (aus: Fischer 2002, S. 77f., Hervorhebung von R. B.).

Literatur
Fischer, E. P. (2002): Kritik des gesunden Menschenverstandes. Berlin.

Prof. Dr. Rainer Bromme, Psychologisches Institut III, Universität Münster.
Fachgebiet: Pädagogische Psychologie.

Pienie Zwitserlood

Sprachpsychologen und ihre Lieblingswörter

Sprachpsychologen haben ihre Lieblingsbeispiele und Lieblingswörter, die sie bei jedem Vortrag und in manch einer Vorlesung aus dem Hut zaubern. So benutzt der amerikanische Sprachphilosoph Jerry Fodor seinen Lieblingssatz »Look, there is a tiger under your table« um zu zeigen, dass wir auch unerwartete Sätze schnell und zuverlässig verstehen können. Mein Lieblingswort ist »Kapitän«, vielmehr das niederländische »kapitein«. Wieso Kapitän? Für Sprachpsychologen – international nennt man sie Psycholinguisten – ist es ein Wort der Extraklasse. Es ist lang: Es hat drei Silben und sieben Laute. Es hat ein ungewöhnliches Betonungsmuster: Nur wenige deutsche und niederländischen Wörter sind auf der letzten Silbe betont. Aber vor allem hat Kapitän wunderbare Wortkonkurrenten, das sind Wörter, die viele Laute, vom Wortanfang gerechnet, mit dem Wort Kapitän gemeinsam haben. Da gibt es Kapital, Kapitälchen, Kapitel, Kapitell, Kapitulation, kapitulieren. Wichtig für bestimmte Fragestellungen ist, dass all diese Wörter der Bedeutung nach nicht mit Kapitän verwandt sind.

Mit Wörtern wie Kapitän kann man untersuchen, ob beim Hören von nur wenigen Lauten eine ganze Menge von Wörtern aus unserem mentalen Wortschatz aktiviert werden. Schon aufgrund der gehörten Laute »kapi« werden tatsächlich alle Wörter, die mit diesen Lauten anfangen, in unserem Hirn aktiv: Kapital, Kapitän, Kapitulation und so weiter. Man erforscht dies mit der Technik des so gennanten crossmodalen Primings: Versuchspersonen hören zum Beispiel die Laute »kap« am Ende eines gesprochenen Satzes, sie sehen auf dem Bildschirm ein Wort, das mit einer der möglichen Ergänzungen der Lautfolge verwandt ist. Zum Beispiel: SCHIFF für Kapitän, GELD für Kapital. Die Probanden brauchen nur auf das Wort auf dem Bildschirm zu reagieren: Sie entscheiden durch Knopfdruck, ob es ein Wort ihrer Muttersprache ist.

In der Zeit, bevor es PowerPoint gab und bei Vorträgen und Vorlesungen Folien verwendet wurden, habe ich meinen Versuchsaufbau liebevoll gezeichnet, natürlich immer mit meinem Lieblingswort, in welcher Sprache auch immer. Diese Zeichnung hat es sogar bis in ein Lehrbuch für Psycholinguistik geschafft:

Aus: Dijkstra, T.; Kempen, G. (1993): Einführung in die Psycholinguistik. Bern.

Mein Lieblingswort, das niederländische »kapitein«, lässt sich in andere europäische Sprachen übersetzten und hat dort ähnliche attraktive Eigenschaften. So hat das englische »captain« Wörter wie captive, capital, capitulate als Konkurrenten. Es gibt Fälle, wo mein Lieblingswort, von anderen annektiert, in internationalen Lehrbüchern auftaucht: in Gazzaniga, M. S.; Ivry, R. B.; Mangun, G. R. (2003): »Cognitive Neuroscience: The Biology of Mind« steht es auf Seite 362. Die Suchmaschine Google findet 432 Einträge mit den Stichwörtern »psycholinguistsics« und »captain«. Es freut mich sehr, dass mein Lieblingswort im Lauf der Zeit so populär geworden ist.

Mit Dank an meine Kollegen der ersten Stunde: Colin Brown und William Marslen-Wilson.

Prof. Dr. Pienie Zwitserlood, Institut für Allgemeine und Angewandte Psychologie, Universität Münster.
Fachgebiete: Psycholinguistik, Gedächtnis, Wahrnehmung.

Insa Fooken

»Agency« – »Communion«

Der Beitrag von David Bakan und sein Konzept von »agency« und »communion« samt der Veranschaulichung durch die beiden Familienfotos kann in vielerlei Hinsicht genutzt werden: etwa zur Unterstützung der These, dass die »Autonomielastigkeit« vieler Paradigmen, die in der Entwicklungspsychologie der Lebensspanne favorisiert werden (z. B. Theorien von Erikson, Kohlberg etc.) dazu tendiert, Verbundenheitsaspekte zu vernachlässigen. Veranschaulicht wird dabei der potenzielle »Preis«, den eine ausgeprägte Autonomie kosten kann (= Gefahr sozialer Isolation). Allerdings neigt Bakan meines Erachtens dazu, die »communion«-Strebungen ein wenig zu sehr zu romantisieren. Denn auch eine übertriebene »Verbundenheits-Ideologie« enthält Gefahren (z. B. »Verstrickungen«).

Ich verwende diese Ideen gern in verschiedenen disziplinären Zusammenhängen: Für die Entwicklungspsychologie wird deutlich, dass Entwicklungsprozesse auch jenseits von Kindheit und Jugend im Erwachsenenalter stattfinden, im Sinn von Konstanz und/oder Veränderung. Die Botschaft für die Familienpsychologie lautet ebenfalls, dass familiale Beziehungssysteme aus der Herkunftsfamilie weit ins Erwachsenenalter hineinreichen können. In familientherapeutischen Settings entfaltet die Geschwisterrivalität ja oft eine nachhaltige Wirksamkeit. Konkurriert wird dabei häufig über traditionelle »Männer«- beziehungsweise »Frauenthemen« (Wer ist der Stärkste, Sportlichste, …? Oder: Wer ist die Schönste, Beliebteste, …?). Überhaupt lässt sich in den erwachsenen Geschwisterbeziehungen die Salienz der herrschenden Geschlechtsrollenstereotype recht gut nachweisen. Und so dokumentieren schließlich Text und Fotos auch recht gut Geschlechtstypisierungsprozesse im Kontext lebensspannenorientierter Entwicklung. Last not least, regt das Material an, die eigene (Familien-)Biografie und die eigene Erfahrung als Quelle von Erkenntnis zu nutzen. Mein Fazit zu Bild und Text lautet: Es empfiehlt sich, im Lebensverlauf die Balance von »agency« und »communion« immer wiederherzustellen.

Prof. Dr. Insa Fooken, Professur für Entwicklungspsychologie, Universität Siegen.
Fachgebiete: Entwicklungspsychologie der Lebensspanne, »Alltagsentwicklungspsychologie«
in Bildern/Medien.

David Bakan: The Duality of Human Existence

(Text: Bakan, D. [1966]: The Duality of Human Existence. Chicago; Fotos: Privatbesitz)

I have adopted the terms »agency« and »communion« to characterize two fundamental modalities in the existence of living forms,

agency for the existence of an organism as an individual,

and communion for the participation of the individual in some larger organism of which the individual is a part.

Die »Dressel-Brüder«

Die »Jungbluth-Schwestern«

Agency manifests itself in self-protection, self-assertion, and self-expansion;

Agency manifests itself in the formation of separations;

Agency manifests itself in isolation, alienation, and aloneness;

Agency manifests itself in the urge to master;

Agency manifests itself in the repression of thought, feeling, and impulse;

communion manifests itself in the sense of being at one with other organisms.

communion in the lack of separations.

communion in contact, openness, and union.

communion in noncontractual cooperation.

communion in the lack and removal of repression.

»One of the fundamental points which I attempt to make is that the very split of agency from communion, which is a separation, arises from the agency feature itself; and that it represses the communion from which it has separated itself« (S. 14/15).

»In the relations between the sexes, we have a fundamental model of the integration of agency and communion.

It is largely the agentic in the male and the communal in the female which bring them together.

However, in the contact between the sexes over time, there is the cultivation of the integration of agency and communion within the male and the female, corresponding to the integration of agency and communion between them« (S. 152/153).

Jürgen Kriz

Zur Psychotherapie der Wissenschaft[1]

Meine These ist, dass eine psychotherapeutische Haltung, die wesentlich die Begegnungsfähigkeit ins Zentrum der Entwicklung stellt, als ein Wegweiser für eine lebensgerechtere Wissenschaft dienen könnte. Ich habe die Haltung abendländischer Wissenschaft exemplarisch an der Art und Weise der Wissenschaftler-Kommunikation festgemacht ...: Sprache, die vorgibt, vor allem eine äußere Welt abzubilden, in welcher der Abbildende scheinbar nicht vorkommt, ermöglicht eine Distanzierung vom eigenen Erleben und eine Verschleierung eigener Motive. Sie macht unantastbarer und den Akteur weniger durchschaubar, als wenn in der Sprache die Beziehung des Sprechenden zu dem, wovon und worüber er spricht, auch explizit zum Ausdruck kommt. Schlechte Richter und Professoren neigen hierzu – etwa wenn sie einen Urteilsspruch so erläutern oder die Tatsachen ihres Faches so darstellen, dass sie sich dabei hinter dem Gesetz oder der Methodik verbergen, um keine Ver-Antwortung übernehmen zu müssen, das heißt, keine Antwort auf die Frage: »Wo stehst denn du, der uns dies verkündet?«

Ein treffendes Beispiel für die therapeutisch wirkende Funktion von Sprache findet man in Martin Bubers Schrift »Der Weg des Menschen nach der chassidischen Lehre«. Dort erzählt Buber von einem gefangenen Raw (Rabbiner), zu dem sich der Oberste der Gendarmerie in die Zelle begibt, um einen angeblichen Widerspruch in der jüdischen Glaubenswelt aufzudecken:

Zuletzt fragte er: »Wie ist es zu verstehen, daß Gott der Allwissende zu Adam spricht: ›Wo bist Du?‹«

»Glaubt Ihr daran«, entgegnete der Raw, »daß die Schrift ewig ist und jede Zeit, jedes Geschlecht und jeder Mensch in ihr beschlossen sind?«

»Ich glaube daran«, sagte er.

»Nun wohl«, sprach der Raw, »in jeder Zeit ruft Gott jeden Menschen an: ›Wo bist Du in Deiner Welt? So viele Jahre und Tage von den Dir zugemessenen sind vergangen, wie weit bist Du derweil in deiner Welt gekommen?‹ So etwa spricht Gott: ›Sechsundvierzig Jahre hast du gelebt, wo hältst du?‹«

Als der Oberste die Zahl seiner Lebensjahre nennen hörte, raffte er sich zusammen, legte dem Raw die Hand auf die Schulter und rief: »Bravo!«

Aber sein Herz flatterte.

Buber führt dazu unter anderem aus: »Auf die sachliche Frage, die, mag sie hier auch ehrlich gemeint sein, doch im Grunde keine echte Frage, sondern nur eine Form der Kontroverse ist, wird eine persönliche Antwort erteilt, oder vielmehr, statt einer Antwort erfolgt eine persönliche Zurechtweisung.«

Nun mag man sich an der »Zurechtweisung« reiben, denn auf den ersten Blick erscheint eine Zurechtweisung weniger dem dialogischen Prinzip als eher der Haltung des Obsiegens in der Kontroverse zu entsprechen. Bedenkt man aber, dass in dieser Geschichte der Rabbi der Gefangene ist und nimmt die Reaktion des Hauptmanns als Maßstab für die Beurteilung, so findet man, daß es in dieser »Zurechtweisung« nicht um ein Obsiegen geht, sondern dass diese durchdrungen ist von »Weisheit« und »Weisung« auf den »rechten« Weg – dessen genaue Zielrichtung wohl nur der so Zurechtgewiesene selbst finden kann. Es geht also nicht um Zielvorgabe, sondern um die Aufforderung nach diesem Ziel überhaupt zu suchen.

Gerade in dieser Beschreibung Bubers wird das Elend besonders deutlich, wie heutige Wissenschaft jungen Studenten an den Universitäten allzu oft entgegentritt. Denn zur Charakterisierung dieser Studiensituation könnte man Bubers Beschreibung genau umdrehen: Auf eine persönlich relevante Frage, die ehrlich gemeint ist, erfolgt eine sachliche Antwort, die aber im Grunde gar keine echte Antwort enthält, sondern oft nur eine Zurechtweisung ist (hier nun aber im Dienst der Angstabwehr) – besonders dann, wenn die gestellte Frage droht, die Regeln der Logik und Methodik oder die Grenzen der Fachdisziplin (oder gar nur die des Professors) zu überschreiten. In einer solchen Studiensituation sind die Ziele dann durch die Koryphäen des Faches meist längst vorgegeben; Suchen erscheint oft unerwünscht und wird als ein Zeichen von Unsicherheit und Inkompetenz diskreditiert, während die möglichst perfekte Reproduktion der mit den Zielen kompatiblen Ergebnisse mit guten Noten belohnt wird. Dass eine solche Studiensituation den Dialog nicht fördert, liegt auf der Hand.

1 Kriz, J. (1996): Grundfragen der Forschungs- und Wissenschaftsmethodik. In: Hutterer-Krisch, R. et al. (Hg.), Psychotherapie als Wissenschaft. Fragen der Ethik. Wien, S. 15–160.

Prof. Dr. Jürgen Kriz, Fachbereich Humanwissenschaften, Universität Osnabrück.
Fachgebiete: Psychotherapie und Klinische Psychologie.

Julius Kuhl

Motivation und Persönlichkeit:
Interaktionen psychischer Systeme
(Kapitelüberschriften und »Kopfzitate«[1])

Vorwort
»Wir brauchen mehr Urteilsfähigkeit«
Der Philosoph Hans-Georg Gadamer, auf die Frage eines jungen Fernsehreporters, ob er sein Lebenswerk in einem Satz zusammenfassen könne.

Einführung
Life becomes simple when we accept its complexities. Motto des Buches

1) Positionen: Vom Aggregieren und Interpretieren zur Funktionsanalyse
Wissenschaft nämlich bedeutet ein System von Erkenntnissen, d. h. ein Ganzes von verknüpften Erkenntnissen,im Gegensatz des bloßen Aggregats desselben. Schopenhauer

2) Kontroversen: Schulen und Menschenbilder
… und es bleibt eine offene Frage, welche Teile der Verhaltenswissenschaften überhaupt schon solche Paradigmen entwickelt haben. Die Geschichte lehrt uns, daß der Weg zu einem festen wissenschaftlichen Konsens außergewöhnlich beschwerlich ist. Thomas Kuhn

3) Perspektiven: Persönlichkeitspsychologische Kernfragen
Gibt es irgendwelche vernünftigen Gründe, die uns hindern, das zu tun, was Physiker immer wieder getan haben: Theorien über die Prozesse zu entwickeln, die »hinter« den Erscheinungen liegen? Henry Murray

4) Grundbegriffe: Funktionsebenen der Persönlichkeit
Persönlichkeit ist die dynamische Organisation innerhalb des Individuums von den psychophysischen Systemen, die seine einzigartigen Anpassungen an seine Umwelt bestimmen. Gordon Allport

5) Willenspsychologie: Von der Funktionsanalyse zur Aktivierungsdynamik psychischer Systeme
Der Gedanke an sich bewegt nichts, nur der Gedanke, der um einer Sache willen und der praktisch ist. Aristoteles

6) Operationalisierung: Methoden zur Messung willenspsychologischer Funktionen
Deine Zauber binden wieder,
was die Mode streng geteilt.
Alle Menschen werden Brüder,
wo Dein sanfter Flügel weilt. Schiller (Ode an die Freude)

7) *Nicht der Sklave hat die Freiheit erlangt, sondern die Sklaverei.* Jan Krull

8) Automatische Steuerung: Intuitive Verhaltenssteuerung und Empfinden
Wenn das Geräusch, das meine Sinne machen,
mich nicht so sehr verhinderte am Wachen,
dann könnte ich in einem tausendfachen
Gedanken bis an Deinen Rand Dich denken … Rainer Maria Rilke

9) Temperament: Motorische Aktivierung und sensorische Erregung
Wind ist der Welle
lieblicher Buhler;
Wind mischt von Grund aus
schäumende Wogen. Goethe

10) Belohnungs- und Bestrafungssysteme: Bedürfnisse, Basisaffekte und Anreizmotivation
Lief er schnell, es nah zu sehn,

sah´s mit vielen Freuden ...
Knabe sprach: Ich breche dich,
Röslein auf der Heiden,
Röslein sprach: Ich steche dich,
daß Du ewig denkst an mich ... Goethe

11) Konfigurationswissen: Progression versus Regression
   als Bewältigungsformen
   ... nur manchmal, während wir so schmerzhaft reifen,
   daß wir an diesem beinah sterben, dann
   formt sich aus allem, was wir nicht begreifen,
   ein Angesicht und sieht uns strahlend an. Rainer Maria Rilke

12) Motive und Emotionen
   Warum müssen in dieser Welt
   die Weisen immer den Narren dienen? nach Hermann Hesse

13) Kognition: Denken und Fühlen
   Es gibt zwei Arten von Wahrheit. Bei der flachen Art ist das Gegenteil einer Aussage falsch.
   Bei der tieferen Art ist das Gegenteil einer Aussage ebenso wahr. Niels Bohr

14) Volition: Selbstkontrolle, Selbstregulation und Volitionshemmung
   »Ich« sagst du und bist stolz auf dieses Wort.
   Aber das Größere ist – woran du nicht glauben willst –
   Dein Leib und seine große Vernunft:
   die sagt nicht Ich, aber tut Ich.
   Dein Selbst lacht über dein Ich und seine stolzen Sprünge. Nietzsche

15) Mentale Zustände und Persönlichkeitsstile
   Der Gedanke einer Gleichartigkeit der bewußten Psychen ist eine akademische Chimäre,
   welche die Aufgabe des Dozenten vor seinen Schülern vereinfacht, die aber vor der Wirk-
   lichkeit in nichts zusammenfällt. C. G. Jung

16) Persönlichkeitsstörungen
   Schmähe sie keiner, denn auch jene
   nichts als sich Sehnenden leisten,
   nur unscheinbar verteilter, den ganzen Bezug. Rainer Maria Rilke

17) Persönlichkeitsentwicklung: Frühe Prägung und
   spätere Gestaltung
   Sodann: alles Fertige, Vollkommene wird angestaunt,
   alles Werdende unterschätzt ... Friedrich Nietzsche

18) Intervention: Therapiebegleitende Osnabrücker Persönlichkeitsdiagnostik
   Wir brauchen nicht mehr Vernunft oder mehr Seele,
   wir brauchen mehr Vernunft in Fragen der Seele. Robert Musil

19) Formalisierung: Nicht-lineare Modellierung der PSI-Theorie
   Der Weg erzeugt eins,
   eins erzeugt zwei,
   zwei erzeugt drei,
   drei erzeugt die zehntausend Dinge. Lao Tse

20) Ausblick: Ganzheitliche Betrachtung der Systemebenen
   Die Wahrheit der Dinge ist letztlich
   doch die Fülle des Lebendigen.
   Eines Tages werden unsere Nachfahren
   mit all unseren analytischen Untersuchungen im Kopf
   die Natur anders und mit mehr Feingefühl betrachten,
   als es irgendeinem Forscher ... möglich war. William James

1 Funktionsanalytische Interpretationen dieser Zitate finden sich am Ende jedes Kapitels (vor dem Hintergrund der experimentellen Forschung bzw. theoretischen Überlegungen des jeweiligen Kapitels)

Prof. Dr. Julius Kuhl, Fachbereich Humanwissenschaften, Universität Osnabrück.
Fachgebiete: Selbststeuerung, Experimentelle Analyse von Motivations- und Persönlichkeits-
systemen, Persönlichkeitstheorie.

Wolfgang Schnotz

Vom Seelenleben der Weichtiere

Die Liebe zu anderen Menschen und die Liebe zu einem Studienfach gehen oft merkwürdige Wege. Ein Gespräch in einer Cafeteria, ein Abendvortrag in der Volkshochschule und dergleichen erweisen sich oft im Nachhinein als lebenswegentscheidend. Als Schüler einer Höheren Technischen Bundeslehranstalt für Elektrotechnik in Klagenfurt – vertraut mit Synchronmaschinen, Stromeinschaltkurven und so weiter – war ich eigentlich auf ein Ingenieurstudium eingestellt, doch der Zufall wollte es anders. Nicht das Unbewusste bei Freud und auch nicht die Aussicht, andere durchschauen zu können, gaben den Ausschlag, mich für Psychologie zu interessieren. Nein, es war das Seelenleben der Schnecken.

Eine Reihe von Zufällen hatte mir Rohrachers Einführung in die Psychologie in die Hände gespielt, und ich las fasziniert, wie man mit objektiven Verfahren etwas über das Subjektive von Individuen aussagen kann, selbst wenn man mit ihnen nicht kommunizieren kann. Dass Menschen mehr als 18 Einzelreize pro Sekunde nicht mehr als getrennte Reize wahrnehmen können, sondern diese zu einem zusammenhängenden Reizstrom verschmelzen, lässt sich noch verhältnismäßig einfach feststellen, indem man die Reizfrequenz systematisch variiert und die Versuchspersonen nach ihren Empfindungen fragt. Doch wie gelangt man zu entsprechenden Aussagen bei Individuen, mit denen man gar nicht kommunizieren kann? Eine Schnecke beispielsweise will vermutlich nicht nur mit Menschen nicht kommunizieren; sie kann es auch nicht. Trotzdem ist es offenbar möglich, anhand objektiver Kriterien etwas über die Zeitwahrnehmung dieser relativ wenig kommunikativen Tiere zu erfahren. Brecher, so erfuhr ich, ließ Schnecken über eine Oberfläche kriechen, auf der ein Teil mit bestimmter Schwingung vibrierte. Eine Vibration von 10 Schwingungen pro Sekunde scheint eine Schnecke nicht zu stören, denn sie bekriecht den vibrierenden Teil wie einen in Ruhe befindlichen. Bei einer Vibration von 4 Schwingungen pro Sekunde und weniger zieht sich die

Schnecke jedoch rasch in ihr Haus zurück, sobald sie mit ihrem Fuß den vibrierenden Teil berührt.

Was kann man nun daraus schließen? Offenbar nehmen Schnecken Zeit anders wahr als wir: Ihre zeitliche Erlebniseinheit (ihr »Moment«) scheint länger zu sein. Ein bestimmter Vorgang dauert deshalb für sie weniger Momente als für einen Menschen. Nimmt man in psychologischer Einfühlung die Perspektive einer Schnecke ein, so laufen demnach alle Vorgänge bei ihr subjektiv schneller ab als bei uns Menschen. Es ist insofern gar nicht so langweilig in ihrer Welt, und analog könnte es bei Goldhamstern, Mäusen und so weiter vielleicht nicht ganz so hektisch zugehen wie es uns als Beobachter erscheinen mag. Die Brecher'schen Untersuchungen wurden jedenfalls für mich zum Paradigma einer objektiven Analyse der subjektiven Wahrnehmungswelt von Lebewesen: Der wissenschaftliche Blick ins Innere anhand äußerer, intersubjektiv prüfbarer Kriterien war offenbar möglich.

Ich gestehe, an einige Fragen damals noch nicht gedacht zu haben: Repräsentieren Schnecken zeitliche Verläufe wirklich anders als wir? Repräsentieren sie überhaupt etwas? Dies muss offen bleiben, denn erfasst wurden nur elementare sensorische Fähigkeiten, keine internen Repräsentationen. Eine viel wichtigere Frage aber dürfte für viele sein: Sind solche Kenntnisse eigentlich praxisrelevant? Weder in der Klinischen oder in der Pädagogischen noch in der Arbeits-, Betriebs- und Organisationspsychologie hat man doch mit Weichtieren (im strengen Sinn des Wortes) zu tun. Das ist wohl wahr. Dennoch erwiesen sich die Befunde als verstehensrelevant, da sie als Hinweis auf die biologische Funktion des Psychischen bei der Anpassung von Organismen an ihre jeweilige biologische Nische interpretiert werden konnten und so zu einem Grundverständnis des Psychischen beitrugen. In der Psychologie wie in anderen Disziplinen können sich große Zusammenhänge offenbar in unscheinbaren Phänomenen widerspiegeln, die sich bei näherer Betrachtung als durchaus faszinierend erweisen.

Prof. Dr. Wolfgang Schnotz, Fachbereich Psychologie, Universität Koblenz-Landau.
Fachgebiete: Wissenserwerb mit Text und Bild, Lernen mit Neuen Medien.

Claus Möbus

Stufen

Gibt es ihn, den einen Text, der etwas in meinem Leben bewirkt, verändert oder verhindert hat? Nun ich war von Kind auf ein echter Bücherwurm. Beherzigte ich doch die Ratschläge meines geliebten Opas (ein ehemaliger kaiserlicher Marineoffizier): »Ene bene Tintenfass. Lernst du was, dann kannst du was. Kannst du was, dann hast du was.« und ohne »Fleiß keinen Preis!« Die Pädagogische Psychologie konnte in meinem Psychologiestudium nur noch »bahnbrechende« Erkenntnisse, wie »Wissen hängt von Vorwissen ab« und »Wissen schlägt IQ!« hinzufügen. Sport fand ich erträglich bis ätzend. Faszinierend hingegen waren zum Abitur (1965) Camus, Kafka, Kinseys Sexualreport und Hofstätters Sozialpsychologie. Bei Kinsey und Hofstätter habe ich meine ersten Kontakte zu Statistik geknüpft. Der Kontext war immer anregend und spannend. Da konnte nur Psychologie studiert werden!

Diese Bildungslektüre endete unter dem Druck des Psychologie-(grund-)studiums (1965–1968) in Braunschweig. Jetzt hatte der Spaß ein Ende! Nun waren Guilford, Cattell, Herrmann und Cooley und Lohnes angesagt! Faktorenanalytische Theorien und multivariate Verfahren waren der letzte Schrei. Mit den zugehörigen Computerprogrammen schlug ich mich als Hiwi ziemlich allein herum. Der Chef wollte nur aufregende Ergebnisse sehen … etwas für den nächsten Kongress! Cooley und Lohnes begleiteten mich einige Jahre, aber »… Herz nimm Abschied und gesunde …«.

Ich folgte 1968 Hans Ahrens nach Heidelberg, der Stadt mit dem (damals) größten Sexquotienten (Frage des PD J. B. »Wissen Sie das eigentlich, Herr Möbus?!?«). Natürlich wusste ich das nicht, weil ich ja in keiner der dortigen Vorlesungen die Operationalisierung dieses hochinteressanten Konzeptes hören konnte. Stattdessen wurde von Franz Weinert das Gutachten von Roth zur deutschen Bildungskatastrophe empfohlen. Pisa ließ schon damals grüßen! Aber, interessant? Interessant fand ich andere Bücher, die im Heidelberger Institut als unpsychologisch »verpönt« waren. Es waren die Werke von Newell und Simon (Human Problem Solving) und von Minsky (Semantic Information Processing). Sie weckten mein Interesse für kognitive Modellierung und KI. Bezüglich des ominösen Sexquotienten suchte und fand ich Rat bei Elke, einer Psychologiestudentin. Nach zwei Jahren (1972) heirateten wir dann. Die Bedeutung des Satzes »… bis der Tod Euch scheidet« war uns damals natürlich nicht klar. Wir schoben das weg.

Aber erst einmal wurde brav promoviert – in der Tradition des Heidelberger Instituts über ein möglichst apart abgedrehtes Thema (»Die Nichtsymmetrie der Ähnlichkeit«) – und dann sich ein wenig beworben. Ein bisschen hier (Lufthansa), ein bisschen da (IMPP, Mainz) und ein bisschen als Professor an der FU Berliner Luft geschnuppert (1977–1978): Da war sie wieder, die Faktorenanalyse! Die falsche Schlange! Sie hatte eine schöne Schwester namens LISREL bekommen. Beinahe wäre ich dem Charme beider erlegen, aber: »… Herz nimm Abschied und gesunde …«. Ihr konnte ich als Professor für Angewandte Informatik nach Oldenburg entkommen. Aber ihr Fluch warf mich in den Fachbereich Mathematik, dem Gral ewiger Wahrheiten. Dem war nur durch die Gründung eines neuen Fachbereich Informatik (1986) zu entkommen. Hier konnte und kann ich nun alles tun, was mir Lust und Laune macht, soweit es Drittmittel einbringt. So verlief dann mein Leben in einigermaßen geordneten Bahnen: Stress und Entspannung, Begutachten und Begutachtetwerden, Publikationen, Drittmittel, Lob und Tadel, Distanz, Nähe und Glück mit Elke.

Da war es auf einmal – mein persönliches Fiasko. Mein Lebens-ICE entgleiste 1998 bei voller Fahrt. Es kam Schlag auf Schlag: Tod der Mutter im September, Herztod der geliebten Elke Anfang Oktober, Diagnose einer akuten myeloischen Leukämie Ende Oktober. Besonders die traumatische Rückkehr vom Dresdner Psychologenkongress. Morgens noch ein Telefonat mit Elke, abends die verschlossene Wohnungstür, durch die man nur noch Musik hörte. Was? Schluss- oder weitermachen?

In der Onkologie erst einmal: Rund-um-die-Uhr-Überwachung, Schläuche, Chemotherapie, Schmerzmittel, Verzweiflung, Besuche (Utz, Heinz-Jürgen, ...) und Karten. Gleich zwei mit dem Stufengedicht von Hermann Hesse; geschickt von Elkes zwei engsten Freundinnen. Sie selbst hatte es mehrfach an Hinterbliebene zu Trost und Ansporn verschickt. Mir war es immer zu brutal in seiner Aussage. Jetzt bekam ich es zurück. Ein Zufall? Tu was, sagte es.

Wie ging's weiter? ... sehr aufregend: »Bereit zum Abschied sein ...« In der Nachsorgeklinik in Freiburg lernte ich eine neue weibliche Herausforderung (Alena mit ihren Kindern Soraya, Yasmin und Riadh) kennen. Der turbulente Ablösungsprozess von ihrem heißspornigem Mann hielt uns drei Jahre in Atem. »Scheidung auf Arabisch« in Mainz: Bodyguard, Polizeischutz im Gericht, Leibesvisitationen, mindestens zwei geladene Waffen bereitgehalten, Abfahrt mit quietschenden Reifen ... Und jetzt Elternabende, Zeugnisse, Gutachten, Drittmittel, Ausflüge, Liebe ... Leben ... Was kommt?

Stufen
Wie jede Blüte welkt und jede Jugend
Dem Alter weicht, blüht jede Lebensstufe,
Blüht jede Weisheit auch und jede Tugend
Zu ihrer Zeit und darf nicht ewig dauern.
Es muß das Herz bei jedem Lebensrufe
Bereit zum Abschied sein und Neubeginne,
Um sich in Tapferkeit und ohne Trauern
In andre, neue Bindungen zu geben.
Und jedem Anfang wohnt ein Zauber inne,
Der uns beschützt und der uns hilft, zu leben.

Wir sollen heiter Raum um Raum durchschreiten,
An keinem wie an einer Heimat hängen,
Der Weltgeist will nicht fesseln uns und engen,
Er will uns Stuf' um Stufe heben, weiten.
Kaum sind wir heimisch einem Lebenskreise
Und traulich eingewohnt, so droht Erschlaffen,
Nur wer bereit zu Aufbruch ist und Reise,
Mag lähmender Gewöhnung sich entraffen.

Es wird vielleicht auch noch die Todesstunde
Uns neuen Räumen jung entgegen senden,
Des Lebens Ruf an uns wird niemals enden ...
Wohlan denn, Herz, nimm Abschied und gesunde!

Hermann Hesse, 4.5.1941

Prof. Dr. Claus Möbus, Department für Informatik, Universität Oldenburg.
Learning Environments and Knowledge Based Systems.

Albert Spitznagel

Suche des Allgemeinen in Facetten oder über die allmähliche Verfestigung der Forschungsinteressen

Skizze eines Starts. Zeit (-Umstände): Fünfziger Jahre nach Ende des Zweiten Weltkrieges. Geld gab es wenig, aber es wog wieder: Geburt der BRD. Örtlichkeiten: heute Regio genannt, Freiburg i. Br., mit Spuren des Krieges, Albert-Ludwigs-Universität, Psychologisches Institut (mit respektabler Geschichte), geringe Findewahrscheinlichkeit, da (noch) provisorisch irgendwo unter dem Dach im Hauptgebäude – aber »oben« ist immer positiv konnotiert! – untergebracht, keine Penthouse-Atmosphäre. Wer meint, diese ab-seitige Lage sei Spätfolge von Novalis' Diktum, Psychologie zähle zu den Larven, die die Stelle von Höherem usurpiert habe, irrt sich trotz schwergewichtiger Theologie am Ort. Anfänglich noch ein Orchideenfach, was sich bald ändern sollte, damals schon unter der Ägide von Professor Heiss, Promotor der so genannten *Freiburger Schule*, der ich, von einer Unterbrechung abgesehen, etliche Jahre angehörte. Markenzeichen dieser Schule: die Erweiterung, Umwandlung einer psychologischen Diagnostik in eine diagnostische Psychologie. Kein Sprachspiel: statt nur Funktionsdiagnostik, Wiederentdeckung der Person als Einheit, das eigentliche Ziel des »diagignoskein«. Das Prozedere: ähnlich dem der Textwissenschaft, das heißt vom isolierten Text (registrierte Äußerungen) zum Autor (Klient) mittels hermeneutischer Regeln.

Von der Selbstenthüllung über Schweigen zum Verschweigen. Die Erkenntnis von Defiziten in diesem Quasi-»Buch-Leser«-Modell inspirierte eigene Arbeiten, zusammenführbar unter der Überschrift »Diagnostische Situation«. Ausgangspunkt war die Auffassung, dass Diagnostizieren nicht ausschließlich ein kognitiver Prozess (Text-)Interpretation, sondern auch ein sozialer Vorgang besonderer Art ist, der in verschiedenen Hinsichten von alltäglichen Kommunikationsmustern abweicht. Wenn Diagnostiker zur Erfüllung ihrer Aufgabe legal Indiskretion betreiben (müssen), wird automatisch die *Privatsphäre* des Klienten tangiert, also jene Bereiche einer Person, deren soziale Zugänglichkeit Restriktionen unterliegen, die auch trotz Vertraulichkeitszusicherung versperrt bleiben können. Berechtigte, weil problemrelevante Explorationen können vom Klient als investigativ wahrgenommen werden und zu defensiven, deceptiven Reaktionen führen. Die akute als auch die dispositionale *Selbstenthüllung* oder *Selbstenthüllungsbereitschaft* wird damit zu einem wichtigen Gegenstand der Diagnostik, wenn auch keinesfalls ausschließlich. Um dem facettenreichen Phänomen Selbstenthüllung annähernd gerecht zu werden, wurden auf breiter Basis Studien initiiert, die die Messung, die Typisierbarkeit, intraindividuelle Schwankungen, Verläufe in unterschiedlichen Settings, Kor-

relate, Genese bis hin zu involvierten rechtlichen Fragen (Datenschutz) betraf-
fen. Neben diesen »Main-stream«-Arbeiten gab es auch Seitensprünge, die
aber mit der Zentralthematik verzahnt blieben. Einer soll erwähnt werden.
Nachdem es gelungen war, soziales Intrusionsempfinden zu skalieren, galt das
Interesse der Privatheitsregulation in Familien mit magersüchtigen Töchtern.
Ein Hauptergebnis war der Nachweis der Existenz dysfunktionaler Privatheitsregulation. Ob diese die Erkrankung verursacht, wurde nicht geklärt. Es entspricht nur der Sachlogik, auch *Antipoden der Selbstenthüllung* die *Selbstver-
hüllung* (*Schweigen* und *Verschweigen/Geheimhaltung*) in Betracht zu ziehen.

Die anfänglichen Bedenken hinsichtlich der Untersuchbarkeit von Geheimnissen, dem Kern der Privatsphäre zuzurechnen, haben sich nicht bestätigt. Im
Allgemeinen kann man über Geheimnisse sprechen, wenn bestimmte Voraussetzungen erfüllt sind (z. B. Stranger-on-the-bus-Effekt, Binnendynamik
des Geheimnisses, Freiwilligkeit). Der einschlägigen religionswissenschaftlich,
kulturgeschichtlich, literarisch und soziologisch orientierten Forschungen sollte eine empirisch-psychologische auf molekularer Ebene zur Seite gestellt werden. Die Vorgehensweise entsprach weitgehend der bei der Selbstenthüllung
geübten.

Studium Generale und »Sprache«. Zuerst als Hörer, später als Mitarbeiter
kam ich in engen Kontakt mit den interdisziplinären Zielen und generalisier-
ten Ideen des Freiburger Studium Generale. Ein spezielles Interesse an *Sprache* entwickelte sich im Zusammenhang mit Faschismusdebatten und den
Arbeiten zum autoritären Charakter. Es ging um Einstellungen, derzufolge die
Muttersprache die »wohlklingendste«, »klarste« sei, Ausdruck eines linguisti-
schen Ethnozentrismus. Es gelang nachzuweisen, dass er zum Autoritarismus-
Syndrom gehört.

*Die Beschäftigung mit einigen Aspekten der Sprachentwicklung wurde
durch Zufallsbegegnungen und Anfragen angeregt.* Es ging um einen allerdings-
dings praktisch bedeutsamen Problemkreis. Ist es möglich, dass eine auffällige
Sprachentwicklung (z. B. Legasthenie) prognostiziert werden kann? Theoretisch und praktisch vielversprechend aus verschiedenen Gründen erschienen:
Tonhaltedauer, auditive Fusion und Rhythmus. Rhythmische Leistungen erwiesen sich noch am ehesten prognosefähig.

Meine eigenen wissenschaftlichen Grundauffassungen sind, geographisch
symbolisierend, naturgemäß durch Freiburg, aber auch durch Innsbruck, dem
zweiten Studienort, beeinflusst. Die an diesen Orten vertretenen Psychologien
hatten kaum Gemeinsamkeiten: Die eine oder die andere aufzugeben, gewis-
sermaßen eine Komplexitätsreduktion zu vollziehen, erschien mit nicht richtig.
So blieb es bei »zwei Seelen in der Brust«, die bisweilen im Konflikt lagen,
meist aber friedlich koexistierten. Ich halte es mit Bruners zwei Möglichkeits-
welten, mit zwei »modes of thought« in der Forschung.

**Prof. em. Dr. Albert Spitznagel, Fachbereich 06 Psychologie, Sportwissenschaft, Universität
Gießen.**
Fachgebiete: Schweigen – Verschweigen, Autobiographik.

Frank Rösler

Was man mit einem psychologischen Experiment untersucht? – Schwierig zu verstehen!

Was ein Physiker erforscht oder auch ein Physologe, davon hat man ja eine ungefähre Vorstellung, denn in beiden Fällen ist meistens der Untersuchungsgegenstand mit den gemessenen Variablen identisch. Im Physikunterricht haben wir zum Beispiel das Ohm'sche Gesetz kennen gelernt, wonach drei direkt beobachtbare Größen – eine konstante Spannung, ein manipulierter Widerstand, und eine gemessene Stromstärke – nach einem einfachen Gesetz miteinander verknüpft sind. In der Physiologie lernt man ebenfalls direkte Beziehungen zwischen unabhängigen und abhängigen Variablen kennen, zum Beispiel, dass das Ruhepotenzial am Nerv – gemessen als elektrische Spannung – eine direkte Funktion der – ebenfalls direkt messbaren – Permeabilitäten der Zellmembran für K^+-, Na^+- und Cl^--Ionen ist.

In der Psychologie sind die Beziehungen zwischen unabhängigen und abhängigen Variablen und dem eigentlich interessierenden Untersuchungsgegenstand weniger transparent, denn das, worüber eine Aussage gemacht wird, ist nicht direkt beobachtbar.

Psychologie beschäftigt sich, wie es in der Lehrbuchdefinition so schön heißt, mit dem Erleben und Verhalten. Erleben können wir nur bei uns selbst, nie aber bei unseren Mitmenschen direkt beobachten. Unser Gegenüber kann uns manches erzählen, es muss aber mit seinem wahren Erleben gar nichts zu tun haben, und auch wir selbst täuschen uns nicht selten über unsere Gefühle. Daher kann das Erleben, und im weiteren Sinn die Introspektion, nur sehr eingeschränkt für die Erforschung der Psyche herangezogen werden (Payne 1994).

Verhalten können wir zwar beobachten und direkt beeinflussen, aber um zu erklären, warum eine unabhängige Variable das Verhalten verändert, dazu benötigen wir so genannte hypothetische Konstrukte. Und die lassen sich nun eben gerade nicht direkt beobachten. Ein Beispiel:

Ein Autofahrer sieht 50 Meter links vor sich ein Kind auf die Straße laufen, er bremst kurz ab, das Kind bleibt stehen, unser Fahrer beschleunigt wieder und 500 Meter weiter wird er von einem Radarblitz erschreckt. Unser Mann denkt: »Sch…, wieso? Ich bin doch höchstens 50 gefahren.« Tja, leider hat unser Mann, weil er auf das Kind im linken Gesichtsfeld achtete, ein »30-km/h-Gebotsschild« an der rechten Straßenseite übersehen. Die Ausrede wird ihm nicht viel nutzen, aber mit psychologischem Wissen könnte er sie zumindest begründen.

Im Labor stellt man diese Situation mit dem so genannten Posner-Bahnungs-Paradigma nach. Die Probanden sollen auf einen Lichtreiz, der im linken oder rechten Gesichtsfeld erscheint, reagieren. Kurz vorher wird jeweils ein weiteres Signal gezeigt – rechts, links oder in der Mitte. In 70 von 100 Fällen erscheint der zweite Reiz, auf den zu reagieren ist, im gleichen Sektor des Gesichtsfelds wie der erste Reiz (valide Hinweisreize), in 20 von 100 Fällen erscheint er genau auf der anderen Seite (invalide Hinweisreize) und in den restlichen 10 Fällen genau in der Mitte (neutrale Hinweisreize). Wir beobachten, dass bei den validen Hinweisreizen der Zielreiz schneller und bei invaliden langsamer erkannt wird als bei neutralen Hinweisreizen. Um das Phänomen erklären zu können, brauchen wir mehr als die manipulierte, unabhängige Variable (valide, neutrale, invalide Reize) und die gemessene, abhängige Variable (die Reaktionszeit). Wir benötigen zum Beispiel das Konzept der selektiven Aufmerksamkeit und sagen: Unser Proband erkennt die Zielreize in der invaliden Bedingung zu spät, weil seine Aufmerksamkeit auf den zuvor gebahnten Bereich des Gesichtsfelds fokussiert war. Folglich muss er die Aufmerksamkeit erst von der invaliden Seite lösen und zur anderen Seite hin verschieben. Dieser zusätzliche Prozess benötigt Zeit.

Das Beispiel verdeutlicht ein grundsätzliches Problem jeder psychologischen Untersuchung: Der Wissenschaftler manipuliert Variablen auf der Eingangsseite des Systems und beobachtet Verhaltensvariablen, also messbare Größen, auf der Ausgangsseite. Aus der Zusammenschau beider Variablen zieht er dann Schlussfolgerungen über die intervenierenden Prozesse, die zwischen Input und Output vermitteln. Diese laufen zwischen Reizdarbietung und Reaktion ab, also genau in der Zeit, in der gar kein Verhalten zu beobachten ist.

Durch geschicktes Experimentieren kann man diese intervenierenden Prozesse eingrenzen (s. z. B. Scarborough u. Sternberg 1998), und ggf. kann man durch die Hinzunahme von so genannten Biosignalen sogar manche Prozesse, die zwischen Input und Output ablaufen, in ihrem zeitlichen Verlauf und ihrer Intensität unmittelbarer als mit Verhaltensdaten allein erfassen (Rösler u. Heil 1998). Aber auch wenn man die Freiheitsgrade der Theoriebildung auf diese Weise einschränkt, grundsätzlich ändert es nichts an der Tatsache, dass die hypothetischen Konstrukte immer aus den gemessenen Variablen erschlossen und nie direkt beobachtet werden.

Das macht es so schwierig, den Untersuchungsgegenstand der Psychologie überhaupt zu fassen. Aber dennoch, die ersten 100 Jahre Geschichte der empirisch-experimentell betriebenen Psychologie belegen, dass es kein vergebliches Unterfangen ist. Trotz dieser Einschränkungen wissen wir inzwischen über die Funktionsweise unseres psychischen Systems sehr viel mehr als noch die Begründer der Psychologie als Wissenschaft, zum Beispiel Gustav-Theodor Fechner, Wilhelm Wundt oder Hermann Ebbinghaus hoffen konnten.

Literatur
Payne, J. W. (1994): Thinking aloud: Insights into information processing. Psychological Science 5, 241: 245–8.
Rösler, F.; Heil, M. (1998): Kognitive Psychophysiologie. In: Rösler, F. (Hg.), Ergebnisse und Anwendungen der Psychophysiologie. Göttingen, S. 165–224.
Scarborough, D.; Sternberg, S. (Hg.) (1998): Methods, Modes, and Conceptual Issues. Vol. 4. Cambridge, MA.

Prof. Dr. Frank Rösler, Fachbereich Psychologie, Universität Marburg.
Fachgebiete: Allgemeine und Biologische Psychologie.

Gert Sommer

Menschenrechte

Die Allgemeine Erklärung der Menschenrechte (AEMR) von 1948 enthält einen erstaunlich umfassenden Katalog von unveräußerlichen Menschenrechten, die für jeden Menschen in jedem Land gelten sollen (Universalität) und deren Realisierung als wichtiges politisches Ziel gekennzeichnet wird.

Zu den Menschenrechten gemäß der AEMR gehören das Recht auf Leben und weitere *bürgerliche* und *politische* Rechte, Rechtssicherheit, Asylrecht, Meinungs- und Informationsfreiheit, Folterverbot. Dazu gehören außerdem *wirtschaftliche, soziale* und *kulturelle* Rechte, zum Beispiel Recht auf Arbeit, Schutz vor Arbeitslosigkeit, Anspruch auf ausreichende Lebenshaltung einschließlich Nahrung und Wohnung, Recht auf Bildung.

Verletzungen von Menschenrechten – zum Beispiel das Erleben von Folter, Rechtlosigkeit, Hunger, Armut oder Arbeitslosigkeit – führen nicht nur zu einem erhöhten Risiko für körperliche Erkrankungen, sondern auch für psychische Störungen und gravierende emotionale Beeinträchtigungen.

Neben den gesellschaftlichen Organen hat auch der Einzelne die Aufgabe, »die Achtung dieser Rechte und Freiheiten (der AEMR) zu fördern« (Präambel). Und die häufige Verwendung des Menschenrechtsbegriffs in politischen Diskussionen lässt vermuten, dass Menschenrechte gut bekannt sind. Wie sieht die Realität aus? In einer repräsentativen Untersuchung in Deutschland wurden große Wissenslücken offenbar (Sommer et al. 2003): Im Mittel konnten die Befragten den zentralen Inhalt nur von 3 der 30 Artikel der AEMR benennen, wirtschaftliche Rechte waren besonders wenig bekannt. Ähnliche Ergebnisse ergab unsere Befragung von Studierenden in mehreren europäischen Ländern. In früheren Untersuchungen konnten wir zudem nachweisen, dass in den führenden deutschen Tages- und Wochenzeitungen der Begriff *Menschenrechte* häufig ohne weitere Spezifizierung benutzt wird (nach dem Motto: »Wir wissen schon, was damit gemeint ist«). Zudem wird auf bürgerliche Rechte häufiger und positiver Bezug genommen als auf wirtschaftliche – es wird somit Ideologie produziert.

Neben der *Universalität* ist die *Unteilbarkeit* ein zentrales Charakteristikum der AEMR, das heißt, bürgerliche und wirtschaftliche Rechte sind Menschenrechte. Dies ist leicht nachvollziehbar: Meinungs- und Religionsfreiheit beispielsweise sind für etwa eine Milliarde Menschen auf der Erde nur von begrenzter Relevanz, solange ihnen andere fundamentale Rechte – unter anderem auf Bildung, Nahrung, Behausung oder medizinische Versorgung – vorenthalten werden.

Das in der westlichen Öffentlichkeit dominierende Bewusstsein, nach dem *der* Westen *die* Menschenrechte verwirklicht habe, erweist sich bei genauerer Betrachtung als kognitiv-emotionale Verzerrung. Menschenrechtsprobleme westlicher Länder sind zum Beispiel Arbeitslosigkeit, Diskriminierungen, Beihilfen zu Menschenrechtsverletzungen durch die Unterstützung von Unrechts-Regimen, Auswirkungen der von den führenden Industrienationen gestalteten Weltwirtschaftsordnung, die unter anderem in den so genannten Entwicklungsländern zu Verschlechterungen im Gesundheits-, Bildungs- und Sozialwesen führen, Initiierung von und Beteiligung an Kriegen mit ihren verheerenden Auswirkungen insbesondere auf die Zivilbevölkerung.

Durch das Betonen genehmer und das Leugnen nicht genehmer Menschenrechte, durch Hervorheben konsistenter und das Abschwächen divergenter Ereignisse wird der eigene Staat zum wahren Hüter der Menschenrechte. Dies trägt zu sozialer Identität, Selbstwerterhöhung und Stabilisierung des eigenen gesellschaftlichen Systems bei.

Die Menschheit wäre aufgrund ihres akkumulierten Wissens und ihrer technischen Möglichkeiten in der Lage, jedem Menschen auf der Erde Voraussetzungen für ein menschenwürdiges Leben zu bieten. Ungeheure finanzielle, materielle und humane Ressourcen aber werden im Militär vergeudet, statt sie für die Verwirklichung von Menschenrechten zu nutzen. Wissenschaften – eingeschlossen die Psychologie – befassen sich mit immer detaillierteren Fragen und verlieren dabei häufig das gemeinsame Ganze, die Bedingungen für ein menschenwürdiges Leben aus den Augen. Die Beschäftigung mit Menschenrechten kann ein Korrektiv bieten, denn diese benennen wesentliche Bestandteile und Voraussetzungen für ein würdiges und befriedigendes Leben.

Literatur

Sommer, G.; Fuchs, A. (Hg.) (2004): Handbuch der Konflikt- und Friedenspsychologie. Weinheim.
Sommer, G.; Stellmacher, J.; Brähler, E. (2003): Menschenrechte: Wissen, Wichtigkeit und Einsatzbereitschaft. Verhaltenstherapie und psychosoziale Praxis 35: 361–382.

Prof. Dr. Gert Sommer, Fachbereich Psychologie, AG Klinische Psychologie, Universität Marburg.
Fachgebiete: Soziale Unterstützung, Friedenspsychologie (Menschenrechte und Feindbilder).

Dr. Kleine-Moritz, Bad Soltro

Vom gesellschaftlichen Nutzen der PsychologInnen

Als akademisches Lehrfach hat sich die Psychologie längst durchgesetzt. Dagegen bedarf der Einsatz von PsychologInnen[1] in der Praxis vielfach noch der Rechtfertigung. Es wurde sogar behauptet, dass wenn alle Psychologen von heute auf morgen verschwänden, dies ohne allzu große praktische Folgen bliebe. Wie lässt sich die Nützlichkeit psychologischer Expertise augenfällig machen?

Nimmt man den Anstieg des Bruttosozialprodukts pro Kopf (BSP) als Kriterium der nationalen Leistungsfähigkeit, zeigt sich für die BRD eine klare Abhängigkeit von der Anzahl der PsychologInnen (Indikator: Mitgliederbestand des BDP; Abbildung 1).

Entgegen der Befürchtung, die Feminisierung könnte dem Berufsstand abträglich sein, wächst die Wirtschaftskraft, gemessen an der Gesamt-Vermögensbildung, noch enger als in Abbildung 1 mit dem Vordringen wissenschaftlich tätiger Psychologinnen (Indikator: Anteil weiblicher Mitglieder der DGPs; Abbildung 2). Seit etwa 1980 überwiegen Frauen bei den Diplomanden; Tendenz steigend. So erfreulich dieser Trend sein mag, ist jedoch vor einer zu starken Benachteiligung der Männer zu warnen: Die gesellschaftliche Akzeptanz könnte umschlagen (Abbildung 3). Unabhängig davon

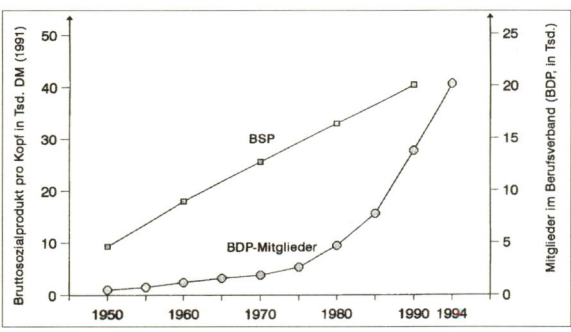

Abbildung 1: Bruttosozialprodukt und Psychologenzahl in der BRD seit 1950

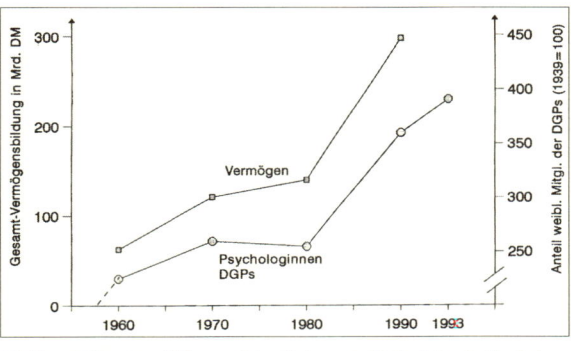

Abbildung 2: Vermögensbildung und Anteil wissenschaftlich arbeitender Psychologinnen in der BRD seit 1960

bestätigt die internationale Entwicklung den deutschen Befund. Im Zuge der Globalisierung steigt der Lebensstandard der Bevölkerungen linear mit der PsychologInnen-Dichte, von Ausreißern abgesehen. (So erreichen die Vereinigten Arabischen Emirate [VAE] ihr beachtliches Wohlstandsniveau mit einem Minimum an PsychologInnen, während das pazifische Tuvalu noch zu den ärmsten Staaten zählt, obwohl sich dort, allerdings erst kürzlich, ein paar psychologische AussteigerInnen niedergelassen haben; Abbildung 4.) Auf eine handliche Vierfeldertafel komprimiert, ergibt sich immerhin ein bedenkenswertes r_{pf} von .86. Kompetente PsychologInnen werden das gebührend zu würdigen wissen.

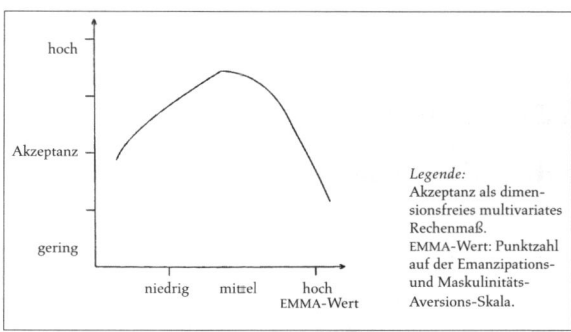

Abbildung 3: Gesellschaftliche Akzeptanz feministischer Bestrebungen in Abhängigkeit von deren Radikalität

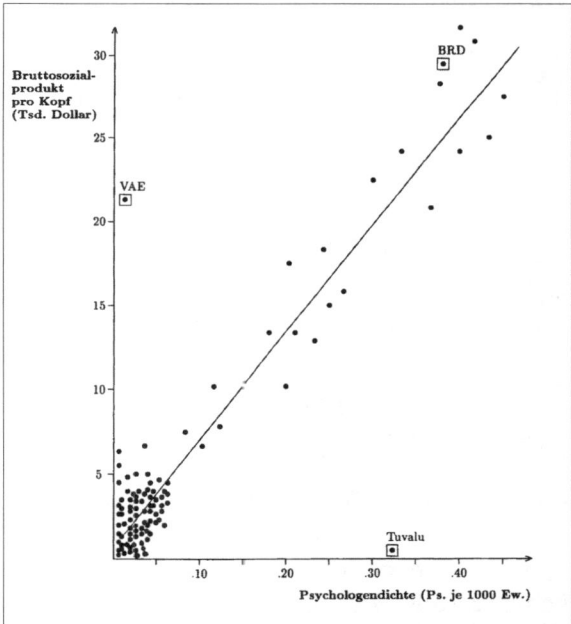

Abbildung 4: Bruttosozialprodukt (BSP) der Staaten der Welt in Abhängigkeit von der Psychologen-Dichte (Zufallshälfte der Staaten; BSP 1990 oder später; Dichtewerte z. T. geschätzt)

---

1 Trotz linguistischer und ästhetischer Vorbehalte gegen diese Sprachverhunzung erscheint sie hier ausnahmsweise angemessen.

Dr. Gottlob Kleine-Moritz, Institut für Angewandte Zweckforschung (IAZ), (o. PLZ) Bad Soltro. Fachgebiet: Wissenschaftssatire.
c/o Prof. em. Dr. Lothar Tent, Fachbereich Psychologie, Universität Marburg.

Edgar Erdfelder

Über Allgemeine und Differentielle Psychologie

> »General laws and individual differences are merely
> two aspects of one problem; they are mutually dependent on each
> other and the study of the one cannot proceed without the study of
> the other.«
> (Kurt Lewin 1954, S. 921)

Was unterscheidet die Allgemeine von der Differentiellen Psychologie? Nach Herrmann (1991, S. 52) »... befasst sich die Allgemeine Psychologie damit, was allen Individuen *gemeinsam* ist, während sich die Differentielle Psychologie damit beschäftigt, worin sich Individuen bzw. Gruppen von Individuen voneinander *unterscheiden*«. Gegenstandsbestimmungen wie diese werden nicht selten im Sinne eines Antagonismus interpretiert: Allgemeine und Differentielle Psychologie schließen sich gegenseitig aus, weil erstere interindividuelle Unterschiede negiert oder sich nur für solche Verhaltensaspekte interessiert, die durch Uniformität gekennzeichnet sind (siehe z. B. Amelang u. Bartussek 2001, S. 35f.).

Ist diese Interpretation zutreffend? Allgemeinpsychologische Hypothesen behaupten Gesetzmäßigkeiten, die allgemeingültig, das heißt für einzelne, prinzipiell beliebige Individuen zutreffend sein sollen. Fechners Gesetz kann als Prototyp gelten: Die Empfindungsintensität eines Individuums steigt logarithmisch mit der Reizintensität. Ein Beispiel aus der Lernpsychologie wäre Thorndikes Gesetz des Effekts, wonach Verhaltensweisen durch Verstärkung wahrscheinlicher werden. Sternbergs Gesetz zur Suche im Arbeitsgedächtnis und das Gesetz von Shepard und Metzler zur mentalen Rotation mögen als Illustrationen für die Gedächtnis- und die Denkpsychologie genügen. Alle diese Beispiele sind typisch für das Gesamtgebiet der Allgemeinen Psychologie.

Sind mit derartigen Hypothesen Uniformitätsbehauptungen verbunden? Fechners Gesetz kann offenbar gelten, auch wenn es keine zwei Individuen gibt, bei denen der gleiche Reiz dieselbe Empfindungsintensität auslöst. Und auch die Gesetze von Thorndike, Sternberg sowie Shepard und Metzler verlangen nicht, dass Personen auf gleiche Stimuli in gleichen Situationen gleich reagieren. Allgemeinpsychologische Gesetze beinhalten immer Parameter, die zwischen

Individuen variieren können, ohne dass dadurch deren Gültigkeit in Frage steht. Somit negiert die Allgemeine Psychologie nicht interindividuelle Unterschiede, sondern – ganz im Gegenteil – sie stellt über die Parameter ihrer Gesetze die Variablen zur Verfügung, anhand derer Unterschiede zwischen Personen überhaupt erst sinnvoll quantifizierbar sind. Das Sternberg-Gesetz lehrt uns beispielsweise, dass die durchschnittliche Suchzeit $E(T_i)$ eines Individuums i von der Anzahl M der Informationen im Arbeitsgedächtnis linear abhängt, so dass $E(T_i) = a_i + b_i \cdot M$ gilt. Ohne Kenntnis dieses Gesetzes muss unklar bleiben, dass die Suchzeit im Arbeitsgedächtnis T_i ein Hybridmaß von zweifelhafter Validität ist, das faktisch von zwei differentialpsychologischen Variablen abhängt, nämlich der einfachen Reaktionszeit a_i und der oftmals primär interessierenden Suchgeschwindigkeit $v_i = 1/b_i$, beide auf Verhältnisskalenniveau messbar.

Offenbar steht eine Differentielle Psychologie, die auf theoretisch fundierte Ausgangsvariablen Wert legt, keineswegs im Widerspruch zur Allgemeinen Psychologie. Sie benötigt letztere vielmehr als unverzichtbare Grundlage. Umgekehrt bedarf eine Allgemeine Psychologie, die zu einer Erklärung und Prognose individuellen Verhaltens fortschreiten will, unabdingbar der Ergänzung durch die Differentielle Psychologie (Cronbach 1957). Die Theorien der Allgemeinen Psychologie verhalten sich folgerichtig auch nicht neutral zu differentialpsychologischen Befunden, sondern können sich an ihnen bewähren oder auch scheitern. Fortschritte führen daher langfristig nur über Forschungsprogramme, die Allgemeine und Differentielle Psychologie nicht länger als Antagonismus begreifen, sondern als zwei Ebenen eines einheitlichen Forschungsprozesses miteinander verbinden.

Literatur

Amelang, M.; Bartussek, D. (2001): Differentielle Psychologie und Persönlichkeitsforschung. 5. Auflage. Stuttgart.

Cronbach, L. J. (1957): The two disciplines of scientific psychology. American Psychologist 12: 671–684.

Herrmann, T. (1991): Lehrbuch der empirischen Persönlichkeitsforschung. 6. Auflage. Göttingen.

Lewin, K. (1954): Behavior and development as a function of the total situation. In: L. Carmichael (Hg.), Manual of Child Psychology. 2. Auflage. New York.

Prof. Dr. Edgar Erdfelder, Lehrstuhl für Psychologie III: Allgemeine und Differentielle Psychologie, Universität Mannheim.
Fachgebiet: Experimentelle Kognitionspsychologie mit Schwerpunkt Gedächtnispsychologie.

Manfred Hofer

Hofstätters Fischer-Lexikon

Als Jugendlicher besuchte ich neben dem humanistischen Gymnasium das Konservatorium und hatte lange Jahre den Berufswunsch eines Musikers. Ich wollte in einem Streichquartett spielen und hatte auch schon gutes Geld als Aushilfscellist in einem Orchester verdient. Im Jahr meines Abiturs, 1961, lieh mir ein Freund – er wurde Berufsmusiker – das Fischer-Lexikon Psychologie von Peter Robert Hofstätter. Bei der Lektüre erkannte ich, dass Psychologie eine Wissenschaft war und auch studiert werden konnte. Das Buch beinhaltete in Stichworten eine Übersicht über die gesamte Psychologie von »Anlage und Umwelt« bis »Wille«. Ich erinnere mich, insbesondere die Stichworte »Leib-Seele-Problem« und »Psychophysik« mit Interesse gelesen, wahrscheinlich kaum verstanden zu haben. Passagen über Philosophen, Dichter, Abbildungen von griechischen Vasen und gelegentliche lateinische oder griechische Zitate standen in unmittelbarer Nachbarschaft zu mathematischen Formeln, Kurven und Zahlen mit drei Stellen hinter dem Komma. »Tests« wurden in Zusammenhang gebracht mit Initiationsriten in Primitivgesellschaften und mit Platons Beschreibung eines Auswahlverfahrens für die Wächter des idealen Gemeinwesens. Sollte es möglich sein, das Schöngeistige mit dem Exakten zu verbinden? Konnte das wenig Greifbare des Psychischen erfassbar gemacht und in Gesetzmäßigkeiten gekleidet werden? Offenbar schon. Ich wollte dahinter kommen. Meine Erfolge als Cellist waren nicht so durchschlagend, als dass ein zweiter Pablo Casals aus mir hätte werden können.

Man warnte mich vor der Psychologie. Sie sei stark statistisch ausgerichtet, besonders in Marburg/Lahn, wo ich als Südtiroler ein Wohnstipendium an der »Deutschen Burse« erhielt, einer Einrichtung für »Auslandsdeutsche« des damaligen Gesamtdeutschen Ministeriums. Die Drohung mit der Statistik schreckte mich nicht, im Gegenteil, die Faszination des Psychologiestudiums sah ich gerade in dem Versuch der Quantifizierung psychischer Phänomene. Meine Eltern akzeptierten die Berufswahl, drangen jedoch darauf, dass ich als Zweitstudium Volkswirtschaftslehre wählte, um mir eine Tür zur Ausübung des Berufs in der Wirtschaft offen zu halten.

Nach vier Semestern hielt ich es in Marburg/Lahn nicht mehr aus. Die Psychologie war mir zu eng und zu veraltet. Amerikanische Literatur war kaum gefragt. Ursprünglich hatte ich die Absicht gehabt, das Studium in Wien (bei Hubert Rohracher) abzuschließen, weil ein österreichischer Studientitel nach »Nostrifizierung« in Südtirol anerkannt wurde. Doch nun drängte es mich zu Hofstätter nach Hamburg. Ich hatte seine »Einführung in die Sozialpsychologie« gelesen. Wiederum faszinierte mich die Verbindung von Exaktheit und geistiger Weite in der Behandlung interpersonaler, kultureller und sogar gesellschaftlicher Erscheinungen. Hofstätter hatte einige Jahre an der Catholic University of America in Washington DC gearbeitet und aus den USA die moderne empirische Psychologie »importiert«. Da in Hamburg auch die Assistenten Cohen, Eyferth, Sixtl, Tack und Wendt sowie die Professoren Tausch und Pawlik lehrten und forschten, hatten wir handvoll Studenten das Gefühl, zur Elite des Psychologienachwuchses zu gehören. Ich habe später gelernt, dass viele Kommilitonen an anderen Universitäten dasselbe glaubten. In Hamburg lernte ich meine Frau kennen. Seither haben wir zwei Fischer-Lexika von Hofstätter im Haus.

Heute nehme ich es zur Hand. Es ist total zerfleddert und voller Unterstreichungen und Randbemerkungen. Offenbar habe ich es während des Studiums gründlich durchgearbeitet. Eines der wenigen Stichworte, die keine Spuren intensiven Durcharbeitens zeigen, ist »Pädagogische Psychologie«, der Bereich, mit dem ich mich später am intensivsten beschäftigt habe. Das Stichwort »Wille« sollte ich noch einmal lesen. Es könnte mir bei meiner augenblicklichen Beschäftigung mit einer »Theorie motivationaler Handlungskonflikte« behilflich sein.

Albert Mayr, dem Komponisten und Professor für elektronische Musik, verdanke ich das Fischer-Lexikon, Hofstätter den Zugang zur Psychologie und der Psychologie einen faszinierenden Beruf, der mir nicht verwehrte, Musik als »zweites« Hobby auszuüben.

Literatur

Hofstätter, P. R. (1957): Psychologie. Das Fischer Lexikon. Frankfurt a. M.
Hofstätter, P. R. (1963): Einführung in die Sozialpsychologie. Stuttgart.

Prof. Dr. Manfred Hofer, Lehrstuhl für Erziehungswissenschaft (Pädagogische Psychologie), Universität Mannheim.
Fachgebiete: Sprachliche Interaktion in Familien mit Jugendlichen, Motivationsforschung.

Hans Markowitsch

Physiologische Psychologie – das Nashorn als Brücke zur Außen- und die funktionelle Bildgebung als Verbindung zur Innenwelt

Physiologische Psychologie – oder Behavioral Neuroscience, Neuropsychologie – stellt, wie schon die Adjektive nahe legen, eine Brückenwissenschaft dar, die im deutschsprachigen Raum ein relativ unterentwickeltes Dasein fristet. Dies ist natürlich bedauerlich, da, wie schon Flechsig 1894 sagte:

>*Die Psychologie es trotz endloser Bemühungen noch nicht zum Rang einer exacten Wissenschaft [hat] bringen können, nicht zuletzt deshalb, weil sie gezwungen war, unabhängig von der Hirnlehre ihre Grundbegriffe zu bilden. Dank der wahrhaft naïven Voraussetzung, dass man die Functionenlehre eines Organs wie das Gehirn entwickeln könne, ohne das Organ selbst zu kennen, ist sie zum Tummelplatz für allerhand seltsame Einfälle geworden, dagegen ausserordentlich arm geblieben an wirklich fruchtbaren Gesichtspunkten* (Flechsig 1896, S. 7).

Obwohl ich zu Anfang meines Studiums nicht auf die Physiologische Psychologie fixiert war, faszinierte mich dieser Bereich zunehmend. Dies nicht nur wegen seines hochgradigen interdisziplinären und internationalen Verflochtenseins, das Möglichkeiten zu vielfältigen Auslandsreisen bot, die – da Kongresse und Einladungen mit etwas Findigkeit die Gegenden von Kauai, Papeete, Calafate, Kota Kinabalu, Manaus, Skukuza und Lhasa passieren – Aspekte der Umwelt zeigen, die sicher das eigene Nervensystem beeinflussen und einen über den Tellerrand blicken lassen.

Dass die Physiologische Psychologie sehr körperzentriert ist, »erfuhr« ich auf einer Vortragsreise vor 20 Jahren, wo bei einem meiner Vorträge in San Diego zufällig (und für mich unerwartet) auch Antonio Damasio anwesend war. Innerhalb meines Vortrags erwähnte ich die (damals ganz neue) Studie von »Hyman, Van Hoesen et al.« in »Science«, was nach Ende der Vortragsdiskussion dazu führte, dass Damasio zu mir ans Rednerpult kam, mich am Schlips packte und sich mit den Worten vorstellte »I am the et al.«. Diese sozialpsychologische Konfrontation blieb mir ebenso nachhaltig in Gehirn und Gedächtnis wie die Begegnung mit zwei Panzernashörnern in Südnepal (sie zu Fuß und ich zu Fuß) im weiteren Verlauf dieser Reise. Weitere Begegnungen mit Nashörnern anderer Spezies folgten an anderen Orten und resultierten in einer Sammelleidenschaft für deren antiquarische Abbildungen.

Nashorngraphik
von 1873.

Soweit zur Vorsilbe »bio«. Die Vorsilbe »neuro« führte zu Begegnungen mit vielfältigen Typologien von Patienten, die ihre Vergangenheit »verloren« hatten oder keine neuen Gedächtnisinhalte mehr bleibend aufnahmen oder die die adäquate emotionale Würzung nicht mehr ihren erinnerten Episoden zufügen konnten.

Physiologische Psychologie erlaubt, »Endfragen« anzugehen, nach den »letzten Dingen« zu fragen – mehr oder eher als die anderen psychologischen Teildisziplinen: Wie ist Bewusstsein möglich und organisiert, haben Menschen einen freien Willen, auf welche Weisen determinieren Umwelt und Nervensystem unsere Persönlichkeit (Markowitsch 2003; Markowitsch 2004)? Physiologische Psychologie bildet somit nicht nur Brücken zur Außen-, sondern auch zur Innenwelt, die dank funktioneller Bildgebung zum »Leuchten« gebracht werden kann, was uns hilft, normale oder weniger normale Abläufe unser Hirn-Geist-Welt zu begreifen und damit unserer Psyche auch jenseits der griechischen Mythologie näher zu rücken.

Literatur
Flechsig, P. (1896): Gehirn und Seele. Leipzig.
Markowitsch, H. J. (2003): Autonoëtic consciousness. In: David, A. S.; Kircher, T. (Hg.), The Self in Neuroscience and Psychiatry. Cambridge.
Markowitsch, H. J. (2004): Warum wir keinen freien Willen haben – Der sogenannte freie Wille aus Sicht der Hirnforschung. Psychologische Rundschau (im Druck).

Prof. Dr. Hans J. Markowitsch, Physiologische Psychologie, Universität Bielefeld.
Fachgebiete: Neuropsychologie von Gedächtnis und Emotion, funktionelle Bildgebung.

Hans D. Mummendey

Aus meinem Roman »Die Bauchtänzerin« (Kapitel IV: »Die Universität«), Bielefeld-Münster, 1991, in dem Aufstieg und Fall der Inhaberin einer Frauengleichstellungsbeauftragtenstelle geschildert werden

Für die Familie gab es niemals den geringsten Zweifel daran, daß das Mädchen Trude die Universität besuchen sollte. Es gab mittlerweile, daran hatten die Politiker hartnäckig gearbeitet, an einem Besuch der Universität gar kein Vorbei mehr – viel zu viel Praktisches und Interessantes wurde dort jetzt geboten ... Während der Stiefvater an Betriebswirtschaft oder Informatik dachte, weil dies jetzt allenthalben sehr empfohlen wurde, setzte sich die Mutter mit der Auffassung durch, daß Trude ja noch ein Kind sei und »sich an der Hochschule doch erst einmal in Ruhe umschauen« solle, zum Beispiel im Rahmen eines Pädagogikstudiums. Und es ging die Sage, daß es an den Universitäten des Bundeslandes neben Studiengängen für Senioren, Ausländer und andere Minderheiten auch spezielle Frauenstudien gebe ...

Der ausschlaggebende Grund dafür, letztlich die Universität in X zu wählen, hatte etwas mit demjenigen zu tun, was Trude nun endlich wirklich geworden war: eine Frau! Einige der Universitäten, die den Studienanfänger/inne/n ihre Dienste anboten, berichteten über den Komplex »Frauenforschung« nur mehr oder weniger verschämt im hinteren Teil ihrer Werbeschriften. Es war grotesk, wie diese lächerlichen Hochschulen die Bewegung der »Women Studies« in durchsichtiger Weise schamhaft zu verstecken, wenn nicht sogar zu unterdrücken suchten! Auf diese Weise waren natürlich so verstaubte, herkömmliche Großuniversitäten wie Köln oder Bonn, um nur einige ganz unverfängliche Namen zu nennen, recht schnell aus dem Rennen. Die Universität in X ging dagegen nach dem Prinzip der positiven Diskriminierung vor, also einer Bevorzugung der Diskriminierten und einer Diskriminierung der Bevorzugten: Sie machte Frauen ein Angebot, das sie einfach nicht ablehnen konnten!

Hier sei nur ein kurzer Blick auf das »Propädeutische Frauenstudium Frauenforschung (PFF)« der Universität von X geworfen:
– Einführung in die feministische Philosophie (1-stündig)
– Frauenfreundschaften (Intensiv-Wochenende)
– Gott die Herrin – Auf dem Wege zu einer radikalfeministischen Theologie (mit Lichtbildern)

- Der weibliche Körper in Bewegung (zweistündig, im Frauenbewegungs-
  zentrum)
- Sexuelle Belästigung in der Universität (ganztägig)
- Sexuelle Belästigung auf unseren Radwegen (fakultativ)
- Politische Ökonomie der Geschlechterverhältnisse (Blockkurs)
- Wir haben eine Frauendruckerei! (Betriebspraktikum)
- Die Schaffung gewaltfreier Räume für Frauen im Öffentlichen Dienst
  (Gastvorlesungen des/r Betriebsr/ates/ätin/nen)
- Selbstverteidigung für Frauen I: Kniestoß, Handkante, Dropkick, Hand-
  plant (vierstündig, mit Dr. Ulla Kunze)
- Selbstverteidigung für Frauen II: Kampftraining mit Bobo-Doll-Males
  (s.o., Ulla Kunze)
- Selbstverteidigung für fortgeschrittene Frauen mit Ulla (bitte einen Tee-
  löffel und einen Regenschirm mitbringen)
- »Each of us has a beautiful tale to tell ...« Junge Frauen berichten er-
  fahrenen Therapeutinnen (Intensiv-Wochenende mit Prof'in Dr. R. M.
  Brown, Santa Monica, CA, USA).

Das Bestechende an diesem Studienangebot der Universität von X, das
sieht frau auf den ersten Blick, ist die Konsequenz, mit der hier Frauenforschung und Anwendung, also Wissenschaft und Praxis miteinander verbunden werden. Für Trude war dies die Verbindung von wissenschaftlichem Denken und gesellschaftlichem Handeln, von der sie im Sozial-
kundeunterricht auf der Oberstufe der Höheren Gesamtschule immer
schon einmal gehört, aber nicht zu träumen gewagt hatte. Frauenforschung war nämlich Forschung von Frauen über Frauen für Frauen! Sie
erfüllte den schon von Friederike Drögemeier in ihrer Magisterarbeit am
Sozialwissenschaftlichen Fachbereich von X erhobenen Anspruch, daß die
Totalität der gesellschaftlichen Verhältnisse als das Konkret-Allgemeine für
die Konstitution von weiblichem Bewußtsein und die Erklärung seiner
gesellschaftlichen Vermittlung aufgelöst werde in der männliche Herrschaft übersteigenden Totalität feministischen Handelns. Das leuchtete
ein ... Die endgültige Lösung der Geschlechterfrage – das war es, wofür es
nun zu kämpfen galt ...

**Prof. Dr. Hans D. Mummendey, Universität Bielefeld, Lehrstuhl für Sozialpsychologie.
Fachgebiet: Selbstkonzeptforschung.**

Ulrike Ehlert

Menschliche Belastbarkeit

In der Wüste liegen die Mittel zum Überleben alle im verborgenen – Troglodytenhöhlen, Wasser, das in einer begrabenen Pflanze ruht, Waffen, ein Flugzeug. Bei 25° Länge und 23° Breite grub ich mich bis zur Plane, und allmählich tauchte Madox' altes Flugzeug auf. Es war Nacht, und selbst in der kalten Luft schwitzte ich. Ich trug die Petroleumlampe zu ihr hinüber und saß eine Weile neben der Silhouette ihres Kopfnickens. Zwei Liebende und die Wüste – Sternenlicht oder Mondschein, ich erinnere mich nicht. Überall sonst weit umher Krieg.

Das Flugzeug kam aus dem Sand heraus. Ich hatte nichts zu essen gehabt und war schwach. Die Plane war so schwer, daß ich sie nicht herausziehen konnte, sondern sie einfach wegschneiden mußte. Am Morgen, nach zwei Stunden Schlaf, trug ich sie in das Cockpit. Ich startete den Motor, und er sprang an. Wir machten einen Ruck und glitten dann, Jahre zu spät, in den Himmel.

Der Englische Patient (Michael Ondaatje, 1997)

Wenige Schritte vor August hob der Mann beide Arme mit einer Geste der Verzweiflung und Resignation. August brauchte kein Wort mehr zu hören, um zu wissen, was ihm bevorstand.

»Aber wann ist es geschehen?« fragte er, nachdem sie einige Schritte Seite an Seite gegangen waren.

»Vor ein paar Minuten. Ganz plötzlich. In meinen Armen.«

»Ich verstehe nicht«, murmelte August. »Was war es, das ihn tötete? Er war nicht so schlecht beisammen vergangene Nacht, als ich mit ihm sprach.«

»Das ist es ja gerade«, sagte der andere.

Etwas in seiner Stimme ließ August zurückzucken.

»Wollen Sie damit sagen . . . « Er brach ab. Es war zu unerhört, er wies den Gedanken von sich. Aber im nächsten Augenblick sprach er schon wieder davon. »Wollen Sie sagen«, seine Stimme zitterte von neuem, »daß er davon wußte . . . «

»Eben das.«

Wiederum zuckte August zusammen.

»Wenn ich ganz offen meine Meinung sagen soll«, fuhr der Boß in seiner rauhen Art fort, »würde ich sagen, daß er an gebrochenem Herzen gestorben ist.«

Über diesen Worten hielten beide jäh den Schritt an.

Das Lächeln am Fuße der Leiter (Henry Miller, 1978)

Mit diesen beiden Zitaten werden Kernfragen des menschlichen Lebens charakterisiert. Weshalb können manche Menschen Extremsituationen aufgrund ihres starken Willens bewältigen und warum scheinen sich andere Menschen selbst aufzugeben und zu sterben? Kann es sein, dass psychische Faktoren körperliche Krankheiten auslösen? Und umgekehrt, kann das Auftreten von Krankheiten aufgrund psychischer Merkmale vermieden werden?

Solche Überlegungen sind zentrale Fragen der »Verhaltensmedizin«. Einem interdisziplinären Forschungs- und Anwendungsfeld an dem auch Psychologen beteiligt sind, die sich empirisch mit bio-psycho-sozialen Fragestellungen auseinandersetzen und kognitiv-verhaltenstherapeutisch arbeiten. Das besondere an der Verhaltensmedizin ist das Bestreben, den Zusammenhang zwischen Leib und Seele aus der psychologischen und aus der biologischen Perspektive zu betrachten. Dabei gibt es immer wieder neue und wegweisende Erkenntnisse zu diesem komplexe Zusammenspiel – und immer wieder werden aufgrund dieser Erkenntnisse neue Fragen aufgeworfen, die es wert sind, mit Engagement beantwortet zu werden.

Literatur
Ehlert, U. (Hg.) (2002): Verhaltensmedizin. Berlin.

Prof. Dr. rer. nat. Ulrike Ehlert, Lehrstuhl für Klinische Psychologie und Psychotherapie, Psychologisches Institut, Universität Zürich.
Fachgebiete: Stressabhängige Erkrankungen, Verhaltensmedizin, Psychoendokrinologie.

Wolfgang Marx

Bekenntnisse eines Resteverwerters

Die experimentelle Psychologie ist mein Handwerk, das ich seit mehr als drei Jahrzehnten betreibe – und mit Lust. Aber eben auch mit einem gelegentlichen Unbehagen; denn die Psychologie ist leider, wie schon William James feststellte, ein schäbiges kleines Sujet, außerhalb dessen all das liegt, was man wirklich wissen oder sagen möchte. Eingezwängt zwischen all den ex- und impliziten Normen und Regeln darüber, was man überhaupt kommunizieren und wie man das allenfalls formulieren darf, habe ich oft den Eindruck, einen durchaus nicht uninteressanten Teil dessen, was ich durch meine Arbeit erfahre und verstehe, in meine wissenschaftlichen Texte nicht einbringen zu können. Wenn beispielsweise der Raum möglicher Gefühle vermessen ist, ist noch lange nicht alles zum Thema gesagt, wenn die Koordinaten im NMDS-Raum angegeben sind; aber wie Verlaine das so schön formuliert hat: Der Rest gehört den Literaten.

Tee und Gedächtnis

Ein flüchtiges Bild taucht auf,
Ein schwer zu fassendes Gefühl.
Bruchteile der Sekunde ein schmerzensreiches Lächeln,
Der Klang einer Stimme,
Die ohne jedes Pathos
Zukunftslosigkeit auf den Punkt bringt:
Der Mann hat immer gewusst ...

Vor mir die Teetasse – Darjeeling,
Ich nage an einem Hefegebäck,
Neben mir, auf der Bank, der blaue Mantel,
Der Hut, der Aktenkoffer,
Alles ist da in diesen Sekundenbruchteilen,
Sogar die Weite des Lichthofs am Rande des scharfen Sehens;

Aber es bringt das Wort nicht in Bewegung.
Ich kann es nicht finden,
Das Wort für dieses Gefühl.

Von Dingen, die in Zimmern gesehen werden

Wie wenn wir in einer dunklen Nacht
Den Schalter betätigen, und Licht
Mit einem Schlag das Zimmer ausfüllt,
Vom Boden zur Decke,
Von Wand zu Wand,
Und jedes Ding auf seine Weise einfärbt,
So erfüllt ein Gefühl den ganzen Raum des Bewusstseins.

Wer traurig ist,
Muss alles traurig tun:
Addieren,
Kopulieren,
Sogar lachen.

Wer aber froh ist,
Tut alles froh.
Er kann sogar frohen Mutes trauern.

Ein so merkwürdiges Ding ist der Mensch.

Prof. Dr. Wolfgang Marx, Psychologisches Institut, Universität Zürich.
Fachgebiete: Gefühls- und Wissensstrukturen, Wählen und Entscheiden.

Monika Knopf

Leib und Seele:
ein Pferd neben einen Ochsen gespannt
(Georg Christoph Lichtenberg)

Die Attraktivität der Psychologie und ihre komplexe Aufgabe kommen in dieser Metapher von Lichtenberg (1742–1799), die eine pointierte Fassung eines von Platon verwendeten Bildes darstellen dürfte, anschaulich zum Ausdruck. Die Psychologie befasst sich mit einem Bestandteil eines ungleichen Gespanns, in der freundlicheren Sichtweise mit einem Pferd, das in der Verbindung mit einem Ochsen eine Einheit bildet. Es versteht sich von selbst, dass die Beschreibung des Pferds, worum die Psychologie akribisch bemüht ist, allein schon deswegen, da es sich um ein hoch entwickeltes, komplex organisiertes Wesen handelt, eine große Kunstfertigkeit darstellt, die der in nichts nachsteht, die zur Beschreibung des Ochsen entwickelt wurde. Raffiniertes methodisches Inventar, feine Untersuchungsinstrumente und -regeln, genaue Prüfverfahren wurden durch die Psychologie als Handwerkszeug zahlreich entwickelt. Sie ermöglichen tiefe Einblicke in das Innerste des Pferds.

Als ob dieses nicht schon spannend genug wäre. Spezifisch tritt bei diesem Untersuchungsbemühen die Schwierigkeit auf, dass das Pferd seine Eigenschaften nur widerwillig preisgibt. Niemand hat dieses Lebewesen je ohne seinen Begleiter, das schiere Pferd also, allein zu Gesicht bekommen. Der Psychologie muss es deswegen gelingen, das Pferd aus dem Gespann zu erschließen. Ob dem Pferd große Möglichkeiten innewohnen, es durch den Ochsen aber an deren Realisierung eingeschränkt wird, oder ob das beflügelte Pferd den Ochsen doch mitreißen kann, oder ob umgekehrt der Ochse in seiner Einfältigkeit das Pferd hemmt, die beiden zentrifugal in unterschiedliche Richtung ziehen, Fragen über Fragen tun sich auf, sobald das Pferd als Teil des ungleichen Gespanns näher betrachtet wird. Klar wird dabei: Die Aufgabe ist anspruchsvoller als diejenige, einfach ein Pferd oder einen Ochsen zu beschreiben.

Schließlich wird die Psychologie von Anfang an von zahlreichen Grundsatzfragen begleitet, eventuell verfolgt, nämlich denjenigen, die sich auch bereits in den Disziplinen stellten, aus der die Psychologie hervorgegangen ist. Beispielsweise derjenigen, warum sich ein derart ungleiches und schwer kalkulierbares Gespann in der Evolution überhaupt ausbildete, wie es der Evolution gefallen konnte, zusätzlich zum Pferd und zum Ochsen ein Gespann vom Ochsen und Pferd entstehen zu lassen. Oder die Frage, wie ein solches Gespann im Verlauf der menschlichen Entwicklung sich immer wieder bilden kann und ob man nicht besser in jedem Pferd irgendwie ein Abbild des Ochsen sehen muss. Ganz abgesehen von der Frage, wer denn der Lenker dieses ungleichen Gespanns ist.

Prof. Dr. Monika Knopf, Institut für Psychologie, Universität Frankfurt a. M.
Fachgebiete: Die Entstehung des Gedächtnisses bei Säuglingen und Kleinkindern, Kognitive Entwicklung im Verlauf des Lebens.

Siegfried Preiser

Blumen am Wegrand

Die literarische Blume am Wegrand bietet kontrastreiche Symboliken: unscheinbare Schönheit, Zerbrechlichkeit und Kraft, Freiheit und Liebe. Sie steht für eine konstruktivistische Sichtweise: Nicht objektive Merkmale sind entscheidend, sondern was wir daraus machen – in unserer Wahrnehmung, aber auch in der aktiven Gestaltung von Beziehungen. So kann die Allerweltsblume zum Symbol des Lebens, zur Geliebten, zur Reflexionshilfe werden. Sie lehrt, sensibel zu sein, Kontraste auszuhalten, nicht mit den Main-stream-Herden zu ziehen.

Mit Borcherts »Hundeblume« lernte ich schon in der Schulzeit die unbeugsame Sensibilität eines verletzlichen Menschen kennen, der Themen seiner Zeit auf den Punkt brachte. Jacobs' »Islandsommer« hat mich – mehr als alle Reiseführer – auf die kontrastreichen, von Leben strotzenden Wüstenlandschaften Islands vorbereitet. Die winzige Blütenpracht im schwarzen Sand entdeckte ich dort ebenso wie den unbändigen Überlebenswillen, der dem frischen Vulkankrater einen blühenden Garten abtrotzte. Jiménez' (Selbst-)Gespräche mit seinem Esel zeigen die sensible Ausdruckskraft des Nobelpreisträgers, der in der schwachen Blume die Unvergänglichkeit der liebevollen Erinnerung erkennt.

Die Hundeblume (Wolfgang Borchert)

(Im Gefängnishof) Habe ich schon gesagt, dass wir jeden Morgen eine halbe Stunde lang einen kleinen schmutzigen Fleck Rasen umkreisten? ... da entdeckte ich unter ihnen einen unscheinbaren gelben Punkt, eine Miniaturgeisha auf einer großen Wiese. ... Es war ein Löwenzahn ... Die Sehnsucht, etwas Lebendiges in der Zelle zu haben, wurde so mächtig in mir, dass die Blume, die schüchterne kleine Hundeblume, für mich bald den Wert eines Menschen, einer heimlichen Geliebten bekam.

Skeidararsandur (Rudolf Jacobs)

In der leblosen Steinwüste der Skeidararsandur schwankt ein winziges Blümchen auf seinem spinnwebzarten Stängel. Es ist fast gegen alle Naturgesetze. Weitab von jedem grünen Fleckchen hat diese kleine Pflanze Fuß gefasst. Rasende Sturmwinde haben den Samen in die Wüste geweht, wo er vergehen sollte wie alles Leben. Aber der Keimzelle entspross neues Wachstum. Für wen entfaltete sich diese rührende Pracht? Wer sollte sich an ihrem Anblick erfreuen? Gunhild strich mit ihren Fingerspitzen über die purpurn leuchtende Blüte. Dann tat sie etwas, was mein Herz stocken ließ. Sie brach die Blume ab. .. »Nimm!«, sagte sie. »Du sollst es zum Vatna-Jökull hinauftragen und dabei etwas an mich denken.«

(Am Gletscher) Im Geiste schweift mein Blick noch einmal über die schwarze Wüste der Skeidararsandur, und ich sehe Gunhild, wie sie mit einer winzigen Träne im Auge nach dem Pflänzchen greift. Die kleine unscheinbare Blüte, die irgendein Sturmwind in die Leblosigkeit der Südküste verschlug, hat mir Glück gebracht. Als Zeichen meiner Dankbarkeit soll sie am Rande der Eiswüste ruhen, in der, soweit das Auge reicht, kein grüner Halm gedeiht. Ich lasse das Blümchen in die Glasflasche sinken und korke sie zu. ... Noch immer ist das Blümchen in der Eiswelt des Vatna-Jökull verborgen, und vielleicht wird es noch dort sein, wenn wir schon alle vergangen sind.

Die Blume am Wegrand (Juan Ramón Jiménez)

Wie rein, Platero, und wie schön, diese Blume am Wegrand! Herdenweise, haufenweise zieht im Trubel alles an ihr vorbei – die Stiere, die Ziegen, die Fohlen, die Menschen –, und sie, allein auf ihrer Böschung, so zart, so schwach, bleibt in schlanker Geradheit stehen, malvenrosa, fein und allein, ohne dass irgend etwas Unreines sich auf sie überträgt.

Jeden Tag, wenn wir dort, wo die Steigung beginnt, den Abkürzungsweg einschlagen, hast du sie auf ihrem grünen Posten gesehen. Mal ist ein Vögelchen bei ihr, das auffliegt – warum bloß? –, wenn wir uns nähern; oder sie ist, wie ein winziger Kelch, mit klarem Wasser gefüllt, dem Wasser einer Sommerwolke; mal duldet sie willig das Eindringen einer diebischen Biene oder die Flatterhaftigkeit, mit der ein Falter sie flüchtig schmückt.

Diese Blume wird nur wenige Tage leben, Platero; doch ihr Andenken kann ewig währen. Ihr Dasein wird wie ein Tag deines Frühlings sein, wie ein Frühling meines Lebens ... Was gäbe ich dem Herbst, Platero, für diese göttliche Blume, dass sie uns, Tag für Tag, das schlichte und unermessliche Beispiel ihres Wesens vorblühe.

Quellen
Die Hundeblume
Ausschnitt aus: Borchert, W. (1947): Das Gesamtwerk. Reinbek, 1991.

Skeidararsandur
Ausschnitt aus: Jacobs, R. (o. J.): Islandsommer: Ein Reisebuch.

Die Blume am Wegrand
Aus: Jiménez, J. R. (1985): Platero und ich: Andalusische Elegie. Frankfurt a. M. (Erstveröffentlichung der vollständigen Buchausgabe »Platero y yo«, 1917).

Prof. Dr. Siegfried Preiser, Institut für Pädagogische Psychologie, Universität Frankfurt a. M.
Fachgebiete: Kreativitätsförderung, Erwachsenenbildung, politische und religiöse Sozialisation.

Manfred Amelang

Personale, situative und zufällige Faktoren als Determinanten des Verhaltens

Einem in der Differentiellen Psychologie und Persönlichkeitsforschung bekannten Modell zufolge ist das Verhalten des Menschen eine Funktion von personalen und situativen Faktoren; beide Bereiche interagieren beim Hervorbringen des Verhaltens: V = f (P x S). P steht in der Gleichung für Persönlichkeitsmerkmale, S für Situations- oder Umweltfaktoren. Obwohl es die Herausgeber dieses Bandes vermutlich am liebsten sähen, wenn die Autorinnen und Autoren vor allem etwas zur (eigenen) P-Komponente sagen würden, soll nachfolgend das Augenmerk gerade auf das S gerichtet werden; eine solche Perspektive vermeidet etwas von der Peinlichkeit, die mit Selbstdarstellungen oftmals deshalb verbunden ist, weil nicht immer standhaft genug der Versuchung zu einer gewissen Schönfärberei widerstanden wird.

I.

Als 1959 das Abitur ins Haus stand und damit die Frage nach dem, was danach geschehen sollte, war ich zunächst begeistert von der Idee, mich als Zeitsoldat bei der Luftwaffe zu verpflichten, um auf diese Weise einen der Starfighter fliegen zu können, die seinerzeit gerade von der Bundeswehr beschafft worden waren. Das Fliegen versprach, ebenso anspruchsvoll wie aufregend zu werden. Gedacht, getan und die dafür notwendigen Eignungsprüfungen in geistiger und körperlicher Hinsicht absolviert. Alles lief glatt, weshalb einem Dienstantritt nichts mehr im Wege stand. Gerade in den Tagen aber, in denen ich mich definitiv entscheiden musste, fuhr mein Klassenkamerad Volker mit der Bahn von Kassel nach Frankfurt, und als der Zug durch Marburg fuhr, saß er auf der »richtigen«, also der Stadt zugekehrten Seite; an den Fenstern zogen die herrliche Landschaft und das romantische Stadtbild vorbei. Volker war so begeistert, dass er mir alsbald darlegte, dass die Pläne mit der Bundeswehr zurückzustehen hätten und wir erst mal studieren müssten. Aber was? In Bezug darauf war zunächst guter Rat teuer. Fast alle meine Freunde hatten es leicht, weil ihre Väter entweder Arzt, Apotheker, Ingenieur oder Architekt waren; also lag es nahe, das gleiche Fach zu studieren: Meine Eltern hingegen waren kleine Unternehmer im Strickwarenbereich, aber immerhin bereit, eine universitäre Ausbildung zu finanzieren. Eine gewisse Orientierungshilfe kam daher, dass mir derselbe Freund, als ich mit einer Grippe im Bett lag, ohne gerichtete Absicht, sondern nur zur Unterhaltung, die »Psychopathologie des Alltagslebens« von Freud zum Lesen brachte. Auf diese Weise entstand innerhalb weniger Tage der Entschluss »Marburg und Psychologie«.

Welch ein Glücksfall, und zwar in mehrfacher Hinsicht. Zum einen war das dortige Institut in jener Zeit aufgrund seiner experimentell-naturwissenschaftlichen Ausrichtung führend innerhalb der Bundesrepublik (was ich aber zuvor nicht gewusst hatte). Dafür standen Namen wie Düker, Merz und Lienert, Traxel, Tausch und Tent sowie Janke, um nur einige zu nennen; deren fachliche Brillanz und persönliche Authentizität waren gleichermaßen Vorbild und Ansporn für das eigene Studium (und diese herausragenden Forscherpersönlichkeiten machten gleich zu Anfang klar, dass Freud selbstredend die

»falsche« Psychologie-Motivation gewesen sei). Zum anderen und kaum weniger bedeutend: Die Starfighter, die gleichsam die andere Alternative verkörpert hatten, erwiesen sich – wie allgemein bekannt ist – als äußerst diffiziles Fluggerät und stürzten im Laufe der Zeit fast alle ab, häufig genug mit fatalen Folgen für ihre Besatzungen.

Was lehren diese Begebenheiten? Zum einen einmal mehr die allgemeine Wirksamkeit von S. Zum anderen die Zweckmäßigkeit einer Differenzierung: Gewöhnlich wird unter dem S in der Eingangsgleichung all dasjenige geführt, was auf den eigenen Organismus (also P) einwirkt; darunter fallen letztlich auch andere Personen, aber meist werden darunter doch nur physikalische Kontextbedingungen verstanden. Angebracht indessen erscheint es, die situativen Gegebenheiten aufzugliedern in personale und (physikalisch-)situative Faktoren, etwa im Sinne von $V = f$ (P_{selbst}) x (P_{andere}, S). Die »Stärke« von P_{andere} ließe sich dabei ebenso operationalisieren wie die Empfänglichkeit für deren Einfluss. Darüber hinaus können P_{andere} und S überhaupt nur wirksam werden, wenn eine Person diesen Faktoren mehr oder weniger zufällig ausgesetzt wird; wäre es dunkel gewesen oder der Freund hätte auf der in Fahrtrichtung linken Seite gesessen, hätte er Marburg gar nicht wahrnehmen können und so weiter. Die Gleichung bedarf also noch der Erweiterung durch einen Zufallsfaktor. Dazu eine zweite Anekdote.

II.

Im Jahr 1966 fand die Frühjahrstagung der experimentell arbeitenden Psychologen in München statt. Seinerzeit gab es noch keine Parallel-Sitzungen. Alle 350 Teilnehmer saßen in einem Raum mit fürchterlicher Akustik. Ich selbst war von meinem Doktorvater dorthin »kommandiert« worden, um als Referent meine Dissertation der Kritik der Kollegenschaft auszusetzen. Den gesamten Vormittag war die Mikrofon-Anlage ausgefallen; allenfalls die Zuhörer in den ersten Reihen konnten den Vorträgen halbwegs folgen. Ich war der erste Referent am Nachmittag, und – oh Wunder! – die Lautsprecher-Anlage funktionierte perfekt. Als ich nach der Diskussion vom Rednerpult heruntertrat, brach wieder alles zusammen. Auf diese Weise war ich der einzige Referent, der an diesem Tag zwar vielleicht nicht verstanden, aber doch immerhin gehört worden war. Eine Welle der Dankbarkeit schlug mir entgegen. Kurt Pawlik, der gerade einen Ruf nach Hamburg erhalten hatte, bot mir eine seiner Assistenten-Stellen an, mit allen Konsequenzen, die sich später daraus für das soziale und berufliche Umfeld ergeben sollten. Mit Sicherheit kann festgehalten werden, dass das gesamte Leben in anderen Bahnen verlaufen wäre, wenn mich nicht jener Wackelkontakt – und damit ein absolut zufälliges Ereignis – gerade zur Zeit meines Beitrags ohne das eigene Zutun so begünstigt hätte.

Damit sind wir wieder bei der Differenzierung der Grundgleichung und der Notwendigkeit einer Ergänzung durch Z (für Zufall). Diese Größe entscheidet in Gestalt anderer P- oder S-Faktoren darüber, ob P und S überhaupt wirksam werden oder nicht und müsste deshalb der Gleichung vorangestellt werden. Es handelt sich somit bei Z um einen Moderator, und zwar einen solchen von passagerem Charakter, ebenso flüchtig wie unzuverlässig und damit dem üblichen Fehler-Term sehr ähnlich. Diese Größe ist sicher mit verantwortlich dafür, dass mit der Gleichung, wie die Literatur nur allzu deutlich belegt, stets nur unvollständig die beobachtbare Verhaltensvarianz aufzuklären ist.

Prof. Dr. Manfred Amelang, Lehrstuhl für Psychologie, Universität Heidelberg.
Fachgebiete: Differentielle Psychologie, Psychologische Diagnostik, Abweichendes Verhalten, Gesundheitspsychologie.

Klaus Fiedler

Seelenlandschaft – mal anders

Seelenlandschaften kann man unter den verschiedensten Gesichtspunkten betrachten. Wie geografische Landschaften haben sie nicht nur eine sichtbare Oberfläche, sondern auch verborgene, darunter liegende Schichten. Sie enthalten öffentliche Gebiete aber auch private und kaum zugängliche Nischen, historische und geheimnisträchtige Plätze. Welchen Gesichtspunkt ich für diesen kleinen autobiografischen Sketch wählen sollte, war mir rasch klar. Schließlich möchte ich niemanden mit zu privaten Themen oder gar Geheimnissen – die es durchaus gibt – belästigen oder mich öffentlich mit meinem Ego beschäftigen, das ich zunehmend ignoriere. Aber was ich mitzuteilen habe, sollte schon einer inneren Schicht der Seele entstammen, und es sollte mit der psychologischen Seite der Seele zusammenhängen, denn Psychologie ist ja das Gemeinsame aller Mitwirkenden. Und immerhin heißt »Psychologie« nichts anderes als Seelenkunde.

Reden wir also über einen Teil meiner psychologischen Seele, den ich wirklich tief verinnerlicht habe. Nach einer Theorie von Bob Wicklund – lange Zeit ein bekannter Sozialpsychologe hierzulande – geht die echte Verinnerlichung eines Lebensziels damit einher, dass man die Wesensmerkmale des für das eigene Selbst so wichtigen Ziels verkleinert wahrnimmt und die Usprünge oftmals gänzlich vergisst. Im Klartext, wer mit Leib und Seele ein »kompletter« Psychologe geworden ist, um Wicklunds Ausdruck zu verwenden, der schreibt Psychologen keine bedeutungsschweren Eigenschaften zu wie Menschenkenntnis, Beobachtungsfähigkeit, Empathie oder auch methodischen Scharfsinn – das tun schon zur Genüge die Novizen, die wenig von Psychologie verstehen. Außerdem ist für den kompletten Psychologen dieser zentrale Teil des Selbst so selbstverständlich geworden, dass er sich nicht mehr erinnert, wann und wie es eigentlich zu der Zielbindung kam. Wenn dieser Zustand eintritt, dann spielt auch das Ego keine Hauptrolle mehr. Der (psychologische) Teil der Seele, der komplett verinnerlicht wurde, beginnt ein selbstloses Eigenleben zu führen, relativ unabhängig von selbstreflexiven Gefühlen wie Stolz, Ehrgeiz, Zweifel, Schuld oder Peinlichkeit.

Ich glaube, in diesem Sinn wirklich mit Leib und Seele Psychologe zu sein. Tatsächlich weiß ich nicht mehr, wie ich zur Psychologie kam, obwohl ich noch weiß, dass ich es früher immer wusste und erzählen konnte. Psychologen haben für mich keine wirklich besonderen Eigenschaften; sie sind weder gute Menschenkenner noch kennen sie ihre eigenen Methoden besonders gut. Und ich habe viele Aspekte meines Psychologen-Berufs so tief verinnerlicht, dass sie ein Eigenleben führen, nicht nur für meinen Beruf, sondern auch für mein Privatleben, meine zwischenmenschlichen Beziehungen oder mein politisches Handeln. Und gerade hierin liegt das, was mich – und vermutlich viele andere Kollegen in diesem Bändchen – zu Psychologinnen und Psychologen macht. Wir *meinen* nicht, dass unsere verinnerlichten Modelle bedeutsam sind – wie die Dilemma-Struktur der ökonomischen und ökologischen Welt, das konstruktive Wesen angeblich objektiver Gegebenheiten oder die Überlegenheit bestimmer Methoden über den gesunden Menschenverstand. Nein, wir *wissen* es, und zwar nicht nur für unseren eigenen Lebensraum, sondern für die Gesellschaft insgesamt. Ich *weiß*, um ein Beispiel aus meiner verinnerlichten Psychologie-Welt zu nehmen, dass Peer-Reviewing nicht nur ein geniales Instrument eines gesunden Wettbewerbs ist, welches die Teilnehmer auf teuflisch kluge Weise zu einem ständigen Perspektivewechsel antreibt, welches den besten Sachverstand in der Welt routinemäßig zu gewinnen imstande ist, und zwar ehrenamtlich und ohne Kosten und mit einer zwar imperfekten, aber im Grad ihrer Perfektion kaum zu überbietenden Garantie gegen Korruption, bedingt durch die Interdependenz und den ständigen Rollenwechsel zwischen Agenten (Autoren), Experten (Gutachtern) und Schiedsrichtern (Herausgebern). Ich weiß, dass dieses geniale Instrument nicht nur für unser enges Arbeitsfeld wichtig ist, sondern auch in Politik und Wirtschaft und vielen anderen Gebieten der Kultur eigentlich keine Alternative zum Peer-Reviewing bestehen kann. Ohne Peer-Reviewing wird unsere Wirtschaft und unsere gesellschaftliche Ordnung einfach nicht überleben können. Es gibt keine andere finanzierbare Möglichkeit, nachhaltig gegen Korruption vorzugehen und zugleich Qualitätssicherung zu betreiben und einen wirklich gesunden Wettbewerb zu ermöglichen als das Peer-Review, welches nach so vielen Jahren zu einem integralen (und ambivalent besetzten) Bestandteil meiner Psychologen-Seele geworden ist. Man stelle sich vor, wer selbst öffentliche Aufträge (etwa für größere Bauprojekte) haben möchte, muss selbst ehrenamtlich als Sachverständiger bei der Bewertung anderer Anträge und Angebote fungieren, und zwar anonym und als einer von mehreren Experten, mit der Möglichkeit, sich durch parteiische Gefälligkeitsgutachten zu blamieren oder gar in Zukunft nicht mehr als Gutachter bedacht zu werden, und das alles zum Nulltarif. Freilich ist Arbeiten zum Nulltarif allemal günstiger als die Zahlung von Bestechungsgeldern beziehungsweise anderen »Werbungskosten«, ohne die niemand eine echte Chance in modernen gesellschaftlichen Wettbewerben hat. Und man denke nur an die ethische, kulturelle und erzieherische Wirkung, die davon ausgeht, dass wir alle es gewohnt sind, von einer Rolle in die andere zu schlüpfen – Agenten, Experten und Schiedsrichter – und dabei nicht das Gesicht und die Würde zu verlieren. Eine Alternative zu diesem Szenario gibt es nicht. Wenn nicht falsch verstandener Wettbewerb in einer globalisierten Welt zum GAU führen soll, sind Seelen und Charaktere gefragt, die solche Modelle verinnerlicht und mit Tatkraft und Gemeinsinn gepaart haben, statt nur im Dienst des eigenen inkompletten Selbst zu stehen.

Prof. Dr. Klaus Fiedler, Psychologisches Institut, Universität Heidelberg.
Fachbereiche: Soziale Kognition, Sprache, induktives Denken und Methodologie.

Peter Fiedler

Dienstag 16 Uhr 30

16 Uhr 30. Einer meiner schizophrenen Patienten kommt jeden Dienstag, pünktlich auf die Minute. Er bleibt exakt dreißig Minuten, bis er wieder geht. Man kann die Uhr nach ihm stellen. Er kommt jedes mal ohne Anklopfen in mein Büro, zieht Mantel oder Jacke aus und setzt sich rechts hin und wartet – immer auf dem gleichen Stuhl.

28 Jahre ist er jetzt alt. Mit achtzehn Jahren – als sehr erfolgreicher Schüler kurz vor dem Abitur – wurde er das erste Mal in die psychiatrische Klinik draußen vor der Stadt eingeliefert. Diagnose: »Hebephren-paranoide Schizophrenie«. Bis vor drei Jahren erlebte er alle zwei Jahre für mehrere Monate einen Rückfall.

Seit drei Jahren ist er rückfallfrei und absolviert zur Zeit eine Rehabilitationsmaßnahme. Von seinen Bezugstherapeuten hat er inzwischen gelernt, dass er sein zukünftiges Leben nur sehr eingeschränkt weiterleben kann. Als Gärtner vielleicht, oder als Botengänger im Gemeindeamt. Er selbst träumt davon, einmal am Computer arbeiten zu können. Das dürfte er wohl kaum schaffen, jedenfalls heute noch nicht.

Gegen Ende des letzten Klinikaufenthalts hatte ihm sein Klinikarzt meine Adresse gegeben. Mit großen Augen sieht er mich an und wartet. Es ist klar, dass ich mich ihm genau gegenüber auf die andere Seite setze. Nichts geschieht, wenn ich von woanders her ein Gespräch beginnen will. Sitze ich endlich, holt er einen kleinen Zettel aus der Tasche. Darauf stehen die Fragen, die ich beantworten muss.

»Kennen Sie sich mit der Schizophrenie aus?« war seine allererste Frage vor drei Jahren. Als ich dies bejahte, fragte er: »Habe ich meine Schizophrenie bekommen, weil mich mein Vater mit zwölf Jahren einmal fast zu Tode geprügelt hat?« »Das kann eigentlich nicht sein«, antwortete ich verlegen. Dann begann ich damit, ihm das Vulnerabilitäts-Stress-Modell der Schizophrenie zu erklären. Das dauerte ungefähr vier Monate. Immer dienstags, von 16.30 bis 17.00 Uhr.

Wir blieben immer in meinem Büro. Da er jedes Mal mehr Fragen auf seinem Zettel hat, als ich in dreißig Minuten beantworten kann, kommt er jede Woche wieder, um den Rest seiner Fragen beantwortet zu bekommen. Inzwischen sind unsere Gespräche eine feste Institution. Für meine Urlaube oder Dienstreisen, die ein oder mehrere Folgetreffen unmöglich machen, hat er großes Verständnis. Wenn er für ein paar Wochen zu seinen Eltern fährt, bittet er mich vorher um Entschuldigung, da er dann nicht kommen kann. Als zwei Jahre vorbei sind, bin ich stolz, dass es keinen Rückfall mehr gegeben hat.

Irgendwann muss ich ihm sagen, dass ich endgültig fortziehen werde. Viel zu lange schon habe ich mir überlegt, wie ich ihm beibringen kann, dass unsere Gespräche ein für alle mal ein Ende haben werden. Endlich fasse ich Mut. Als seine dreißigminütige Befragung zu Ende geht, sage ich: »Hören Sie, in einigen Monaten werde ich von hier fortziehen. Ich würde gern nächste Woche einmal ausführlicher mit Ihnen darüber sprechen.«

Zwei Tage später steht er plötzlich am Donnerstag vor meiner Tür. Ich bin unter Zeitdruck, weil ich woanders erwartet werde. Ich sehe sofort, dass er innerlich stark aufgewühlt und hoch aktiviert ist. Seine Schizophrenie war wieder erwacht. Weil es zu lange dauern würde, bis er auf seinem Stuhl sitzt, frage ich sofort:

»Ihnen geht es nicht gut? Haben Sie schon mit Ihrem Arzt gesprochen?«

»Ja«, antwortet er, »wir haben die Medikation erhöht.«

»Es tut mir Leid. Ich habe jetzt keine Zeit für Sie«, sage ich etwas hilflos. »Setzen Sie sich in den Warteraum! In einer Stunde bin ich zurück.«

Als ich zurückkomme, ist er nicht mehr da. Am Montag darauf bekomme ich einen Anruf aus der psychiatrischen Klinik. Man hatte ihn fixieren müssen. Er hatte versucht, sich das Leben zu nehmen. Heute hat er wiederholt laut nach mir gerufen. Ob ich nicht einmal vorbeikommen könne.

Mir fiel ein Satz von Harry Stack Sullivan ein: »Es gibt die Schizophrenie des Betrachters, eine Art Denk- oder Theoriemuster, das der Realität übergestülpt wird – und es gibt eine schizophrene Realität, die dem Betrachter entgegentritt. Dabei ändert sich die schizophrene Realität mit dem Standpunkt des Betrachters, wenn dieser – zum Beispiel als Therapeut – Teilnehmer seiner Betrachtungen wird.«

Ich hatte diesen Satz bisher immer hoffnungsvoll in dem Sinne verstanden, dass Verständigung in der Schizophrenie möglich ist. Und wenn Kommunikation gelingt, führt sie hilfreich zur Veränderung schizophrener Realität. Sullivan hatte offensichtlich mehr gemeint.

Ich werde keine Termine streichen müssen, um meinen Patienten zu besuchen. Morgen, Dienstag, 16.30 Uhr werde ich bei ihm sein.

Prof. Dr. Peter Fiedler, Psychologisches Institut, Universität Heidelberg.
Fachgebiete: Ätiologie und Behandlung psychischer Störungen, insbesondere von Depression, Schizophrenie und Persönlichkeitsstörungen.

Carl F. Graumann

Perspektivität

Die Perspektivität unseres Erkennens und Wissens, das Setzen und Übernehmen von Perspektiven hat mich seit meiner denkpsychologischen Dissertation von 1952, über den Versuch einer Grundlegung der Phänomenologie und Psychologie der Perspektivität in meiner Habilitationsschrift von 1959, als ein zentrales Thema einer Forschergruppe und eines Sonderforschungsbereichs bis hin zur letzten Buchveröffentlichung über »Perspective and Perspectivation in Discourse« (mit W. Kallmeyer) wissenschaftlich beschäftigt.

Mit der Perspektivitätsthematik habe ich selbstverständlich meine Studentinnen und Studenten konfrontiert, die Perspektivenübernahme zur Lösung eines Problems wie des folgenden üben konnten:

Ein Gefängnisdirektor hat drei Gefangene.
Einen, der mit beiden Augen sieht, einen Einäugigen und einen Blinden. Alle sitzen so, dass der Zweiäugige die anderen beiden sieht, der Einäugige nur den Blinden und der Blinde (logischerweise) keinen von beiden.
Der Direktor hat 5 Hüte, 2 blaue und 3 weiße. Er setzt jedem Gefangenen einen auf, ohne dass dies einer der Drei mitbekommt. Die Gefangenen wissen also nicht, welche Farbe ihr Hut hat. Sie sehen nur, welche Farbe der Gefangene trägt, den sie jeweils sehen.
Der Direktor fragt also den Zweiäugigen: »Sag mir, welche Farbe Dein Hut hat und ich schenke Dir die Freiheit.« Der Gefangene antwortet: »Das kann ich Ihnen nicht sagen.« Das gleiche Spiel geschieht mit dem Einäugigen, doch der kann auch nicht mit absoluter Sicherheit sagen, welche Farbe er auf dem Kopf hat. Schließlich fragt er den Blinden, der sagt: »Aus den Aussagen der anderen beiden weiß ich, was ich für einen Hut trage.«
Welche Farbe hat sein Hut?

Selbst wer mir an meinem Schreibtisch aus welchen Gründen auch immer gegenüber saß, kam nicht umhin, die Warnung zu lesen, die ich einmal aus einem Kramladen in downtown Manhattan mitbrachte:

> I KNOW YOU BELIEVE YOU
> UNDERSTAND WHAT YOU THINK
> I SAID, BUT I AM NOT SURE YOU REA-
> LISE THAT WHAT YOU HEARD IS NOT
> WHAT I MEAN.

Zur Lösung aller anderen Probleme suchte ich Inspiration in der Weisheit, die die über 800 Eulen symbolisieren, mit denen meine Frau und ich unser Haus teilen.

Prof. Dr. Carl F. Graumann, Psychologisches Institut, Universität Heidelberg.
Fachgebiete: Allgemeine, Sozial- und Sprachpsychologie, Geschichte der Psychologie.

Ursula Lehr

Als Psychologin in die Politik

Als wissenschaftliche Expertin, als Entwicklungspsychologin, wurde ich Anfang der 70er Jahre in die Sachverständigenkommission der Bundesregierung zur Erstellung des 2. Familienberichts zum Thema »Familie und Sozialisation« berufen. Der 4. Familienbericht, Anfang der 80er Jahre, hatte den Titel »Die Situation der älteren Menschen in der Familie«; auch hier wurde ich um Mitarbeit gebeten und mir wurde der Vorsitz dieser Kommission angetragen. Schließlich wurde ich vom Bundeskanzleramt um die Erstellung einer Expertise »Zur Situation der älterwerdenden Frau – Bestandsaufnahme und Perspektiven bis zum Jahre 2000« (erschienen im C. H. Beck Verlag, München, 1987) gebeten. Das waren meine Berührungspunkte mit der Politik; in der Parteiarbeit war ich nie aktiv.

Umso erstaunter war ich, als ich im November 1988 einen Anruf vom Bundeskanzleramt erhielt, ich dorthin gebeten wurde und mir von Helmut Kohl das Amt der Bundesministerin für Jugend, Familie, Frauen und Gesundheit angetragen wurde – mit der speziellen Aufgabe, mich um die bis dahin fast brach liegende Seniorenpolitik zu kümmern. Seit zwei Jahren hatte ich den neu geschaffenen Lehrstuhl für Gerontologie an der Universität Heidelberg inne. Die Aufbauarbeit des neuen Instituts war – mit Hilfe meines Assistenten Andreas Kruse und der Unterstützung der Heidelberger Psychologen – geleistet; die Studien- und Prüfungsordnungen waren von Fakultät, Senat und Ministerium genehmigt und die ersten Gerontologie-Studenten nahmen zum Wintersemester 88/89 ihr Studium auf. Der Lehrbetrieb ist mit Schwung und großem Engagement von Mitarbeitern und Studenten angelaufen – und ich sollte gerade jetzt weg nach Bonn. Die Entscheidung ist mir sehr, sehr schwer gefallen. Da ich aber seit Jahren forderte, der Seniorenpolitik größeres Gewicht zu verleihen, musste ich die gebotene Chance nutzen. So habe ich das Ministeramt angenommen und im Rahmen dessen das erste deutsche Seniorenministerium vorbereitet.

Doch mein Aufgabenbereich war ja weit umfassender; ich sprach einmal von einem »Bauchladen«, was mir der »Spiegel« sehr übel nahm. Pro Woche 20 bis 30 Grußworte und Reden vor Ärzten, Apothekern, Verbraucher-Gesellschaften, Familienverbänden, Frauenvereinen, Verbänden der Jugendhilfe, Wohlfahrtsverbänden waren keine Seltenheit. Hier war man auf Zuarbeit angewiesen. Doch statt nüchterner Fakten und Zahlen gab es von manchen Abteilungen ausformulierte Sprechzettel – in einer blumigen Sprache, die nicht die meine war. Ich legte die Papiere oft zur Seite und beachtete sie kaum. »Redenschreiber« hatten es mit mir nicht leicht. – Kaum sechs Wochen im Amt, hatte ich eine Ausstellung zur Entwicklung des Kindergartens zu eröffnen. Wie offenbar im Ministerium üblich, hat eine Mitarbeiterin des entsprechenden Referats eine Rede (also einen »Sprechzettel«) vorbereitet, der dann vom zuständigen Referatsleiter korrigiert und dann vom Unterabteilungsleiter gebilligt wurde, schließlich vom Abteilungsleiter und dann sogar vom Staatssekretär abgezeichnet wurde und auf meinem Schreibtisch landete. Mir als Entwicklungspsychologin vorzuschreiben, was ich über die Entwicklung der Kinder und des Kindergartens zu sagen habe (Themen, die in meinen Vorlesungen und Seminaren immer wiederkehrten), ging mir gegen den Strich. So legte ich den Sprechzettel zur Seite (und verärgerte damit viele Mitarbeiter, die mit der Rede befasst gewesen waren), sprach frei und fügte zum Schluss eine Bemerkung an, dass man in der Ausstellung Ergebnisse der neueren Forschung wohl nicht mit einbezogen habe, denn danach könne auch schon ein Kind als Zweijähriges in einem Kindergarten oder in einer entsprechenden Einrichtung betreut werden – angesichts der vielen allein erziehenden Mütter, aber auch angesichts der Tatsache, dass schon kleine Kinder das Zusammensein mit anderen Kindern für ihre eigene Entwicklung brauchen. Dies griffen die Medien sofort auf – und ein Sturm von Protestbriefen brach über mich herein! Man warf mir vor, ich wolle DDR-Verhältnisse – auch wenn ich mich auf die ecole maternelle in Frankreich berief. Sehr bekannte Kinderärzte beschwerten sich beim Bundeskanzler und sagten den Untergang der Familie voraus, wenn das Kind nicht mindestens die ersten drei Lebensjahre ganz und ausnahmslos von der Mutter erzogen würde. – Zur Hilfe kamen mir einige Kinderpsychologen wie Hellgard Rauh, Kurt Beller und Wassilios Fthenakis und verteidigten meine Aussage.

So war das noch vor 15 Jahren – gottlob hat sich hier inzwischen einiges geändert! – Doch Wissenschaft und Politik in Einklang zu bringen, das ist ein schwieriges Unterfangen!

Prof. Dr. Dr. h.c. Ursula Lehr, Institut für Gerontologie, Universität Heidelberg, Deutsches Zentrum für Alternsforschung.
Fachgebiete: Entwicklungspsychologie, Sozialisationsforschung, Lebenslaufforschung, Alternsforschung.

Franz Petermann

Kinder und Psychologie

In vielen Bereichen liegen die Wurzeln der Psychologie im Interesse an der Entwicklung, der Förderung oder Behandlung von Kindern begründet. Aus dem Bemühen der Klinischen Kinderpsychologie resultierten in den 90er Jahren wichtige Innovationen – weit über unser Fach hinaus. Trotz dieser positiven Trends bleibt der Transfer kinderpsychologischer Fakten in den Raum gesellschaftlicher Entscheidungen unzureichend. Warum werden die Erkenntnisse aus der Klinischen Kinderpsychologie in der Kinder- und Jugendhilfe, der Familien- und Schulpolitik etc. so wenig wahrgenommen und umgesetzt? – Ich will dazu im Weiteren einige persönliche Vermutungen äußern.

(1) Kinder sind per se glückliche Wesen und entwickeln sich »von innen heraus« zum Guten. Diese hoffnungsgeleitete Vermutung prägte seit langem unser Verständnis vom Kindsein, trug zu idealistischen und humanistischen Konzepten bei, die vor allem in der Pädagogik weit verbreitet sind. Eine solche Haltung ist bequem und übersieht die Verpflichtung, dass Kinder ihren Voraussetzungen gemäß aktiv von ihren Bezugspersonen gefördert werden müssen. Das Erkennen, das Erschließen und die Förderung von Entwicklungspotenzialen im Kindesalter ist demnach mit einer alles gewährenden »Wachstumspädagogik« völlig unvereinbar.

(2) Scheu vor konkreten Entwicklungsempfehlungen. Seit über einem Jahrzehnt liegen – auf Längsschnittstudien basierende – Modelle abweichender Entwicklung vor. Sie zeigen auf, wie aus frühen Auffälligkeiten schrittweise massive psychische Störungen entstehen. Unser Wissen hierüber wird täglich differenzierter und kaum oder gar nicht in Entwicklungsempfehlungen umgesetzt. Die Barrieren liegen nicht in finanziellen Restriktionen, sondern in erster Linie in

- einer Mentalität des Verharrens im Jugendhilfebereich,
- unzureichend praxisnahen und wissenschaftlich begründeten Fortbildungsangeboten aus der Klinischen Kinderpsychologie und
- mangelndem Mut der Entscheidungsträger, personelle (finanzielle) Ressourcen umzusteuern; vorliegende Angebote müssen zum Beispiel nach Doppelstrukturen und mangelnder Wirksamkeit durchforstet werden.

(3) *Alarmsignale von Kindern werden missachtet.* Aus mangelnder Erziehungs-kompetenz werden Problemlagen bei Kindern zu spät erkannt oder auf diese zu spät reagiert. Das »Entwicklungswissen« kommt aufgrund solcher Bedingungen nicht zur Anwendung. Eltern dulden aus Überforderung, Bequemlichkeit, Unwissenheit oder Hilflosigkeit frühe Entwicklungsab-weichungen des Kindes oder reagieren nicht kontingent darauf. In vielen Fällen sieht die Lage noch dramatischer aus: Die Betroffenen sind nämlich nicht in der Lage, die Alarmsignale ihrer Kinder (frühzeitig) zu erkennen.

Heute liegen eine Vielzahl wissenschaftlich fundierter Präventionspro-gramme zur Verbesserung der Erziehungskompetenz vor, die jedoch vor allem von Risikofamilien nur unzureichend angenommen werden. Dies resultiert aus einer unzureichenden Problemeinsicht und der tief verwur-zelten Überzeugung, das eigene Kind oder die Erziehungsprobleme seien grundsätzlich nicht beeinflussbar.

(4) *Psychisch robuste Kinder gibt es nicht.* Für den langfristigen Erhalt einer psy-chischen Gesundheit ist das Ausmaß der erworbenen psychischen Robust-heit (= Resilience) entscheidend. Kinder erfahren eine Art »psychische Immunisierung«, indem sie altersangemessene Anforderungen – mög-lichst selbstständig – bewältigen. Die damit verbundenen Anforderungen widersprechen der Vorstellung, das Kind besonders zu »beschützen« (zu verwöhnen). Führt diese Erziehungshaltung zu einer übermäßigen Behü-tung' des Kindes, werden altersgemäße Anforderungen vom Kind abge-schirmt. Durch solche (wohlgemeinte) Maßnahmen kann das Kind die psy-chische Robustheit nicht aktiv erwerben, wodurch zu der Vulnerabilität beigetragen wird, die vermieden werden soll.

Erziehungsfehler (z. B. »Verwöhnen«) basieren auf irrationalen Erzie-hungshaltungen, die gut erforscht und durch Methoden der kinder- und familienbezogenen Verhaltenstherapie seit gut einem Vierteljahrhundert erfolgreich behandelt werden können. Offensichtlich bestehen von Seiten der Bezugspersonen Barrieren, konsequenter zu erziehen. Eine konse-quente Erziehung wird immer noch – zum Schaden aller Beteiligter – als herzlos und inhuman empfunden. Irrationale Erziehungshaltungen sind immer noch ein Tabuthema in einer »erziehungsverunsicherten Gesell-schaft« und damit eine entscheidende Barriere, die verhindert, dass psychologisch fundiertes »Erziehungswissen« im Alltag ankommt.

Prof. Dr. Franz Petermann, Zentrum für Klinische Psychologie und Rehabilitation der Uni-versität Bremen.
Fachgebiete: Klinische Kinderpsychologie und Angewandte Entwicklungspsychologie.

Gisela Trommsdorff

Auffassungen von der Psychologie: Historische und kulturelle Perspektiven

Rück- und Ausblick

Welche Standpunkte wurden zu Beginn der Entwicklung der Psychologie als Wissenschaft vertreten? Für Wundt war klar, dass beides, die natur- und die kulturwissenschaftliche Perspektive, in der Psychologie zusammen gehören.

Viele der damaligen Begründer der Psychologie sahen ihre Forschung als in der Philosophie und/oder Physik verwurzelt und waren bei aller Spezialisierung doch »Generalisten«. Die kulturwissenschaftliche Orientierung wurde lange Zeit vergessen und stattdessen das Ziel verfolgt, die Psychologie als experimentelle Naturwissenschaft aufzubauen. Damit ergab sich eine zunehmende heute übliche Zersplitterung der Psychologie in Teildisziplinen, die in der Forschung und in der Lehre meist unverbunden nebeneinander bestehen. Kann man daher erwarten, dass in der nächsten oder übernächsten Generation die Psychologie als eigene Disziplin, das heißt als Wissenschaft vom Denken, Fühlen und Handeln des Menschen, unter Einbeziehung der biologischen *und* kulturellen Bedingungen noch existiert?

Synchrone Perspektive

Innen- und Außensicht. Welche Standpunkt-Differenzen und Ähnlichkeiten sind zu erwarten, wenn die Innensicht der Profession verglichen würde mit der Außensicht (von Nichtprofessionellen)? Solche Personen, Gruppen und Institutionen haben unterschiedliche Beziehungen zur Psychologie (z. B. optimistische oder pessimistische Erwartungen; bestimmte Interessen der Förderung, Kontrolle oder Instrumentalisierung der Psychologie). Dies sind auch Personen, die in der Rolle von Probanden einen Beitrag für das empirische Fundament psychologischer Aussagen leisten und aufgrund ihrer eigenen kulturellen Einbindung mit ihrem Verhalten, zumeist unreflektiert, ihre »subjektiven« oder »naiven« Theorien über Versuchsaufbau, Fragestellung und Ergebnis sowie über sich selbst und die Welt zur Verfügung stellen. Ob und wie die Innen- und Außensicht in Bezug auf die Entwicklung der Psychologie zusammenhängen, wäre nicht nur eine forschungspolitische Frage.

Ethnotheorien. So lange die Psychologe die Sicht ihrer Probanden nicht als »Subjektive« oder »Ethno«-Theorien im Forschungsprozess analysiert, sind die wissenschaftlichen Voraussetzungen für Objektivität, Reliabilität und Validität der Daten erheblich eingeschränkt. Dieses Problem verschärft sich, wenn Angehörige anderer Kulturen »Gegenstand« psychologischer Forschung sind. Angesichts der vielfältigen Bevölkerungsbewegungen ist dies in der erstarkenden Migrations- und Akkulturationsforschung der Fall. Die Erkenntnis erheblicher Varianz von psychologischen Phänomenen bei kulturinformierter Forschung aktualisiert Fragen nach Universalien und spezifisch kultursensiblen Methoden. Zudem erweist sich so die beschränkte Aussagekraft, ja ethnozentrische Voreingenommenheit bisheriger Theorien, die bisher meist nur an problemlos erfassbaren empirischen Daten weißer nordamerikanischer Mittelschicht-College-Studenten geprüft wurden. Die Mehrheit der Menschen der heutigen Welt wurde in der (Mainstream-)Psychologie bisher kaum beachtet. Trotz wiederholter Mahnungen wurden Kultur und Kontext weitgehend außer Acht gelassen.

Kulturvergleich. Wie sehen Standpunkte heutiger Psychologen aus westlichen im Vergleich zu nicht-westlichen Kulturen aus? Entsprechende kulturvergleichende Analysen zeigen erhebliche Unterschiede auf, wie dies bereits in kulturpsychologischen Sammelbänden und Fachzeitschriften mit Fokus auf die eigenen Kulturbesonderheiten in Abgrenzung von der nordamerikanischen Psychologie (z. B. Asian Social Psychology) erkennbar ist. Eine »asiatische« Psychologie geht danach von anderen Annahmen über psychologische Prozesse aus als eine »nordamerikanisch-europäische« Psychologie. Zum Beispiel wird im asiatischen Kontext Zeit nicht als linear, logische Widersprüche nicht als unvereinbar, »authentischer« Ausdruck von Gefühlen, individuelle Leistungserfolge oder »autonom«-selbstverantwortliches Verhalten nicht als unbedingt erstrebenswert oder als Indikator von sozialer Kompetenz angesehen. Aufgrund kulturvergleichender und -psychologischer Studien unter Mitwirkung von Psychologen mit reflektierter Kulturkenntnis sind in letzter Zeit zu Recht erhebliche, empirisch begründete Zweifel an psychologischen Theorien (z. B. zur Attribuierung, Problemlösung, Selbstentwicklung, Moral, Kontrolle, sozialen Interaktion) entstanden. Diese kulturspezifischen Zugangsweisen zu psychologischen Phänomenen belegen, dass die in der westlichen Psychologie üblichen Standpunkte nicht universell brauchbar sind. Dem individualorientierten »Mainstream«-Standpunkt mit der Annahme autonom handelnder einmaliger Individuen steht gegenüber der sozial- oder beziehungsorientierte Standpunkt mit der Annahme der nur in Verbundenheit und Zugehörigkeit zum Ganzen im sozial definierten Kontext handelnden Person; deren Entwicklung (im sozialen, kognitiven, emotionalen und motivationalen Bereich, also auch bezogen auf Selbstwahrnehmung, Handlungsregulation, pro- und antisoziale Motivation usw.) ist nur aus der Zugehörigkeit zur Gruppe und den kulturspezifisch definierten kontextuellen Bedingungen vorhersagbar.

Daher ein Beispiel für die Sichtweise eines bekannten japanischen Zen-Mönchs aus dem 13. Jh., Dôgen Kigen zum Thema »Seele«:

Seele
Des Wasservogels
Wegflug und Wiederkehr,
ohne Spur sind sie –
Jedoch seines Weges Bahn,
könnt er sie je vergessen?

Prof. Dr. Gisela Trommsdorff, Fachbereich Psychologie, Lehrstuhl für Entwicklungspsychologie – Kulturvergleich, Mathematisch-Naturwissenschaftliche Sektion, Universität Konstanz.
Fachgebiete: Intergenerationenbeziehungen und Werthaltungen im Kulturvergleich; Entwicklung von Emotionsregulation und prosozialer Motivation im Kulturvergleich.

Dirk Revenstorf

Quergedacht

Träume haben mich schon immer bewegt – obwohl ich Freuds Traum-deutung langweilig fand. Den frühesten Traum, den ich jetzt noch erin-nere, war ein luzider Traum, den hatte ich mit etwa acht Jahren. Mir träumte, jemand würde mir eine Tafel Schokolade schenken – das war etwa 1947 –, ich sage im Traum, die könne er selbst verspeisen, denn ich hätte nichts davon, weil es ja nur ein Traum sei. Wie dumm, nicht wenigstens im Traum die Schokolade zu bekommen. Später träumte ich einmal, ich säge einen Bootssteg durch, auf dem meine Frau saß, so dass sie ins Wasser fiel. Sie konnte aber schwimmen, das war tröstlich. Kurz darauf haben wir uns getrennt. Da war ich mir sicher, dass Träume später symbolisch gemeint sind und nicht konkret wie in der Kindheit. Dann träumte mir einmal, ich müsste zu meinem Lehrer Hofstätter zu einer Feier und ich sei schon spät dran. Da stieg ich bei einem Kollegen aus der Hypnosegesellschaft auf den Gepäckträger seines Fahrrads und ließ mich mitnehmen. Unterwegs kam mir ein Kabriolet entgegen, in dem saßen alle meine Kollegen aus dem Max-Planck-Institut für Psychi-atrie, die inzwischen zu akademischen Würden gekommen sind. Sie fuhren in die entgegengesetzte Richtung. So haben mir meine Träume immer erzählt, was die wirkliche Wirklichkeit ist.

Im Gegensatz zu William James, der wie mein eben erwähnter Leh-rer Hofstätter meinte, man könne durch das Studium der Psychologie nichts über sich selbst lernen, fand ich die Psychologie nützlich zur Beleuchtung der eigenen Abgründe. Und der der Mitmenschen auch. Nur sind sie nicht immer leicht zu deuten. Ein 18-jähriger Bekannter erzählte mir einmal einen Traum, in dem er eine attraktive Frau in einem Käfig sah und so nicht zu ihr kam. Erst dachte ich freudianisch an seine Mutter, dann jungianisch an seine Anima. 20 Jahre später erfuhr ich, dass er sich zu diesem Zeitpunkt in die Freundin der Mutter verliebt hatte, die aber ihrer Ehe treu blieb und ihn abwies.

Ebenso unvorhersehbar wie die Träume ist die Hypnose. Vielleicht ist das ja derselbe mentale Prozess. Als wir mit einer Gruppe von Kollegen in China unterrichteten, erklärte sich ein dortiger Kollege zu einer Demonstration zur Raucherentwöhnung bereit. Ich meinte, in seiner Persönlichkeit dependente Anteile zu erkennen, und bezog daher Suggestionen der Unabhängigkeit in die Instruktion mit ein, die in anderer Weise wirksam wurden, als ich vermutete. Nach langem vergeblichem Bemühen um eine Handlevitation, bei der normalerweise die zwischen den Fingern gehaltene Zigarette runterfällt – als symbolischer Akt des Loslassens –, gab ich auf und versuchte den Kollegen zu reorientieren. Aber er zeigte keine Reaktion. Also erklärte ich ihm, er solle in Ruhe die Trance beenden, während ich dem Publikum einige Erläuterungen geben würde. Als ich mich wieder dem Kollegen zuwandte, schwebte seine Hand hoch in der Luft und nach einer Weile fiel die Zigarette herunter. Gerade so, als wolle er meine Dependenz-Diagnose Lügen strafen. Das Unbewusste des Patienten versteht eben besser, was das Bewusste des Therapeuten meint, als dieser selbst.

Wenn ich noch einmal jung wäre, schreibt Luis Borges in meinem Lieblingsgedicht, würde ich häufiger barfuß laufen und ohne Regenschirm losgehen.

Prof. Dr. Dirk Revenstorf, Institut für klinische Psychologie, Universität Tübingen.
Fachgebiete: Persönlichkeitstheorie, Forschungsmethodik, Therapieforschung, Verhaltenstherapie, Hypnose, Paartherapie, Psychotherapie-Ausbildung.

Kurt-Hermann Stapf

Der Psychologe Ernst-August Dölle in neuem Lichte

Vor genau 30 Jahren, nämlich 1974 zum Salzburger Kongress der Deutschen Gesellschaft für Psychologie, erschien die Gedenkschrift »Dichotomie und Duplizität« für den großen Psychologen Ernst-August Dölle, herausgegeben von Theoderich Herrmann. Erst heute, zum 100-jährigen Jubiläumskongress der deutschen Psychologenschaft, möchte ich ein Geheimnis preisgeben, welches so manchen Anhänger des genialen dualen Denkers in großes Erstaunen versetzen dürfte: Ernst-August Dölle führte in den letzten Konstanzer Jahren ein wissenschaftliches Doppelleben. Arbeitete er einerseits unermüdlich an der Präzisierung seiner Seelenlogik sowie als Experimentator am Phänomen der binauralen Rivalität in seinem Konstanzer Psychoakustik-Studie, so widmete er sich andererseits intensiv phänomenologischen Studien tierischer Lautäußerungen in abgelegenen Winkeln der Schwäbischen Alb und registrierte sozialkommunikative Verhaltensmuster, beispielsweise bei Fledermäusen und Schafen, aber auch deren wohl nur dort bestehende Synökie. (Die Hingabe, mit der der Emeritus Ernst-August

Ernst-August Dölle vor seiner Beobachtungsstation auf der Schwäbischen Alb bei Zwiefalten, etwa 1970

Dölle seinem neuen Forschungsprogramm nachging, gibt die aus meinem Archiv stammende Fotografie recht gut wieder.)

Von Dölles Doppelleben erlangte ich Kenntnis durch eine glückliche Fügung: Ganz zufällig trafen wir im Jahre 1970 in Zwiefalten am Fuße dieses schwäbischen Mittelgebirgszuges aufeinander, während wir bei Spaziergängen mit dem Tübinger Psychophon, einer Art Walkie-Talkie für psychoakustische Ortungen, auditiv navigierten. Bei diesem Zusammentreffen erklärte er mir damals freimütig, er habe die von den Amerikanern verkündete kognitive Wende nicht nach- und folglich auch nicht mitvollziehen können, da er schon immer dem Behaviorismus kritisch gegenüber gestanden und unbeirrt eine Psychologie der Kognition betrieben habe. Neuerdings habe er freilich eine strenge Zweiteilung seiner wissenschaftlichen Arbeit vorgenommen, er widme sich nun nicht mehr ausschließlich humanpsychologischen Studien, sondern mindestens zur Hälfte tierpsychologischen Untersuchungen. Er berief sich dabei auf Hugo Dingler, der seine Geschichte der geistigen Menschwerdung 1941 unter dem Titel »Von der Tierseele zur Menschenseele« entwarf; nun sei er, Dölle, sozusagen in umgekehrter Richtung unterwegs, gleichsam von der Menschenseele zur Tierseele.

Und dann berichtete er von seinen Aufzeichnungen tierischer Kommunikation am Beispiel von Vogel- oder Schafstimmen, von einer aus der Theorie der binauralen Rivalität abgeleiteten Hypothese, wonach im Sinne eines Episitismus große Nachtfalter regelrechte Störsender gegen die Echoortung ihrer Beutegreifer, der Fledermäuse, entwickeln. Er sprach von der Manifestation der binauralen Orientierungsreaktion im Sinne Sokolows durch das differenzierte Ohrenspiel von domestizierten Säugetieren, etwa Hunden, Katzen, Pferden und Schafen, von der Phoneidese, jenen wundersamen Klangnachbildern, die übrigens schon Gustav Theodor Fechner in seinem Werk »Elemente der Psychophysik« erwähnt hat, und von der Schönheit und Stille der Schwäbischen Alb, dieser für ihn beseelten Landschaft.

Prof. Dr. Kurt H. Stapf, Lehrstuhl am Psychologischen Institut, Abteilung Allgemeine und Angewandte Psychologie, Universität Tübingen, und amtierender Präsident der Ernst-August-Dölle-Gesellschaft.
Fachgebiet: Ernst-August-Dölle-Forschung.

Ein Multimodales Interview mit Heinz Schuler

▌ Herr Schuler, sind Sie bereit zu einem Interview?

▶ Interview?

▌ Ja doch! Für dieses großartige, originelle Buch von Kämmerer und Funke!

▶ ?

▌ Es handelt sich natürlich um ein Multimodales Interview.

▶ Na dann.

▌ Nach diesem Smalltalk beginnen wir, wie Sie wissen, mit der Selbstvorstellung. Berichten Sie bitte über Ihren Werdegang, über Ihre derzeitige Tätigkeit und gegebenenfalls auch über Ihre Vorstellungen für die Zukunft möglichst ausführlich und so, dass es auf zehn Zeilen passt.

▶ Wie zu meiner Zeit die meisten Psychologen, komme ich aus Österreich; genauer gesagt, aus Wien, wie die meisten Österreicher. Diesen Genpool an Geist und Kultur habe ich verlassen, um in München zu studieren, in Schwabing zu wohnen und dabei eine unverbrüchliche Liebe zum deutschen Süden zu entwickeln. Nach meiner Assistentenzeit im schönen Augsburg ging ich nach Erlangen, wo ich für Verschiedenes, unter anderem die Sozialpsychologie, verantwortlich war. Besonders interessiert hat mich die Entstehung von Liebe und Anziehung. Leider waren meine Seminare ein beliebter Kampfplatz für marxistische Gruppen, die Partnerwahl als bourgeoisen Schweinkram ansahen und Personalpsychologie als kapitalistisches Teufelswerk.

▌ (blickt zunächst anteilnehmend, dann erwartungsvoll)

▶ 1982 wechselte ich nach Hohenheim. Diese kleine, familiäre Universität hatte den Vorteil, dass man die wichtigen Fragen mit dem Kanzler auf dem Tennisplatz klären konnte. Das Arbeitsklima war unübertrefflich und ist es auch heute noch, die Studenten sind fleißig und auf eine pragmatische Weise interessiert, und die Uni ist wirtschaftsnah, was für meine Arbeit günstig ist.

▌ Hier bilden Sie WiSo-Studenten in großer Zahl aus. Fehlen Ihnen die Hauptfach-Psychologen nicht?

▶ Nein. Doch. Manchmal. Teils teils. Aber dafür gelingt es regelmäßig, als Doktoranden und Lehrstuhlmitarbeiter den besten Psychologennachwuchs zu gewinnen, den man in Deutschland finden kann.

▌ Oh, vielen Dank. Was zeichnet für Sie die Berufseignungsdiagnostik gegenüber anderen Arbeitsgebieten aus?

▶ Das ist doch der Weg, an die guten Mitarbeiter zu kommen! Außerdem hat die Eignungsdiagnostik von allen Teilbereichen der A-&-O-Psychologie am meisten mit dem Wesen der Menschen zu tun, mit ihrer »Persönlichkeit«. Sie fördert die Selbsterkenntnis, hilft Fähigkeiten und Interessen auszuloten und den richtigen Beruf zu finden. Das hat etwas Aufklärerisches. Und schließlich ist dort das methodische Niveau am höchsten – ein wenig kumulative Erkenntnis möcht schon sein.

▌ Zeit für die Interessenfragen. Wie sieht es mit Ihren Interessen aus?

▶ Sieht gut aus.

▌ *So* genau wollte ich es nun auch wieder nicht wissen. (lächelt verschmitzt)

▶ In Holland-Terminologie IAS, zuweilen auch IAE.

I Also vor allem Wissenschaft und Kunst. Was ist es speziell, das Sie daran interessiert?

‣ Die Liebe zur Wissenschaft und die zur Kunst haben viel gemeinsam, zum Beispiel die Freude an offenen Situationen, an ungelösten Problemen; auch das Vergnügen, mit kreativen jungen Leuten zusammenzukommen. Das soll die Verkalkung bremsen. Beide Gebiete erlauben, ja belohnen sogar eine gewisse Respektlosigkeit gegenüber Mehrheitsmeinungen. Überhaupt ist die Freiheit nirgendwo größer: die Freiheit, sich selbst Aufgaben zu stellen, und die Freiheit von der Bevormundung durch andere. Natürlich auch die Freiheit zu entscheiden ob man 60 oder 70 Stunden pro Woche arbeiten will.

I Spielen Kunst und Wissenschaft auch in Ihrer Freizeit eine Rolle?

‣ Und wie! Derzeit speziell die Kunst der Antike und die theoretische Astrophysik.

I Findet sich unter Ihren Hobbys auch was Lebendiges?

‣ Ja, oder fast: die Entstehung von Sternen.

I Lebendig?

‣ Na ja, wir bestehen doch alle aus Sternenstaub!

I Was interessiert Sie an der *menschlichen* Entwicklung?

‣ Alles, vor allem die Entwicklung vom Sternenstaub zu Beethovens Neunter.

I Den biographischen Interviewteil müssen wir kurz halten. Wichtig ist aber: Wie sind Sie zur Wissenschaft gekommen?

‣ Durch eine mitternächtliche Eingebung. Ich hatte das Glück, am Ende des Studiums mehreren Verlockungen ausgesetzt zu sein und hatte mich eigentlich schon anders entschieden. Aber eines Tages, oder eines Nachts, kam die Eingebung, und ich wusste, was ich wirklich wollte. Da rief ich Hermann Brandstätter an, meinen späteren Chef und Doktorvater, und fragte, ob die angebotene Stelle noch zu haben sei. Seine schlaftrunkene Zusage haben wir dann in einer der nächsten Nächte gefeiert.

I Hatten Sie auch einen beruflichen Wunsch oder Traum, der unerfüllt geblieben ist?

‣ Ja, einen Verlag zu gründen. Im Lauf der Jahre habe ich zwar ein paar Firmen gegründet und, als allein erziehender Onkel, einen Kindergarten, aber nie einen Verlag. Das ist ein unerfüllter Traum geblieben.

I Was möchten Sie noch gerne erforschen?

‣ Nun,. einige wesentliche arbeitspsychologische Fragen sind noch ungeklärt, z. B. die, wie Schneepflugfahrer morgens zur Arbeit kommen. Auch manche Beziehung zwischen objektiven und subjektiven Parametern harrt noch der Aufklärung, z. B. die Frage, ob Verheiratete wirklich länger leben oder ob es ihnen nur so vorkommt.

I Zum Abschluss noch eine Art situativer Frage: Wenn Sie die Möglichkeit hätten, frühzeitig in Ruhestand zu gehen, würden Sie sie wahrnehmen? Immerhin haben Sie ja einen ganzen Stapel von Büchern produziert, auf dem es sich gut ausruhen ließe.

‣ Ich fürchte, jede resignative Alterszufriedenheit ist mir fremd. Statt auszuruhen halte ich es lieber mit Goethe, der die Arbeit als seinen Talisman gegen die bösen Geister bezeichnet hat.

I Dann wünsche ich Ihnen ausschließlich gute Geister und bedanke mich sehr für das Gespräch.

Das Interview führte Dr. Yvonne Klingner.

Prof. Dr. Heinz Schuler, Lehrstuhl für Psychologie, Universität Hohenheim.
Fachgebiete: Personalpsychologie, insbesondere Berufseignungsdiagnostik und ihre methodischen sowie persönlichkeitspsychologischen Grundlagen.

Ernst Dieter Lantermann

Psychologie als Wissenschaft:
ein Beispiel auf abgeräumter Bühne?

Neulich fragte mich unvermittelt eine ältere Dame am Rande einer Party, von welchem Nutzen eigentlich die Wissenschaft Psychologie sei, wenn es um die Lösung gesellschaftlicher oder persönlicher Probleme ginge. Vorsichtig stellte ich mein Glas auf die Brüstung des Balkons und erzählte von meinem beruflichen Alltag und geriet ins Schwärmen. Dieses Privileg, das zu erforschen zu können, was einen besonders interessiert, diese nahezu erotische Lust am Rechner, dieses Pingpongspiel zwischen Theorie und Empirie, aber auch von dem erhebenden Gefühl, wenn mitten im Leiden an den Daten eine neue Idee entsteht, die dazu beiträgt, einen Sachverhalt klarer, eleganter, ja, mit höherer ästhetischer Qualität beschreiben und verallgemeinern zu können. Wissenschaft sei auch eine ästhetische Angelegenheit, fuhr ich fort und wollte gerade zu einem Ausflug über die Kriterien einer guten Theorie anheben, als sie mich unterbrach. »Sie sagen es! Die Bilder! Wenn ihr Wissenschaftler also endlich ein Bild für etwas gefunden habt, wofür es durchaus auch schon eine anerkannte psychologische Theorie geben mag, dann sagt Ihr: Heureka, jetzt haben wir die Erklärung, die Ursache gefunden! Ich war Kunsthistorikerin, Spezialgebiet Mittelalter, das kommt mir sehr entgegen, diese Art des bildverhafteten Denkens, nur dachte ich bis dahin, dieser Bilderglaube sei seit langem aus den Wissenschaften verbannt?«

Ein wenig unsicher geworden, verwies ich auf die uralten Selbstwertprobleme in meiner Wissenschaft, die periodisch dazu führten, den ureigenen Gegenstand der Psychologie, das Verhalten und Erleben des Individuums in Wechselwirkung mit seiner materiellen und sozialen Umwelt, auf dem Altar der »reinen«, also der Naturwissenschaften zu opfern, im Augenblick sei es die Biologie oder in gesteigerter Form biologische oder sozialdarwinistische Evolutionstheorien. »Aber in Zeiten harter Konkurrenz um die wenigen Ressourcen und Stellen an den Universitäten müssen Sie das verstehen. Das alte Prinzip, Unter Blinden ist der Einäugige König, hat schon manchen Karrieren auf die Sprünge geholfen.« Wissenschaft sei eben auch – und vor allem – ein soziales Unternehmen. Und wieder geriet ich ins Schwärmen – die Chancen, mit anderen Wissenschaftlern zusammenzuarbeiten, gemeinsame Forschung zu betreiben, sich Kritik gefallen zu lassen, in der Lehre den Studenten die Lust vermitteln zu dürfen, die sich beim wissenschaftlichen Tun, wenn es denn glückt, einstellt, und so weiter und so fort, bis dass mich meine Gesprächspartnerin unterbrach: »Ich verstehe jetzt, welchen Nutzen die Wissenschaft für Sie ganz persönlich hat. Ihre Spiellust und Ihre Heimatgefühle im Kreis Ihrer Kollegen und Studenten in allen Ehren. Aber nochmals nachgehakt: Was trägt die Psychologie als Wissenschaft zu einem besseren Leben in einer besseren Gesellschaft bei, es hat den Anschein, als drückten Sie sich vor einer Antwort!«

In der Tat, sie habe mich durchschaut, antwortete ich in aller Bescheidenheit, nicht ohne sie darauf hinzuweisen, dass sie zum zweiten Mal zu meinem Campariglas gegriffen habe – und zufälligerweise, so fuhr ich fort, habe ich ein Buch mitgebracht, das seit Jahren nur noch im Antiquariat bei Amazon zu beziehen sei. In diesem Buch komme einiges zur Sprache, wenn auch eher raunend als klärend, wie man sich das Verhältnis von Wissenschaft und Praxis denken könne. Titel »Bildwechsel und Einbildung«. Untertitel: »Eine Psychologie der Kunst«. Autor: »Lantermann«. »Ein Namensvetter von Ihnen?« Ich schlug das Buch auf und begann zu zitieren: »Der Methodenkanon, auf den sich die Psychologie beruft und stützt, zwingt zur Bescheidenheit. Nur das, wohin die Methode hinreicht, wird zum potentiellen Gegenstand wissenschaftlicher Analyse. Was sich dem methodischen Zugriff nicht fügt oder anpasst, wird auf bessere Zeiten verschoben oder grundsätzlich ausgeblendet. Nun richtet sich die Wirklichkeit nicht nach den Methoden. Und bei allen aktuellen Tendenzen, über die Entwicklung weniger rigider Verfahren die Grenzen des wissenschaftlich Erforschbaren auszu...« – gerade noch konnte ich sehen, wie sie mit meinem Campariglas in der Hand ins Nebenzimmer verschwand. Allmählich dämmerte mir, warum dieses Buch die hohen Verkaufserwartungen des Verlegers (und auch die meinigen) so sehr enttäuschen musste.

Prof. Dr. Ernst-Dieter Lantermann, Professor für Persönlichkeits- und Sozialpsychologie an der Universität Kassel.
Fachgebiete: Umgang mit Komplexität, Modulationstheorien der Emotion, Kommunikation im Natur- und Umweltschutz.

Jürgen H. Otto

Aphorismen und Sentenzen zur Psychologie

Seit Studienbeginn habe ich gelungene Formulierungen wie kurze Aphorismen und Sentenzen gesammelt, die für mich in einem mehr oder weniger engen Zusammenhang mit den verschiedenen Problemen (mit) der Psychologie stehen. Sicherlich kann man heute im Internet schneller zu jedem Problem den passenden Spruch finden. Folgende haben sich langsam, über die Jahre angesammelt.

Das wichtigste Instrument des Wissenschaftlers
ist der Papierkorb. – U. WESEL

Das Werk ist die Totenmaske der Konzeption. – W. BENJAMIN

If you can't explain your theory to your local barkeeper –
it has no chance to come true. – E. RUTHERFORD

Das ist schön bei uns Deutschen: Keiner ist so verrückt, dass er nicht
einen noch Verrückteren fände, der ihn versteht. – H. HEINE

Methodisches Denken – das ist das wurmartige Herumkriechen
und Herumtasten niederer Erkenntnisgrade. – F. NIETZSCHE

No one believes an hypothesis except its originator
but everybody believes an experiment except the experimenter. –
W. I. B. BEVERIDGE

The great tragedy of science was the slaying of a beautiful
hypothesis by an ugly fact. – T. HUXLEY

Any one study never makes anything clear. – R. HUPKA

Today's artefact is tomorrow's grant proposal. – W. McGUIRE

Niemand liest etwas. Wenn er es liest, versteht er es nicht.
Wenn er es versteht, vergisst er es gleich wieder. – S. LEM

Die Frage ist so gut, dass ich sie nicht durch meine Antwort
verderben möchte. – ANONYMUS

Psychologie ist keine Belletristik. – H. WESTMEYER

Es muss möglich sein, dass ich von einem Experiment
in eine Oper gehen kann. – VOLTAIRE

Diejenigen Wissenschaften, die nicht aus dem Experiment stammen,
sind eitel und voll von Irrtümern. – LEONARDO DA VINCI

Das ist Wissenschaft: Man weiß gar nichts, bis man es nicht
versucht hat. – BURT LANCASTER im Film »Der rote Korsar«

For many purposes, a short screw is better
than no screw at all. – R. B. AMMONS

Psychology first lost its soul, then its mind, then consciousness;
but strangely enough, it still behaves. – ANONYMUS. Quoted by
R. S. WOODWORTH

Ich mag das Wort »psychologisch« nicht. Es gibt so was wie psychologisch nicht. Sagen wir, dass man die Biographie der Person
verbessern kann. – J.-P. SARTRE

Psychologie wie heute so, weil so und morgen so, weil so,
das hilft so nicht und so auch nicht. – F. KAFKA

Physiological life is of course not »life«. And neither is
psychological life. Life is the world. – L. WITTGENSTEIN

Psychologie: der Omnibus, der ein Luftschiff begleitet. – K. KRAUS

Dieser Beitrag ist Meinrad Perrez und dem MPS-Network gewidmet.

Prof. Dr. Jürgen H. Otto, Fachbereich 7, Psychologie, Universität Kassel.
Fachgebiete: Allgemeine Psychologie, Emotionspsychologie, Interaktion von Emotion und
Kognition, Problemlösen.

Margarete Boos

Komplexe Sozialphänomene als »unbeabsichtigte soziale Resultanten individueller Bestrebungen«[1]

»Nothing appears more surprising to those who consider human affairs with a philosophic eye than the easiness with which the many are governed by the few.«

Dieses Zitat von David Hume enthält die Frage, die Heinrich Popitz in seinem 1968 erschienenen Büchlein *Prozesse der Machtbildung* stellt.

Er verwendet eine schlichte Methode, die Analyse von Beispielen. Im ersten Beispiel beschreibt Popitz die Situation auf einem Schiff, das im Mittelmeer von Hafen zu Hafen kreuzt, Passagiere aller Art an Bord. Die meisten kampieren auf Deck. Der einzige Luxus und zugleich die einzigen Requisiten der im folgenden interessierenden Handlung sind einige Liegestühle. Es gibt etwa ein Drittel so viele wie Passagiere.

»In den ersten Tagen, zwischen drei oder vier Häfen, wechseln diese Liegestühle ständig ihre Besitzer. Sobald jemand aufstand, galt der Liegestuhl als frei. Belegsymbole wurden nicht anerkannt. Diese Übung setzte sich vollkommen durch und erwies sich als zweckmäßig. Die Zahl der Liegestühle reichte für den jeweiligen Bedarf etwa aus, man fand meist einen, wenn man wollte. Ein Gebrauchsgut, das in begrenzter Zahl zur Verfügung stand, wurde nicht knapp.

Nach der Ausfahrt aus einem Hafen, in dem wie üblich die Passagiere gewechselt hatten, brach diese Ordnung plötzlich zusammen. Die Neuankömmlinge hatten die Liegestühle an sich gebracht und erhoben einen dauerhaften Besitzanspruch. Sie deklarierten also auch einen zeitweilig nicht von ihnen besetzten Liegestuhl als »belegt«. Das war durch Belegungssymbole nach wie vor nicht durchsetzbar. Aber es gelang durch den gemeinsamen Kraftaufwand aller Auch-Besitzer: Näherte man sich einem gerade freien Liegestuhl in irgend verdächtiger Weise, so wurde man durch Posen, Gesten und Geschrei der Auch-Besitzer zurückgewiesen. Die Abschreckungsaktionen waren so eindrucksvoll, dass ein handgreiflicher Konflikt nicht zustande kam. Sie wurden überdies im Laufe der Zeit noch dadurch bekräftigt, dass die Besitzenden ihre Liegestühle näher aneinanderschoben, bis sich schließlich Konzentrationen ergaben, die wehrhaften Wagenburgen glichen« (S. 7).

Zwei Klassen hatten sich gebildet, Besitzende und Nicht-Besitzende. Worin liegt die Chance der Minderheit begründet, die neue Ordnung durchzusetzen? Popitz nennt zwei Prinzipien, zunächst die überlegene Organisationsfähigkeit der Privilegierten. Die Privilegierten haben die größere Chance, sich schnell und wirkungsvoll zu organisieren. Individuelles und gemeinsames Interesse sind deckungsgleich. Dagegen ist die Situation der Nicht-Besitzenden komplizierter. Zweifelsfrei ist das gemeinsame Interesse, die Besitzenden zu verdrängen. Dieser erste Schritt wird angesichts der vielen möglichen nächsten Schritte problematisiert: Was soll geschehen, wenn eine gemeinsame Aktion erfolgreich wäre? »Die Einigkeit darüber, dass die bestehende Ordnung ungerecht sei, schafft noch kein Einverständnis, welche Neuordnung gerecht wäre« (S. 10).

Das zweite Prinzip ist das der Gegenseitigkeit im Austausch der Privilegierten untereinander. In der gegenseitigen Anerkennung wird die neue Ordnung zunächst für die Privilegierten legitim, bevor sie durch die Suggestivkraft des Einverständnisses und die Demonstration gemeinsamer Verteidigungsbereitschaft in der Vertikalen wirkt.

Mich fasziniert der Popitz'sche Essay aus zwei Gründen. Erstens ist er ein Beispiel für Theoriebildung mit dem eleganten Mittel des Gedankenexperiments. Popitz konstruiert ein soziales Vakuum. Die Passagiere in seiner Geschichte kommen voraussetzungslos daher, ihre Individualität interessiert nicht. Im Sinne des methodologischen Individualismus wird erklärt, wie aus individuellen Handlungen eine soziale Ordnung, in diesem Fall eine Herrschaftsstruktur, entsteht. Differentialpsychologische Fragen könnte man später stellen, etwa, welche individuellen und situativen Bedingungen sind Auslöser der neuen Ordnung, was zeichnet diejenigen aus, die sich wehren und so weiter?

Zweitens beleuchtet der Essay die Dualität sozialer Strukturen. Strukturen sind zum einen das Ergebnis sozialer Interaktion, zum anderen beeinflussen sie das Verhalten ihrer Mitglieder. Es zeigt auch, dass soziale Strukturen weder lediglich vorhanden oder von irgendjemandem gesetzt sind, noch beliebig als Muster sozialer Interaktionen emergieren. Sie unterliegen sozialen Strukturierungsprinzipien, die eine eigene Logik, zum Beispiel die der Reziprozität, besitzen.

Literatur
Menger, C. (1883): Untersuchungen über die Methode der Socialwissenschaften und der politischen Oekonomie insbesondere. Wien.
Popitz, H. (1968): Prozesse der Machtbildung. Tübingen.

1 Diese Formulierung stammt von Carl Menger (1883)

Prof. Dr. Margarete Boos, Institut für Psychologie, Universität Göttingen.
Fachgebiete: Kleingruppenforschung, computervermittelte Kommunikation, Methoden der Interaktionsanalyse.

Gerd Lüer

Die uralte Frage der Psychologie: Wo hat die Seele ihren Hauptwohnsitz?

Psychologen lassen sich gern von brandneuen Forschungsmethoden und -paradigmen faszinieren, mit denen sie die Probleme ihres Fachgebiets glauben besser bewältigen zu können als in der Vergangenheit. Waren es in der ersten Hälfte des 20. Jahrhunderts die Ratten, denen man beim Herumirren in ausgeklügelten Labyrinthen Gesetzmäßigkeiten des Lernens abgucken wollte, so waren es in der zweiten Hälfte des 20. Jahrhunderts die Computer, denen man Intelligenz einzupflanzen versuchte, um die Gesetzmäßigkeiten des menschlichen Geistes verstehen zu lernen. Und heutzutage kann sich kaum ein psychologischer Forscher dem Charme der bunten Bilder vom arbeitenden Gehirn entziehen, die uns die bildgebenden Verfahren auf den Schreibtisch liefern. Sind wir damit dem Verständnis von geistigen, intelligenten Prozessen nun endlich näher gekommen oder wenigstens auf der Spur? Wie drückt sich also der Geist in den bunten Bildern biophysikalischer Prozesse aus? Wie schwer es ist, eine Antwort auf die Frage zum Verhältnis von Körper und Geist zu finden, zeigt uns Thomas Manns Erzählung *Die vertauschten Köpfe*. Hier eine kurze Inhaltsangabe.

Zwei indische Jünglinge von ungefähr gleichem Alter und gleicher Herkunft waren durch enge Freundschaft miteinander verbunden. Nanda, der Jüngere der beiden, von Beruf Schmied und Kuhhirte, verfügte über einen starken und gleichzeitig wohlgeformten Körper, aber einen wenig ausdrucksvollen Kopf. Sein älterer Freund Schridaman, Kaufmann, hatte einen schon auf den ersten Blick einnehmenden und klugen Gesichtsausdruck, leider aber einen wenig ansprechend gestalteten Körper. Bei einem gemeinsamen Ausflug beobachteten die Freunde die schöne Sita beim Bade. Schridaman verliebte sich sofort in sie, Nanda unterstützte ihn bei dieser Werbung erfolgreich, sie für seinen Freund zur Ehefrau zu gewinnen. Nach einer Periode großen ehelichen Glücks, in der die Frau auch von den geistigen Fähigkeiten ihres Mannes durchaus eingenommen war, erwuchs in ihr aber auch der Wunsch nach stärkeren Armen und wohler geformten körperlichen Proportionen. Schridaman, mit scharfem Intellekt auf diesen Prozess aufmerksam geworden, enthauptete sich daraufhin im Tempel. In solidarischer Freundschaft folgte ihm auch Nanda in den Tod. Und auch Sita wollte gerade Hand an sich legen, als die Göttin ihr befahl, das Hinscheiden zu unterlassen und die getrennten Köpfe der beiden Freunde wieder auf die herumliegenden Körper zu nähen, um die beiden auf diese Weise ins Leben zurückzuholen. Dabei unterlief Sita ein schwerwiegender Fehler, weil sie durch Verwechslung den Kopf ihres Mannes auf Nandas Körper befestigte und Schridamans Leib mit Nandas Kopf verbunden wurde. Nach initialem Schrecken fand Sita das Ergebnis eigentlich gar nicht so schlecht, denn die Kombination vom edlen Anlitz ihres Mannes und Nandas wohlgeformten Körper entsprach durchaus ihrem langgehegten Wunsch. War dieser aber wirklich ihr Mann? Der befragte Eremit entschied zweifelsfrei: Ehemann ist der Jüngling, der des Gatten Kopf trägt. Dennoch ging die Sache nicht gut aus. Nandas Kopf mit Schridamans Körper, insgesamt alles andere als ein in den Augen von Frauen gelungenes Geschöpf, zog sich in die Einsamkeit zurück. Schridamans Kopf und Nandas Körper – zusammen ein attraktives Mannsbild – erlebten mit der schönen Sita die Lust des jungen Glücks. Mit der Zeit jedoch stellten sich Veränderungen ein: Schridamans Leib, ausgerüstet mit Nandas Kopf, verwandelte sich langsam in Nandas Körper, und auch zu Schridamans Kopf kam langsam der Leib mit den dazugehörigen Merkmalen wieder zum Vorschein. Die Wechselwirkung zwischen Kopf und Leib – Geist und Körper – hatte diese Entwicklung herbeigeführt. Als die beiden Transplantierten und die schöne Sita wieder zusammentrafen, war die Verwirrung so groß, daß sie den gemeinsamen Tod suchten.

Auch Forschungsparadigmen, wenn sie die Lust der Flitterwochen überstanden haben und durch Entwicklungen und Korrekturen beginnen, Verwirrungen zu stiften, sind nach ihrer Blütezeit dem Tode geweiht. Denn die Göttin der Weisheit richtet schließlich über sie – unerbittlich und so lange, wie das Verhältnis zwischen Geist und Körper oder Leib und Seele sich unserem Verständnis entzieht

Prof. Dr. rer. nat. Gerd Lüer, Institut für Psychologie, Abteilung Kognitions- und Arbeitspsychologie, Universität Göttingen.
Fachgebiete: Kognitionspsychologie, Gedächtnispsychologie, Allgemeine und Experimentelle Psychologie.

Claudia Dalbert

Gerechtigkeitspsychologie – Eine Wanderung durch vertraute und (noch) unbekannte Gefilde

Viele Menschen neigen dazu, komplexe soziale oder politische Benachteiligungen – wie etwa die Armut in vielen Teilen der Welt – zu leugnen oder als selbstverschuldet zu rechtfertigen. Dies ist bekannt und täglich zu beobachten. Ein besonders spannendes Phänomen wird es, wenn wir uns die sozialpsychologische Forschung anschauen, die überzeugend belegt, dass viele dieser Menschen so reagieren, weil für sie Ungerechtigkeit unerträglich ist, und nicht, weil sie zynisch sind. Angesichts einer solchen Befundlage stellen sich viele Fragen, etwa: *In welchen Situationen ist dies so?* In komplexen Situationen, in denen eine Abhilfe nicht möglich erscheint. *Gilt das für alle Menschen oder nur für manche?* Es können Menschen identifiziert werden, die besonders unter Ungerechtigkeit leiden. Dann stellen sich weitere Fragen. Etwa: *Wie reagieren diese Menschen darauf, wenn sie selbst einmal Opfer von Ungerechtigkeit werden? Leiden sie auch dann besonders? Wie bewältigen sie dies und halten ihre seelische Gesundheit aufrecht?* Wenn wir festgestellt haben, dass in der Tat die Menschen, die dazu neigen, komplexe soziopolitische Benachteiligungen zu leugnen, in besonderer Weise auf eigenes Ungerechtigkeitserleben reagieren, dass sie nämlich häufiger in der Lage sind, damit konstruktiv umzugehen, dann stellt sich die Frage: *Reagieren diese Menschen auch in anderen Situationen anders?* Wir beobachten, dass das Vertrauen auf Gerechtigkeit in vielen Lebensbereichen, sei es bei der Gestaltung einer erfolgreichen Schullaufbahn oder einer beruflichen Karriere, eine adaptive Rolle spielt, weil es unter anderem das Vertrauen in die Erreichbarkeit persönlicher Ziele und in eine gerechte Behandlung durch andere stärkt. Nachdem wir all diese Fragen einer empirischen Beantwortung mit Methoden der Sozialpsychologie und der Differentiellen Psychologie zugeführt haben, haben wir etwas über die komplexen und manchmal widerstreitenden Funktionen des Bedürfnisses nach Gerechtigkeit erfahren. Das Bedürfnis, an Gerechtigkeit zu glauben, oder der Glaube an eine gerechte Welt, wie das psychologische Konstrukt heißt, ermöglicht Menschen Vertrauen in Gerechtigkeit mit vielfältigen adaptiven Konsequenzen und fördert umgekehrt auch eigenes gerechtes Handeln. Bei Konfrontation mit Ungerechtigkeit stellt dieser Glaube an eine gerechte Welt einen Interpretationsrahmen dar, der den Opfern einer Ungerechtigkeit einen konstruktiven Umgang mit Ungerechtigkeit erlaubt, aber bei Beobachtern leicht zu einem Herunterspielen von Ungerechtigkeit führt und so zur Aufrechterhaltung ungerechter sozialer und politischer Bedingungen beitragen kann, sicherlich eine unerwünschte Konsequenz dieses in weiten Teilen adaptiven Bedürfnisses nach Gerechtigkeit. Da sich zeigen lässt, dass das Vertrauen auf Gerechtigkeit offensichtlich in vielen Lebensbereichen und zum Verständnis einer Fülle menschlichen Verhaltens und Erlebens wichtig ist, eröffnet sich ein neues Fragenfeld: *Wie entwickelt sich dieses Vertrauen auf Gerechtigkeit von der Kindheit bis ins Erwachsenenalter und welche Entwicklungsbedingungen sind hierbei förderlich oder hemmend?* Diese Frage beschäftigt mich zur Zeit in meiner Forschung. Welche Fragen sich danach auftun? Wer weiß ...

Dieser Fragenreigen beschreibt meine Wanderung durch die Gefilde der Gerechtigkeitspsychologie. Was ist für mich das Spannende an dieser Wanderung? Sicherlich das Thema, aber auch die Überschreitung teildisziplinärer Grenzen von der Sozialpsychologie über die Differentielle Psychologie zur Entwicklungspsychologie. Die Spezialisierung innerhalb der Psychologie weist viele Vorteile auf wie zum Beispiel die Akkumulation von Spezialwissen oder die Verfeinerung des methodischen Vorgehens. Aber eine allzu starke Orientierung an Teildisziplinen scheint bisweilen der Neugierde abträglich zu sein. Manchmal, so scheint es mir, behindern teildisziplinäre Grenzen das Stellen wichtiger Fragen, eben solcher, die zur vermeintlichen Nachbardisziplin gehören, aber von dort gar nicht erkannt werden (können).

Prof. Dr. Claudia Dalbert, Arbeitsbereich Pädagogische Psychologie, Universität Halle-Wittenberg.
Fachgebiete: Gerechtigkeitspsychologie, Umgang mit Ungewissheit.

Josef Lukas

Mathematische Formeln, Psychophysik und die Romantik einer sternklaren Nacht

Dass die Wissenschaft Psychologie für ihre Theorien und Ergebnisse gelegentlich auch mathematische Formeln verwendet, ist in der Öffentlichkeit weitgehend unbekannt. Auch Studienanfänger unseres Fachs sind oft überrascht, wenn sie mit logarithmischen Funktionen, geometrischen Lehrsätzen und Vektorräumen konfrontiert werden. Mein Beitrag zu diesem Kaleidoskop soll deshalb sein: eine *mathematische Formel*, direkt aus dem Herzen der Psychologie.

Dafür eignet sich in besonderer Weise die *psychophysische Funktion von Rudolf K. Luneburg (1947)*. Nach seiner Theorie lässt sich der Zusammenhang zwischen dem physikalischen Ort (γ, ϕ, θ) eines Punktes P und seiner wahrgenommenen Lokation (ρ, Φ, Θ) durch die Formel:

$$\rho = F_K(2e^{-\sigma\gamma})$$
$$\Phi = \phi$$
$$\Theta = \theta$$

darstellen. Dabei steht ρ für die *wahrgenommene Entfernung* des Punkts P vom Beobachter und γ bezeichnet die so genannte bipolare Parallaxe, also den (physikalischen) Winkel, der definiert ist durch den Punkt P als Scheitel und die Verbindungslinien von P zum rechten oder zum linken Auge des Beobachters als Schenkel. F_K ist eine Funktion, die abhängt von der geometrischen Krümmung K des Sehraums – das soll hier nicht weiter erläutert werden. Auch die Rolle der Richtungskoordinaten Φ beziehungsweise ϕ für die Dimension rechts-links und Θ beziehungsweise θ für die Dimension oben-unten soll hier nicht weiter diskutiert werden. Wir begnügen uns mit dem Hinweis, dass die Formel von Luneburg die Berechnung des *wahrgenommenen* Ortes eines Punktes P aus seinen *physikalischen* Koordinaten erlaubt, wenn die Parameter K und σ (eine individuelle Konstante für jeden Beobachter) bekannt sind.

Ist das zu schwer zu verstehen? Vielleicht hätte ich vorausschicken sollen, warum wir in der Psychophysik so streng unterscheiden zwischen physikalischen Größen einerseits und den entsprechenden Empfindungen auf der anderen Seite. Jedes Kind kennt die (vermeintliche) Scherzfrage: »Was ist schwerer, ein Kilo Blei oder ein Kilo Federn?« Darauf fällt keiner mehr herein. Aber – haben Sie es einmal nachgeprüft? Wiegen Sie ein Kilo Blei ab und ein Kilo Federn, und dann heben Sie beides abwechselnd hoch. Sie werden alle Eide schwören, dass das Stück Blei viel schwerer ist als der Sack mit den Federn. Die physikalische Masse ist identisch. Die dazugehörige Empfindungsgröße aber nicht (weil sie u. a. vom Volumen des Objekts beeinflusst wird).

Analoges gilt für die Temperatur. Die in Grad Celsius gemessene physikalische

Temperatur ist nicht identisch mit unserer Wärmeempfindung (im Wetterbericht heißt das gelegentlich »gefühlte Temperatur«). Die *wahrgenommene* Länge, Ausdehnung, Helligkeit, Lautheit und so weiter von Objekten und Ereignissen ist immer zu unterscheiden von den entsprechenden *physikalischen* Größen. Und das gilt eben auch für die wahrgenommene Position von Objekten im Raum. Für viele Größen ist die Abhängigkeit der Empfindungsstärke von der physikalischen Intensität durch eine logarithmische Funktion (das Fechnersche Gesetz) oder eine Potenzfunktion (Stevens' Potenzgesetz) gut beschreibbar. Im Fall der Position im Raum ist die beste Funktion die oben angegebene Luneburg-Funktion.

Warum ist das so, warum gerade *diese* Funktion? Das ist eine spannende Frage, und die mindestens ebenso spannende Antwort erfordert weit mehr als zwei Seiten Text. Wir würden tief in elementare Fragen der Messtheorie und der Geometrie geraten (Lukas, 1996). *Eine* schöne Eigenschaft der Luneburg-Funktionen sieht man aber unmittelbar: Für Objekte in großer (physikalischer) Entfernung wird γ sehr klein, mit zunehmender Entfernung geht diese Koordinate gegen 0. Setzt man der Einfachheit halber für F_K die identische Funktion ein (der Fehler, den man dabei macht, ist nicht sehr groß), dann wächst die *wahrgenommene* Entfernung ρ monoton mit der *physikalischen* Entfernung. Das ist plausibel. Sie geht aber nicht gegen unendlich, sondern konvergiert gegen einen endlichen Wert, in diesem Fall gegen 2, wenn die physikalische Entfernung immer weiter wächst. Das ist auf den ersten Blick überraschend, repräsentiert aber exakt eine charakteristische Eigenschaft unserer Entfernungswahrnehmung: Wir können nicht unendlich große Entfernungen wahrnehmen, schon bei sehr großen endlichen Entfernungen stößt unsere Wahrnehmung an Grenzen. Besonders deutlich wird das, wenn man nachts den Sternenhimmel betrachtet: Alle Sterne scheinen ungefähr dieselbe Entfernung von uns zu haben, sie bilden eine Art Gewölbe über uns. Tatsächlich sind die physikalischen Entfernungen der Sterne aber sehr unterschiedlich (zumindest, wenn man den Astronomen Glauben schenken darf). Das Himmelsgewölbe über uns: Das ist der Grenzwert unserer Entfernungswahrnehmung – der Maximalwert für wahrnehmbare Entfernung.

Wenn Sie also das nächste Mal in romantischer Situation mit Ihrem/Ihrer Liebsten den Sternenhimmel bewundern, dann denken Sie vielleicht daran, dass gerade etwas geschieht, das viel mit Psychologie zu tun hat. Rudolf K. Luneburg hat es mit Formeln beschrieben, deren Ästhetik Ihren sonstigen Empfindungen in dieser Situation zumindest sehr nahe kommt.

Literatur
Lukas, J. (1996): Psychophysik der Raumwahrnehmung. Weinheim.
Luneburg, R. K. (1947): Mathematical Analysis of Binocular Vision. Princeton, New Jersey.

Prof. Dr. Josef Lukas, Institut für Psychologie, Universität Halle-Wittenberg.
Fachgebiete: Wahrnehmungspsychologie, Mathematische Psychologie, Psychophysik.

Rainer H. Kluwe

Bertolt Brecht: »Leben des Galilei«

»Zur Begründung der Notwendigkeit einer Wissenschaftspsychologie« lautete der Titel des ersten Vortrags, den ich mit Alexander von Eye für die Tagung experimentell arbeitender Psychologen in Regensburg 1972 ausgearbeitet hatte. Die Arbeit entstand im Kontext der damals geführten wissenschaftstheoretischen Diskussionen um Gegenstand und Ziel psychologischer Forschung. Wir plädierten für eine Wissenschaftspsychologie, die das Handeln von Wissenschaftlern zum Gegenstand haben sollte. Ausgangspunkt war die Überlegung, dass wissenschaftliches Handeln von Motiven, Interessen und Wertungen geleitet sei. Unter Bezug auf die damals intensiv diskutierten Arbeiten von Habermas, Popper, Holzkamp legten wir dar, dass keine der gängigen Positionen unserem Anliegen nahe kam, allenfalls der von Albert vertretene kritische Rationalismus, aber auch dieser nur in Ansätzen. Dies vorausgesetzt, ist es vermutlich kein Zufall, dass ich Bertolt Brechts »Leben des Galilei« (1938/1939) besonders schätze. Das Werk hat zentrale Elemente wissenschaftlichen Handelns zum Gegenstand. Galilei verhandelt mit der Universität von Padua um sein Gehalt. Es geht um den Nutzen seiner wissenschaftlichen Arbeit; heute spricht man von leistungsbezogener Mittelzuteilung. Aus Sicht des Kurators ist Galileis Fach brotlose Kunst. Dem Wissenschaftler, zwar erfolgreich Grundlagenforschung betreibend, wird geraten, sich verstärkt angewandter Forschung zuzuwenden. (Nahezu jeder Bericht der Präsidenten der Deutschen Gesellschaft für Psychologie zur Lage der Psychologie behandelt den Bezug zwischen angewandter und grundlagenorientierter Forschung.) Der *Kurator*: »... Wenn Sie Geld haben wollen, müssen sie etwas anderes vorzeigen. ... Man klatscht Ihnen Beifall in Paris und Prag. Aber die Herren, die da klatschen, bezahlen der Universität nicht, was Sie kosten. Ihr Unglück ist Ihr Fach, Herr Galilei.« Der *Kurator* empfiehlt: »... machen Sie doch mal wieder was so Hübsches wie Ihren famosen Proportionalzirkel, mit dem man ... ohne alle mathematischen Kenntnisse Linien ausziehen, die Zinseszinsen eines Kapitals berechnen, ... und die Schwere von Kanonenkugeln bestimmen kann. ... Ich höre, dass

sogar der General Stefano Gritti mit diesem Instrument Wurzeln ausziehen kann!«. Warnend wird dann als besonderer Vorzug die Freiheit der Forschung betont: »Vergessen Sie nicht ganz, dass die Republik vielleicht nicht so viel bezahlt, wie gewisse Fürsten bezahlen,
dass sie aber die Freiheit der Forschung garantiert.« In diesem Kontext wird das wissenschaftliche Handeln Galileis fragwürdig: Er gibt
die Weiterentwicklung eines bereits erhältlichen Fernrohrs als Ergebnis eigener Forschungsarbeit aus und erhält die angestrebte Gehalts-
erhöhung. *Galilei*, servil, vor seinem Arbeitgeber: »... habe ich es
stets als meine Aufgabe betrachtet, nicht nur meinem hohen Lehrauftrag zu genügen, sondern auch durch nützliche Erfindungen der
Republik Venedig außergewöhnliche Vorteile zu verschaffen.« Der
zufriedene *Kurator* stellt fest: »..., dass wir vermittels dieses Instru-
ments im Kriege die Schiffe des Feinds nach Zahl und Art volle zwei
Stunden früher erkennen werden als die unsern, ...«. Später beklagt
Galilei den Wissenschaftsbetrieb und formuliert seine Vision des Forschungsprozesses: »... Und was wir heute finden, werden wir morgen von der Tafel streichen und erst wieder aufschreiben, wenn wir
es noch einmal gefunden haben. Und was wir zu finden wünschen,
das werden wir, gefunden, mit besonderem Misstrauen ansehen.«
Die tägliche Wissenschaftspraxis in den Laboren sieht mitunter anders aus, wenn erwünschte Ergebnisse herbeigeführt werden, wenn
den eigenen Befunden nicht mit dem gebotenen Zweifel begegnet
wird. Das Ziel wissenschaftlicher Arbeit aus der Sicht *Galileis*: »Ich
halte dafür, dass das einzige Ziel der Wissenschaft darin besteht, die
Mühseligkeit der menschlichen Existenz zu erleichtern. Wenn Wissenschaftler ... sich damit begnügen, Wissen um des Wissens willen
anzuhäufen, kann die Wissenschaft zum Krüppel gemacht werden,
und eure neuen Maschinen mögen nur neue Drangsale bedeuten.«
Es bleibt auch heute zu fragen, ob die Forderung nach Anwendungs-
bezug stets zum Wohl der von den Ergebnissen betroffenen Menschen wirksam wird. Kaum, wenn es sich um käufliche Wissenschaft
handelt. *Galilei*: »Wie es nun steht, ist das Höchste, was man erhof-
fen kann, ein Geschlecht erfinderischer Zwerge, die für alles gemie-
tet werden können!...«

**Prof. Dr. Rainer H. Kluwe, Institut für Kognitionsforschung, Helmut-Schmidt-Universität –
Universität der Bundeswehr Hamburg.
Fachgebiet: Kognitionspsychologie.**

Kurt Pawlik

Psychologie: Rückblick, Ausblick, Seitenblicke

Als ich mich im Sommer 1952 zum Studium der Psychologie entschloss, stellte ich mich damit gegen die landläufige Einschätzung, auch bei der Wiener Abiturienten-Berufsberatung, dass ich mir davon bitte keine berufliche Existenz je erwarten dürfte. Nicht nur sollte sich dieser Rat glücklicherweise schon bald als sehr falsch herausstellen, auch das Fach selbst hat in diesen gut fünfzig Jahren zu keinem Zeitpunkt an Faszination für mich eingebüßt. Ich könnte dafür eine Zahl von Gründen nennen und will mich hier auf die folgenden vier beschränken:

Erstens muss Psychologie als *system-offene rationale Humanwissenschaft* faszinieren. Sie hat daher als Wissenschaft und Beruf nicht Bestand, wo geistige Freiheit beschnitten oder gar ideologisch gefesselt wird – in Deutschland und Österreich unter der Nazidiktatur, in der Sowjetunion unter Stalin oder der spät-maoistischen Kulturrevolution in China. Entfaltung von Psychologie ist ein Gradmesser für gesellschaftlich-geistige Freiheit; sie ist für Ideologie und Diktatur »gefährdend«. Schon dies allein macht das Fach faszinierend – und sozialkonstruktiv bedeutsam.

Dazu kommt als Zweites die Brückenstellung der Psychologie unter den Verhaltenswissenschaften: als biologische *und* Sozialwissenschaft von Erleben und Bewusstsein, Verhalten und Handeln, personaler und kultureller Individualität. Keine zweite Verhaltenswissenschaft schlägt diese Brücke aus dieser zweifachen Fundierung, integriert biologische (auch evolutionsbiologische) und sozialwissenschaftliche Methodologie und Theoriebildung, oft in ein und derselben Studie, ist in diesem Sinn multidisziplinär schon *innerhalb* der eigenen Disziplin. Die große Anwendungsflexibilität der Psychologie dürfte darin ebenso mitbegründet liegen wie auch die Erfolgsgeschichte, die das Fach in der Entwicklung von Forschungsmethoden, Verfahren der Datenerhebung und – neuerdings auch – von Methoden der therapeutischen Intervention geschrieben hat.

Ich komme zum dritten Punkt, der mit dem *Gegenstand* des Fachs zu tun hat: Abgesehen von methodisch-technischen Anforderungen, beispielsweise in der Datengewinnung, unterscheiden sich Erfahrungswissenschaften sehr erheblich im *formalen Komplexitätsgrad* ihres Gegen-

stands, ihrer Daten, theoretischen Konzepte und empirischen Gesetzmäßigkeiten Damit ist das Größenordnungsniveau in der Zahl der zu
berücksichtigenden (unabhängigen, abhängigen und interagierenden)
Variablen ebenso angesprochen wie Eigenschaften offener Systeme und
die formale Komplexität, die in der Modellierungen empirischer Gesetzmäßigkeiten oder theoretischer Konstrukte bemüht werden muss. In dieser Hinsicht dürfte die Psychologie zu den Wissenschaften mit hoch-
komplexem Gegenstand zählen – man denke nur an die Zahl und
Variationsbreite der (jenseits des stark vergröbernden Big-Five-Modells)
replizierten Faktoren der Intelligenz und Persönlichkeit oder an neuere
Ergebnisse der Entwicklungs-Verhaltensgenetik und Gedächtnisfor-
schung, ganz zu schweigen von aktuellen Fortschritten in der neuropsychologischen Bewusstseinsforschung. Wen Komplexität von Fragestellung und Modellbildung reizt, der ist in der Psychologie bestens
aufgehoben!

Mein vierter und letzter Punkt bezieht sich auf eine *sozial-ethische
Perspektive*. Für die Erforschung von Erleben und Verhalten und erst
recht für darauf gerichtete Intervention hat die Psychologie schon früh
neben anspruchsvollen methodischen auch besondere ethische Standards
(wie z. B. die Norm der informierten Zustimmung) entwickelt, die über
das Fach hinauswirken und, wie in der Psychologischen Diagnostik und
Therapie, neue Anforderungen auch für menschbezogene Serviceberufe
schlechthin aufstellen. Daher kommt dem Fach auch für die – heute zu
Recht so aktuelle – Diskussion von Wissenschaftsethik, von Forschungs-
freiheit und ihren ethischen Grenzen zu.

Um es auf den Punkt zu bringen: Ohne jedes Zögern würde ich, hätte
ich neu zu wählen, in der Fachwahl dieser Faszination noch einmal folgen.

Prof. Dr. Kurt Pawlik, Psychologisches Institut I, Universität Hamburg.
**Fachgebiete: Differentielle, Biologische und Neuropsychologie; Psychologische Diagnostik,
Testtheorie; quantitative Forschungsmethoden; Umweltpsychologie; Internationale Psycho-
logie.**

Werner Sarges

Was mich zur Management-Diagnostik brachte und warum sie mich nach wie vor herausfordert

>»Die größte Erfindung der Neuzeit ist nicht die Glühbirne,
> das Telefon oder der Mikroprozessor,
> nicht einmal die Relativitätstheorie oder die Quantenphysik.
> Es ist vielmehr das moderne industrielle Großunternehmen.
> Diese Erfindung hat – mehr als alles andere – einem immer größeren Teil der Welt-
> bevölkerung ungeahnten Wohlstand gebracht«
> (Gary Hamel 1997; Strategie-Experte)

Damit ist einer der Ausgangspunkte benannt für mein Interesse am Thema der psychologischen Eignungsdiagnostik für den Managementbereich (die ich 1990 kurzerhand als »Management-Diagnostik« bezeichnet habe): mein Staunen über das Funktionieren und die Effizienz etlicher Großorganisationen. Der zweite Ausgangpunkt war, dass ich manchmal fasziniert war von der Management- und Führungskunst einzelner Personen – nicht selten Unternehmensgründer oder -lenker ohne große formale Vorbildung. Ich fragte mich dann: Was haben diese Menschen an sich oder in sich, was andere nicht haben?

Wenn man das wüsste – so die erste naive Idee –, könnte man durch Auswahl idealtypischer Manager den Erfolg wirtschaftlich schwacher Organisationen auf einfache Weise erhöhen. Die Frage ist aber: Sind primär die Manager für den Erfolg verantwortlich, die Umstände oder erst beides in Interaktion? Ich glaube, dass es die Interaktion beider ist – also nicht nur Merkmale der *Person* eines Managers oder Merkmale der *Situation* seines Tätigkeitsfelds, sondern vor allem deren gelingendes, nur mäßiges oder gar scheiterndes Zusammenwirken.

Situationsmerkmale sind vielfältiger Art, zum Beispiel: Organisationsstrukturen und -abläufe, Qualität der Mitarbeiter, finanzielle und sonstige Ressourcen, Betriebsklima und nicht zuletzt Marktgegebenheiten.

Wenn die Situation günstig ist (z. B. gute Markttendenzen und/ oder hochgradig sich selbst organisierende Mitarbeiter), braucht man bei der Auswahl von Managern nicht besonders kritisch zu sein: Die meisten Kandidaten würden das Geschäft mehr recht als schlecht betreiben. Wenn die Situation dagegen ungünstig ist (z. B. rezessive Markttendenzen oder der Weggang schwer ersetzbarer Experten), dann spätestens sind geeignetere Manager vonnöten. Denn: So wenig es eine Kunst ist, voran zu kommen, wenn man *mit* dem Wind segelt, sehr ist es eine Leistung, den Wind von vorn zu überlisten – der alten Weisheit folgend: Es kommt nicht darauf an, von wo der Wind weht, sondern wie man die Segel setzt.

Nachhaltiger Managementerfolg in einer sich immer schneller und unvorhersehbarer ändernden Wirtschaftswelt mit ihrem ständigen Auf und Ab erfordert heute mehr denn je Geschicklichkeit und Geschwindigkeit in Bezug auf die Anpassung an sich ändernde marktliche und technische Bedingungen sowie das Ausnutzen nicht immer leicht wahrnehmbarer Chancen.

Und das setzt nun einmal Personmerkmale voraus, das heißt Verhaltensdispositionen und -flexibilitäten, die auch bei großen Bewerberschaften nur begrenzt vorfindlich oder trainierbar sind. Branchen- und funktionsübergreifende Schlüsseldispositionen für Management sind beispielsweise: *Helicopter-View, zielorientierte Initiative, Überzeugen und Durchsetzen* und *allgemeines Lernpotenzial* – gar nicht zu erwähnen die diversen Voraussetzungsdispositionen, bei denen allein schon kleine Unterschiede in Ausprägung und Kombination oft große Wirkungen haben.

Indes: Es gibt kein homogenes Anforderungsprofil für alle Managementjobs: Je nach Branche, Ressort/Funktion, Unternehmensgröße, hierarchischer Position etc. werden unterschiedliche Gewichte der generellen Eignungsdispositionen der Person und zusätzlich spezifische Anforderungen der besonderen Situation eine Rolle spielen. Dies mag ein Beispiel aus der jüngeren Geschichte illustrieren:

»Gandhi's simplicity and saintliness might not have dealt effectively with Hitler's war machine, and Churchill's bombast and epicurean self-indulgence would not have endeared him to the Indian masses« (Lykken et al. 1992).

Geschichte oder Management werden also weder von »great men« (personalistische Sicht) gemacht noch von »great times« (situationistische Sicht), entscheidend ist vielmehr die individuelle Passung von Person und Situation (interaktionistische Sicht des »person-job-fit«-Konzepts).

Wenn in den 90er Jahren von (system-)kritischen Psychologen die Beachtung der Manager auch seitens der Management-Diagnostik als unverdiente Glorifizierung ihres Berufsstandes bewertet wurde, so ist das zwar übertrieben, aber doch verständlich. Denn nicht wenige der damaligen Manager sind nur im »Mainstream« wirtschaftlicher Prosperität gesegelt – ganz abgesehen von manchen kriminellen Aktionen (Täuschung, Nötigung, Betrug etc.). Heute dagegen stehen wir Flauten gegenüber, aber auch kräftigen Winden von vorn, und dazu brauchen wir nicht mehr geschickte Selbstdarsteller, sondern wirklich produktive und mitarbeiterorientierte Könner als Manager.

Solche Führungstalente valide identifizieren zu helfen ist eine genuine Aufgabe von Management-Diagnostik. Die wird nämlich immer dann besonders relevant, wenn es einen Unterschied macht, ob man diese oder jene Person für eine bestimmte Managementfunktion auswählt oder. eine bestimmte Person für diese oder jene Funktion.

Prof. Dr. Werner Sarges, Fachbereich Pädagogik, Helmut-Schmidt-Universität – Universität der Bundeswehr Hamburg.
Fachgebiete: Quantitative Methoden, Management-Diagnostik.

Stefan Schmidtchen

Krisenbewältigung durch die Begegnung mit dem Inneren Kind

Die faszinierendste Seite meiner psychologischen Tätigkeit als Kinder- und Erwachsenenpsychotherapeut besteht darin, innerseelische Begegnungen zwischen verdrängten, abgespaltenen, ungeliebten oder abgelehnten Selbstanteilen und den entwickelten Anteilen der Person herzustellen. Ziel dieser Begegnung soll es sein, seelische und körperliche Beschwerden, Ungleichgewichtszustände, Entwicklungsblockaden und Erkrankungen abzubauen oder zumindest zu mildern. Nach meiner Meinung haben wir Menschen eine innere Kraft, die danach strebt, gesund und glücklich zu leben. Damit dies möglich ist, bekommen wir von dieser Kraft im Rahmen unserer Träume, inneren und äußeren Zwiegespräche oder im heilsamen Spiel Hinweise darüber, wie wir die seelischen Prozesse der Unzufriedenheit und Unstimmigkeit auflösen können.

Dabei wird das Wirken der Kraft durch eine achtungsvolle Fokussierung auf unsere seelischen und körperlichen Signale unterstützt und durch Versuche, deren Botschaften zu verstehen. Da es häufig auch aggressive, schuldmachende und ängstigende Botschaften sind, vermeiden viele Mensche diese Fokussierung und verhindern damit eine Selbstheilung. Wenn es ihnen jedoch gelingt, der Kraft zu vertrauen und sich seelisch kompetenten Freunden, Bekannten oder Therapeuten zu offenbaren, dann kann die irgendwann einmal unterbrochene Kommunikation mit den abgelehnten oder unterentwickelten Anteilen der Person wieder aufgenommen und ein Beitrag zur Gesundheitsherstellung geleistet werden.

Ich möchte zur Demonstration des Gesagten ein Gedicht anführen, das mir ein Bekannter als Beleg seiner seelischen Begegnungsarbeit in einer Entwicklungskrise geschrieben hat:

Mein Körper ist starr vor Wut

Mein Körper ist mein Wegweiser.
Durch meine Sinne spüre ich Wohlsein und Lust,
aber auch Bedrohung und Angst.
Manchmal spüre ich Ärger und aufgestaute Wut.
Sie pumpen meinen Bauch voll mit Luft – bis zum Platzen!
Dann möchte ich schreien und brüllen;
*   mich von der Wut befreien –*
von der inneren Spannung und dem Druck!
Aber ich bin stumm. Innerlich gelähmt und starr,
unfähig, mich sselisch zu entladen.

Warum kann ich meine Wut nicht zeigen?
Wer tat sie in meinen Körper und lässt mich leiden? –
Vielleicht ist mein Wuterleben so stark, weil es die ungefilterte Wut eines Kindes ist,
das seinen Peiniger treten, stechen, bespucken und mit Blicken töten möchte.

Meine Kinderseele hasst Menschen, die mich missachten,
die mir feindselig begegnen!
Ich könnte diese Menschen mit spitzer Klinge erstechen.
Sie mit Worten in die Luft wirbeln und am Boden zerschmettern.
Meine Kinderseele kann sehr intensiv hassen!
Sie kann Wut und Ärger so intensiv erleben,
wie ich sie im täglichen Dasein nicht zeigen kann.
Ich muss diese Affekte deshalb unterdrücken, im Körper aufstauen.
Muss meine Gedärme damit belasten und meine Rückenmuskeln.

Warum tue ich mir das an?
Warum verbiete ich mir, meine Wut auszuleben?
Vielleicht liegt es am Verhalten meines Vaters,
der seine Wut an mir und meiner Mutter ausgelassen hat
und unter dessen Wutäußerungen ich unsäglich gelitten habe.
In der Folge habe ich mir geschworen, nicht ähnlich wie er zu reagieren,
deshalb habe ich heute Schuldgefühle, wenn ich meine
*   Wut zeige.*
Ich fühle mich beschämt und habe das Gefühl, anderen Menschen Unrecht
*   anzutun.*

Dennoch möchte ich Wege finden, meine Wut zu offenbaren.
Ich möchte mich von ihr befreien, denn sonst zerstört sie mich.
Es müssen Wege sein, in denen ich keine anderen Menschen verletze und
*   belaste;*
z. B. kann ich Wutbilder malen, imaginäre Personen verprügeln,
laut gegen das Rattern eines Zuges anschreien …
oder die Wut in einem therapeutischen Raum freilassen.
Dazu brauche ich einen Menschen, der die Geschichte meiner
Wutentstehung versteht und der mir helfen kann,
*   sie entwicklungsfördernd auszudrücken.*

Prof. Dr. Stefan Schmidtchen, Psychologisches Institut II, Universität Hamburg.
Fachgebiete: Kinder- und Erwachsenenpsychotherapie, Analyse der Selbstentwicklung in verschiedenen Lebensabschnitten.

Werner Greve

An den Gitterstäben der Endlichkeit rütteln!
Wozu Psychologie?

Wie macht man Wissenschaft?
- »Der oberste Grundsatz ist, daß Sie sich nichts vormachen dürfen – und sich selbst können Sie am leichtesten etwas vormachen. ... Wenn es Ihnen gelungen ist, sich selbst nichts vorzumachen, wird es Ihnen auch leichtfallen, anderen Wissenschaftlern nichts vorzumachen. Dann brauchen Sie nur noch auf herkömmliche Weise redlich zu sein.« (Richard Feynman)
- *»Allzeit: Wie kann dieses besser gemacht werden?«* (Georg Lichtenberg)
- »Zweifel muß nichts weiter sein als Wachsamkeit, sonst kann er gefährlich werden.« (Georg Lichtenberg)

Wovon handelt die Wissenschaft (Psychologie)?
- »Der Satz des zureichenden Grundes, als bloßer logischer Satz ist ein notwendiges Gesetz des Denkens, und insofern kann gar nicht darüber gestritten werden, ob er aber ein objektiver, realer, *metaphysischer* Grundsatz sei, ist eine andere Frage.« (Georg Lichtenberg)
- »Entwicklung ist Zeitvertreib für die Ewigkeit. Ernst ists ihr nicht damit.« (Karl Kraus)
- »Wer bin ich? Was soll ich tun? Was kann ich glauben und hoffen? Hierauf reduziert sich alles ... « (Georg Lichtenberg)

Warum macht man Wissenschaft?
- »Wir fühlen, daß selbst, wenn alle *möglichen* wissenschaftlichen Fragen beantwortet sind, unsere Lebensprobleme noch gar nicht berührt sind.« (Ludwig Wittgenstein).
- »Und wohin soll das führen?«
  »Mir Wissen zu erwerben«, lächelte er.
  »Das klingt nicht sehr praktisch.«
  »Vielleicht ist es das auch nicht, aber andererseits ist es das vielleicht doch. Du kannst Dir gar nicht vorstellen, welches Gefühl es bedeutet, die Odyssee im Original zu lesen. Man hat das Empfinden, als müsse man sich nur auf die Fußspitzen stellen und die Hand ausstrecken, um die Sterne zu erreichen.«
  Er stand auf, wie von einer Erregung übermannt, und ging in dem kleinen Zimmer auf und ab.

»Vor einem oder zwei Monaten habe ich Spinoza gelesen. Ich verstehe vermutlich nicht viel davon, aber es erfüllt mich wie mit einem Jubel. Es ist, wie wenn man sein Flugzeug auf einer weiten Ebene hoch im Gebirge niedergehen läßt. Einsamkeit und eine Luft, die so rein ist, daß sie einem wie Wein zu Kopf steigt und man sich wie eine Million Dollars fühlt.«

»Wann kommst Du nach Chicago zurück?‹

»Nach Chicago? Ich weiß nicht. Ich habe nicht daran gedacht.«

»Wenn Du binnen zwei Jahren nicht erreicht hast, was Du anstrebst, dann willst Du es aufgeben. Das hast Du gesagt.«

»Ich könnte jetzt nicht aufgeben. Ich bin auf der Schwelle. Ich sehe weite Länder des Geistes, die sich vor mir dehnen und mich locken. Ich sehne mich danach, sie zu bereisen.« (W. Somerset Maugham, *Auf Messers Schneide*)

• Psychologie hat, als akademisches Fach, als Wissenschaft, nicht viel mit Therapie oder Erziehung oder Diagnostik oder Personalentwicklung oder fehlervermeidenden Schalttafelarrangements zu tun. Nichts spricht dagegen, sie auf dieses Alles und vieles Andere anzuwenden, aber es ist kaum ihr Zweck und gewiss nicht ihre Legitimation. Psychologie ist ein Weg, dem Apoll'schen Imperativ des »Erkenne dich selbst!« zu gehorchen (der gewiss nicht als Aufforderung zur individuellen Selbsterfahrung, sondern als Mahnung zur Einsicht in eigene Grenzen und Möglichkeiten gemeint ist). Der ernsthafte Versuch, auf diesem Weg Antworten und Einsichten zu gewinnen, ist der beste Grund, sie zu betreiben. Wie man das macht und mit welchen Themen und Fragen (von Kriminalität bis Identitätsentwicklung, von Belastungen des Alters bis Willensfreiheit) ist der individuellen Neugier überlassen – und dem Markt (eigene Meinung).

• »Wenn man bedenkt, daß dieselbe technische Errungenschaft der ›Kritik der reinen Vernunft‹ und den Berichten über eine Reise des Wiener Männergesangvereines gedient hat, dann weicht aller Unfriede aus der Brust und man preist die Allmacht des Schöpfers.« (Karl Kraus)

Literatur

Feynman, R. P. (1985): »Sie belieben wohl zu scherzen, Mr. Feynman!«. München, S. 454f.

Kraus, K. (1924): Aphorismen. Frankfurt a. M., 1986, S. 281; S. 76.

Lichtenberg, G. C. (1765ff.): Schriften und Briefe. Bd. 1 Sudelbücher. Fragmente, Fabeln. Verse). (Hg. von F. H. Mautner). Frankfurt a. M., 190, S. 334, S. 467, S 391.

Maugham, W. S. (1944): Auf Messers Schneide. Berlin, 1979, S. 56.

Wittgenstein, L. (1921): Tractatus logico philosophicus. Frankfurt a. M., 1963, Satz 6.52.

Prof. Dr. Werner Greve, Institut für Psychologie, Universität Hildesheim.
Fachgebiete: Entwicklungspsychologie der Lebensspanne, Pädagogische Psychologie, Kriminal- und Rechtspsychologie, Philosophische Psychologie.

Bernd Simon

Wie kommt das Soziale ins Individuum und umgekehrt

Seit ich höre, hat man mir gesagt, ich sei anders, und ich habe geachtet darauf, ob es so ist, wie sie sagen. Und es ist so, Hochwürden: Ich bin anders. Man hat mir gesagt, wie meinesgleichen sich bewege, nämlich so und so, und ich bin vor den Spiegel getreten fast jeden Abend. Sie haben recht: Ich bewege mich so und so. Ich kann nicht anders. Und ich habe geachtet auch darauf, ob's wahr ist, daß ich alleweil denke ans Geld, wenn die Andorraner mich beobachten und denken, jetzt denke ich ans Geld, und sie haben abermals recht: Ich denke alleweil ans Geld. Es ist so. Und ich habe kein Gemüt, ich hab's versucht, aber vergeblich: Ich habe kein Gemüt, sondern Angst. Und man hat mir gesagt, meinesgleichen ist feig. Auch darauf habe ich geachtet. Viele sind feig, aber ich weiß es, wenn ich feig bin. Ich wollte es nicht wahrhaben, was sie mir sagten, aber es ist so. Sie haben mich mit Stiefeln getreten, und es ist so, wie sie sagen: Ich fühle nicht wie sie. Und ich habe keine Heimat. Hochwürden haben gesagt, man muß das annehmen, und ich hab's angenommen. Jetzt ist es an Euch, Hochwürden, Euren Jud anzunehmen.

(Andri zum Pater)

Dieses Zitat ist dem Theaterstück »Andorra« von Max Frisch entnommen. Andri ist über viele Jahre hinweg von seinen Mitmenschen als Jude betrachtet und behandelt worden. Lange hat er sich gegen diese Identität gewehrt. Als ihm schließlich vom Pater eröffnet wird, dass er gar nicht aus einer jüdischen Familie stammt, wird ihm jedoch bewusst, wie sehr er diese Identität bereits verinnerlicht hat. Selbstbewusst – sich seiner selbst bewusst – verlangt er nun von den anderen die ihm gebührende Anerkennung.

Lange bevor ich mich bewusst für das Studium der (Sozial-)Psychologie entschied, hatte dieses Zitat bereits mein Interesse für die Frage geweckt, wie *das Soziale in das Individuum kommt und das Soziale durch das Individuum wirksam wird*. Das Zitat illustriert die Macht sozialer Einflüsse, insbesondere die Wirkung von Stereotypisierungsprozessen, aber auch die Möglichkeit von Gegenmacht sowie individuellen und kollektiven Aufbegehrens.

Es war und ist meine Hoffnung, dass Sozialpsychologie einen wichtigen aufklärerischen Beitrag zum Verständnis der fundamentalen Sozialität unserer Spezies leisten kann. Die sozialpsychologische Herangehensweise ist fundamental *psychologisch*, weil sie von der Annahme geleitet wird, das Soziale wirke durch die (Köpfe und Herzen der) Individuen hindurch und nicht über deren Köpfe hinweg, wie nicht wenige Soziologen annehmen. Gleichzeitig ist die sozialpsychologische Herangehensweise fundamental *sozial*, weil sie das Individuum im Kontext seiner Beziehungen zu – beziehungsweise Interaktionen mit – anderen Individuen und Gruppen zu verstehen versucht und nicht als abstrakte, losgelöste Einheit, wie dies nicht wenige Psychologen versuchen. Im Konzert der verschiedenen, arbeitsteilig verbundenen Wissenschaftsdisziplinen übernimmt die Sozialpsychologie folglich eine zentrale Vermittlerrolle zwischen der auf soziale Makroprozesse fokussierten Soziologie und der auf psychische Mikroprozesse fokussierten Psychologie.

Die fast unlösbare Aufgabe besteht darin, weder von der Macht der anderen noch von der eigenen Ohnmacht sich dumm machen zu lassen.

(Theodor W. Adorno)

Die Sozialpsychologie fragt, wie Individuen sich in sozialen Kontexten verhalten und warum sie dies so tun, wie sie es tun. Nach meinem Verständnis stellt die Sozialpsychologie aber nicht nur Fragen zum Status quo, sie stellt auch infrage. Sie ist eine *kritische*, keine affirmative Wissenschaft. Sie fragt immer auch, was sein könnte und wie dies erreicht werden kann. Ganz im Sinne der obigen Bemerkung von Adorno soll Sozialpsychologie als kritische Wissenschaft der Verdummung entgegenwirken, auch wenn und gerade weil die Macht den Geist meist missgünstig beäugt und stets zu korrumpieren versucht.

Von diesem Selbstverständnis geleitet erforschen meine Mitarbeiterinnen und Mitarbeiter und ich seit mehreren Jahren die sozialpsychologischen Grundlagen individueller und kollektiver Identität und deren Bedeutung für intra- und intergruppales Verhalten (insbesondere bei Minoritäten und Majoritäten). Im Zentrum unserer Forschungsarbeiten stehen Phänomene wie Individualisierung und Gruppenbildung, Respekt und Macht sowie soziales und politisches Engagement und Protest.

Prof. Dr. Bernd Simon, Institut für Psychologie, Universität Kiel.
Fachgebiet: Sozialpsychologie mit den Schwerpunkten Identität, Gruppenprozesse, Macht, soziale und politische Bewegungen.

Werner Deutsch

Rede zur Übergabe der Diplom- und Promotionsurkunden im Studiengang Psychologie für das Jahr 1999 am Dienstag, 19. Oktober 1999 im Neuen Senatssitzungssaal der TU Braunschweig

Liebe Zuhörerinnen,
liebe Zuhörer!

Vorsitzende von Prüfungsausschüssen reden selten öffentlich. Ihre Haupttätigkeit besteht darin, Zeugnisse und Urkunden zu unterschreiben. Was sie sonst noch tun, geschieht meistens unter Ausschluss der Öffentlichkeit.

Die Einladung, hier zu reden, habe ich trotzdem sofort angenommen, weil das Thema meines Beitrags zu diesem Abschiedsabend für die Diplomierten und Doktorierten des Fachs Psychologie an der Technischen Universität Braunschweig gleich mitgeliefert wurde.

Das Thema »Psychologiestudium: vom Anfangen, Aufhören und dem entscheidenden Stück dazwischen« übt auf einen Entwicklungspsychologen, der sich wie ich neben dem Prüfungsausschuss auch noch der Sprachpsychologie widmet, einen Reiz aus, dem er sich nicht entziehen kann. Warum?

Alles, was wir tun, ob reden, schweigen, schlafen, essen, trinken und eben auch studieren, spielt sich in der Zeit ab. Wer seine Diplom- oder Doktorurkunde hier in Empfang nimmt, hat eine Zeit lang studiert. Diese Zeit lässt sich berechnen als Studiendauer in Jahren, Semestern, Monaten, Tagen, Stunden, Minuten, Sekunden.

Die Studiendauer gibt an, wie schnell oder wie langsam jemand die Strecke zwischen zwei Punkten – dem Studienbeginn und dem Studienende – zurückgelegt hat. Wie reich ist unsere Sprache, um die Eckpunkte und das, was dazwischen liegt, in Worte zu fassen?

Für die Eckpunkte ist sie reich an Weisheiten wie Aller Anfang ist schwer. Frisch gewagt ist halb gewonnen. O Lust des Beginnens. Ende gut, alles gut. Wer wird denn weinen, wenn man auseinander geht. Hinter jedem Ende steht ein neuer Anfang.

Für das Stück dazwischen bietet sie nur wenig. Auch die heute weit verbreitete Losung »Der Weg ist das Ziel« vermag nicht so recht zu überzeugen, weil das Ziel nicht mehr ein Punkt ist, sondern eine Strecke, die gleich auf den Anfang folgt. Für das Dazwischen scheinen uns die passenden Worte zu fehlen, wenn man nicht gerade in den Gedichten Bert Brechts nachschlägt, wo von den Mühen der Ebenen die Rede ist.

Wie sehen die Mühen der Ebenen aus, wenn jemand die Klippen der Gebirge – ich meine den Numerus Clausus im Fach Psychologie – geschafft hat?

Wer Mathematik, Physik, Geschichte oder Romanistik zu studieren beginnt, weiß ziemlich genau, was ihn erwartet. Da er sein Studienfach bereits aus der Schule kennt, kann er nicht nur einschätzen, ob es ihn interessiert, sondern auch, ob er begabt genug ist, es »abzustudieren«, wie es so treffend im Niederländischen heißt. Bei der Psychologie sieht das anders aus. Der Einfachheit halber nehme ich mich selbst als Beispiel.

Als ich am 5. November 1966, drei Tage nach meinem Abitur am Altsprachlichen Gymnasium in Kleve, mein Psychologiestudium an der Universität Münster aufgenommen habe, kannte ich drei psychologische Fachbücher und einen Psychologen. Die Bücher waren Hofstätters »Gruppendynamik«, Freuds »Traumdeutung« und Eysencks »Test your own IQ«. Den Psychologen hatte ich auf einer Akademietagung für Schüler kennen gelernt. Er hieß Müller und beschäftigte sich mit dem Zusammenhang zwischen Maßen der Leistungsmotivation und der Zusammensetzung des Urins.

Mit der Wahl meines Studienfachs hatte ich viele Menschen, die es gut mit mir meinten, irritiert.

Der Direktor meiner Schule, vorher Kulturattaché in den Niederlanden, war entsetzt und versuchte mich – ohne Erfolg – in ein anderes Fach umzulenken. Auch meine Mutter brauchte einige Zeit, bis ihr das Wort Psychologie reibungslos über die Lippen ging. 33 Jahre danach hat sich einiges geändert. Die Psychologie ist nicht mehr das unbekannte Wesen, das uns zugleich anzieht und abschreckt und für Familienkräche sorgt.

Geblieben ist jedoch die Kluft zwischen der Vorstellung, die Schüler und die meisten Normalmenschen von der Psychologie haben, und der Wirklichkeit, die sich während des Studiums und später im Beruf auftut. Kein Wunder, dass ein Psychologiestudium nicht so glatt verläuft wie, sagen wir, das Studium der Mathematik oder Elektrotechnik. Wer Psychologie studiert, erwirbt nicht nur Wissen und Können, sondern er macht auch persönlich einen Wandel durch, bei dem Konflikte, Krisen und Enttäuschungen Teil eines Entwicklungsprozesses sind, die zu einem anderen Verständnis von dem führen, was die Psychologie wissenschaftlich und praktisch zu leisten vermag.

Zwischen dem Beginn und dem Ende eines Psychologiestudiums liegen also Metamorphosen und nicht nur die Mühen der Ebenen. Wohin führen solche Metamorphosen? Meine Mutmaßungen über das, was am Ende des Psychologiestudiums in Braunschweig steht, möchte ich in drei Punkten zusammenfassen:

1. Die Psychologie ist eine ernst zu nehmende Wissenschaft, auch wenn sie von vielen noch immer nicht ernst genommen wird.
2. Die Psychologie ist in der Forschung und in der Praxis auf die Zusammenarbeit mit konkurrierenden und kooperierenden Geschwisterdisziplinen angewiesen.
3. Die Anwendung der Psychologie gehört nicht in die Hände von Gurus und Neoschamanen, sondern von wissenschaftlich ausgebildeten Psychologinnen und Psychologen, die ihr Handwerk in fachlicher und persönlicher Hinsicht beherrschen.

Ich hoffe, die Lehrenden des Fachs Psychologie haben den hier anwesenden Absolventinnen und Absolventen in der Zeit zwischen Anfang und Ende den Blick für das Machbare schärfen und das Gespür für das Wünschbare wecken können.

Gäbe es kein Dazwischen, könnten wir Altes nicht abschließen und Neues nicht beginnen lassen. An einem Tag, der ganz im Zeichen des Abschlusses und Abschieds steht, kann und darf das Dazwischen ruhig einmal dazwischenfunken, oder?

Prof. Dr. Werner Deutsch, Institut für Psychologie, Abteilung für Entwicklungspsychologie, Technische Universität Braunschweig.
Fachgebiete: Entwicklung des Sprechens, Singens und Zeichnens, Entwicklungsstörungen (Autismus), Geschichte der Psychologie (William und Clara Stern), Psychodrama.

Dietrich Dörner

Die Signifikanz des Rotkehlchens

Als man 1861 in Solnhofen im fränkischen Jura ein versteinertes Skelett fand, das wie eine Mixtur aus einem Raubsaurier mit scharfen Zähnen im spitzen Maul und einem Vogel mit befiederten Schwingen aussah, war das eine Sensation. Es war von nun an klar, dass man das zarte Rotkehlchen in unserem Garten als Verwandten des blutrünstigen Tyrannosaurus Rex ansehen musste. – Schon bald hatte man herausgefunden, daß der Archaeopteryx wahrscheinlich ein schlechter Flieger war; vermutlich bewegte er sich nur gleitend von Ast zu Ast. Dies schloss man aus dem schwach entwickelten Brustbein (als Ansatz für die Flugmuskulatur) und dem sehr kleinen Kleinhirn.

Vom Standpunkt der psychologischen Methodik muss man allerdings gegen solche Betrachtungen prinzipielle Einwände erheben! Der »Urvogel« war ja nun doch nur ein Einzelfall. Nun gut: Ein solcher Fund kann zu Hypothesen anregen. Aber die eigentliche Forschung muss dann erst beginnen. Die Federabdrücke zum Beispiel könnten Irregularitäten im Gestein sein. Und vielleicht war das Brustbein nur bei dem aufgefundenen Vogel schwach entwickelt (und deshalb ist gerade er in den Schlamm gefallen, erstickt und versteinert!); aufgrund dieses Einzelfalls kann man eigentlich über die Gattung kaum etwas sagen. Ehe man weitreichende Spekulationen an diesen Fund knüpfte, hätte man erst einmal die Berge um Solnhofen mit Räumbaggern durchwühlen müssen, um eine repräsentative Stichprobe von Urvogelskeletten zusammenzubringen. Denn sonst? Wo bleiben Mittelwert und Streuung der Brustbeine? Ohne diese Werte kann man doch gar nichts sagen!

Neulich unterhielt ich mich mit einem Kollegen über den Fall jenes Erfurter Schülers, der im Frühjahr des Jahres 2002 siebzehn Mitschüler und Lehrer erschoss. Mir schien es wichtig, herauszufinden, wodurch ein solches Ereignis zustande kommt. Der Kollege stimmte mir zu, bedauerte aber, dass dieser Fall leider wissenschaftlich nicht zu behandeln sei, da er ja nur ein Einzelfall sei. Einzelfälle können kein Objekt der Wissenschaft sein, da sie ja keine Mittelwerte und Streuungen produzieren. Und die braucht man, um die Wirkung verschiedener Faktoren abschätzen zu können.

Die Psychologie ist einzigartig unter den Wissenschaften, da sie schon vor der Kenntnis ihrer Gegenstände die Methode zur Erforschung derselben genau kennt. Dies methodizistische Apriori, das darin besteht, dass man irgendetwas haben muss, was man mit etwas anderem korreliert, um es sodann auf Signifikanz zu prüfen, führt zur Selbstbescheidung. Man weiß, was man untersuchen darf und was man leider bleiben lassen muss.

Bei dem Fall des Erfurter Schülers hätte man ja – analog zu den Brustbeinbetrachtungen beim Archaeopteryx – zum Beispiel analysieren können, welche Funktion die Tat für den Schüler hatte; eine wohl vernünftige Frage im Hinblick darauf, dass die »Seele« als Steuerorgan im großen und ganzen nach Prinzipien der Zweckmäßigkeit aufgebaut sein sollte. Über Funktionen kann man sprechen, ohne die Statistik zu bemühen; man kann Behauptungen über Funktionen diskutieren, bestätigen oder widerlegen. Und darauf kommt es an, nicht auf die Statistik. Das Wesen von Wissenschaft liegt in der Kritisierbarkeit von Aussagen und die statistische Signifikanzprüfung ist nur eine von sehr vielen Methoden der Kritik.

Das methodizistische Apriori hat zu einem merkwürdigen Menschenbild geführt. Der Mensch als Flipperautomat, in dem dieses oder jenes mit diesem oder jenem statistisch korreliert, zum Beispiel der Ärger negativ mit der Kreativität. – Was Ärger eigentlich genau ist, oder Kreativität, ist keine vernünftige Frage in der Psychologie, da man zu deren Beantwortung in das unbeobachtbare Innere der Seele kriechen müsste, um auf diese Weise den sicheren Boden der *empirischen* Wissenschaft zu verlassen. Und warum es vielleicht ganz sinnvoll ist, dass der Ärgerliche nicht kreativ ist, ist auch keine vernünftige Frage; man gerät damit in die verbotenen Gefilde der Spekulation, womit man wiederum das Gebiet einer ehrenwerten Wissenschaft verlassen würde. Theorien darf man nur gewinnen durch Generalisierung beobachteter statistischer Zusammenhängen, sonst ist's keine Wissenschaft!

Und so sind unsere Theorien kümmerliche Theorunkel (Braithwaite[1]), mit einem – blutarmutbedingt – kurzen Leben. Das Innenleben der Seele – etwa die Dynamik von Gefühlen oder Denkprozessen – kommt in der Psychologie nicht vor, und das, obwohl schon eine grobe Betrachtung des Aufbaus des Zentralnervensystems deutlich macht, dass *hier* die Musik spielt. Den etwa 50 000 000 Sinnesfasern, die das Gehirn erreichen und den etwa 50 000 motorischen Fasern, stehen 200 000 000 000 Neuronen im Inneren gegenüber; eine Input-Output-/Intern-Relation von ungefähr 1/4000! Trotz solcher Verhältnisse huldigen wir, der heiligen Kuh »Empirie« wegen, weiterhin einem behavioristischen Methodizismus, lassen die Archaeopteryxe unberücksichtigt und wundern uns dann darüber, dass unsere Kongresse so langweilig sind, dass ihre Fresseresonanz gewöhnlich nahe bei Null liegt und dass man Auskünfte beispielsweise über den »freien Willen« eher von Hirnforschern wie Gerhardt Roth oder Wolfgang Singer erwartet als von Psychologen.

1 Braithwaite, R. B. (1962): Models in the Empirical Sciences. In: Nagel, A.; Suppes, P.; Tarski, A. (Hg.), Logic, Methodology and the Philosophy of Science. Stanford, S. 224–231.

Prof. Dr. Dietrich Dörner, Institut für Theoretische Psychologie, Universität Bamberg. Fachgebiete: Allgemeine Psychologie, Theoretische Psychologie, Denken und Handeln.

Lothar Laux

Freud war nie in Bamberg!

Julia Marc[1] (Radio Bamberg): Wir bereiten eine Dokumentation über die For-
schungsschwerpunkte der Universität Bamberg vor. Uns interessiert dabei
besonders, ob sich für solch aktuelle Schwerpunkte historische Vorläufer, vielleicht sogar hier in der Region, ausmachen lassen.

Lothar Laux: Für mein Fach, die Persönlichkeitspsychologie, muss ich das vernei-
nen. Sehen Sie, wir befassen uns zum Beispiel mit dem Thema »Self-Presentation« oder »Impression Management«. Methodisch gehen wir dabei sehr
individuumszentriert vor – nach dem Motto »beyond group differences«. Für
solche aktuellen Themen findet man hier in Bamberg keine Vorläufer!

JM: Ach!

LL: Nehmen wir etwa William Stern, der die Individualitätsforschung 1911
begründete. Er war nie in Bamberg. Seine Biographie kreist um drei Städte:
Berlin, Breslau und Hamburg. Bamberg wird nicht erwähnt, nicht einmal in
einer Fußnote ist die Rede von einem Sommerurlaub in der Fränkischen
Schweiz mit einem Abstecher nach Bamberg, verbunden mit dem Besuch
eines Kellers (Biergarten). Leider gab es in Bamberg auch keine Gruppe von
fünf einflussreichen Persönlichkeiten, zum Beispiel Kirchenfürsten oder Inqui-
sitoren, die man – metaphorisch versteht sich – heute als Vorläufer der »Big
Five« nennen könnte. Es hätten natürlich auch sechs oder sieben sein können,
da bin ich großzügig.

JM: Das ist ja enttäuschend. Wie ist es denn mit Sigmund Freud? War der mal in
Bamberg?

LL: Ebenfalls Fehlanzeige. Ja, es wäre sehr schön gewesen, wenn Freud Bamberg
wenigstens einmal besucht hätte! Nur ein einziges Mal hier übernachtet hätte
– zum Beispiel 1938 auf seinem Weg von Wien ins Exil nach London. Wie stolz
wären wir heute als Bamberger Psychologen (vgl. Selg 2002)! Was wäre Freud
hier alles aufgefallen? Er hätte uns bestimmt eine psychoanalytische Interpretation des Fischerstechens hinterlassen. Das Fischerstechen ist ein Bamberger
Brauch, eine Art Ritterturnier auf der Regnitz. Freud wäre sicherlich sofort auf
eine Sublimierungsinterpretation gekommen oder er hätte den Abwehrme-
chanismus der Verschiebung oder Verdrängung identifiziert (siehe Abbildung). Leider, leider hat er den Weg ins Exil über Paris gewählt.

JM: Nun mal langsam! Ich als Bambergerin weiß aber noch aus dem Deutsch-
Leistungskurs, dass Freud sehr stark von dem Schriftsteller E. T. A. Hoffmann
beeinflusst worden ist. Der hat hier in Bamberg die phantastische Erzählung
»Der Sandmann« geschrieben.

LL: Ja, das stimmt. Freud hat in seinem Aufsatz über »Das Unheimliche« den
»Sandmann« seitenlang mit Hilfe von Begriffen wie Ödipuskomplex und Kas-
trationsangst interpretiert.

JM: Und – wie man als Bamberger wissen sollte – war E. T. A. Hoffmann mit dem berühmten Arzt und Naturphilosophen Dr. Marcus befreundet.

LL: Und – wie ich weiß – ist nach ihm das Marcus-Haus benannt worden, in dem wir Psychologen untergebracht sind.

JM: Und – wie Sie vielleicht auch wissen – hat der Dr. Marcus die Nervenklinik »St. Getreu« gegründet und E. T. A. Hoffmann später wertvolle Auskünfte über psychiatrische Fälle gegeben. Die hat der dann in seinen Schriften verarbeitet, zum Beispiel in den »Elixieren des Teufels«.

LL: Aber mit Freud befasst sich die Psychologie hier in Bamberg nur noch aus historischen Gründen. Mir fällt aber ein viel aktuelleres Beispiel ein: Der Nestor der deutschsprachigen Persönlichkeitspsychologie Hans Thomae hat in eben dieser Nervenklinik »St. Getreu« 1948 als Psychologe gearbeitet. Für uns ist er heute die Leitfigur einer stark individuumszentrierten Persönlichkeitspsychologie. Dies bringt auch der Titel seines Standardwerks »Das Individuum und seine Welt« zum Ausdruck.

JM: Und wie wir beide wissen, war das Marcus-Haus früher eine Frauenklinik. Wo heute Computer stehen, waren früher die Kreißsäle. Und ein nicht ganz unbekannter Entertainer, ein Künstler sozusagen im Bereich »Self-Presentation«, der vorwiegend in Malibu, in Kalifornien, lebt nämlich …

LL: … Thomas Gottschalk, der ist in der Frauenklinik, dem heutigen Marcus-Haus, 1950 zur Welt gekommen. Eine Gedenktafel findet sich dort aber nicht.

JM: (erleichtert) Also doch! Es leben die Vorläufer!

Ich danke Georg Merzbacher, Karl-Heinz Renner und Caroline Spielhagen für Anregungen zu diesem Text.

Literatur
Selg, H. (2002): Sigmund Freud. Genie oder Scharlatan. Stuttgart.

1 Name wurde verändert. Julia Marc war der Name des Frauenidols von E. T. A. Hoffmann.

Prof. Dr. Lothar Laux, Lehrstuhl für Persönlichkeitspsychologie, Universität Bamberg. Fachgebiete: Persönlichkeitspsychologie, Psychologische Diagnostik, Intervention.

Andrea E. Abele

Die Ratte, die Sozialpsychologie und die Stimmungsforschung

Als ich mit achtzehn Jahren anfing, Psychologie zu studieren, hatte ich keine klare Vorstellung, was das sei. Ich hatte Freud gelesen, mich mit Erich Fromm beschäftigt und mit der antiautoritären Erziehung. Was darüber hinaus kommen sollte, war eher nebulös. Da ich in »Klein Harvard am Bodensee«, das damals gerade seine Pforten öffnete, anfing zu studieren, war das Angebot an Lehrveranstaltungen begrenzt. Unter anderem musste ich ein experimentalpsychologisches Praktikum absolvieren. Dieses bestand darin, sich die Grundzüge der Skinner'schen Theorie des operanten Konditionierens anzueignen und die Erkenntnisse praktisch umzusetzen, indem Laborratten trainiert werden sollten, komplizierte Labyrinthe zügig zu durchlaufen.

Mit diesem Inhalt von Lehrveranstaltung hatte ich nicht gerechnet. Ich begab mich recht missmutig zum ersten Termin, der im Tierlabor im obersten Stockwerk eines Hochhauses mit wunderschönem Blick über den Bodensee stattfand. Wenn man die Aussicht über den Bodensee genießen wollte, musste man allerdings auch die Käfige sehen, in denen unsere Versuchstierchen saßen. Mir fiel das nicht leicht, weil ich mich vor den Tierchen ekelte.

Dann ging das Trainieren los. Wir waren etwa fünfzehn Personen. Zuerst mussten die Teilnehmer jeweils »ihre« Ratte mit Nahrungsentzug deprivieren, um ihr dann anschließend das Lernen des Labyrinths im wahrsten Wortsinn schmackhaft zu machen. Die Ratten meiner Mitstreiter lernten schnell, meine Ratte lernte nichts, sie explorierte nicht und wurde schlanker ...

Ich haderte mit meinem Schicksal: Warum hatte nur ich ein solch dummes Vieh? Ich bekam schlechte Laune, behandelte meine Ratte schlecht und diese lernte erst recht nichts. Nach einiger Zeit beschloss ich, die schlechte Laune zu verdrängen und »Modelllernen« zu betreiben (davon hatten wir mittlerweile gehört). Ich beobachtete also, wie die anderen mit ihren Ratten umgingen. Sie streichelten sie, sprachen sogar zu ihnen, manche hatten ihnen einen Namen gegeben und alle setzten sie jeweils vorsichtig ins Labyrinth, wenn es ans Lernen ging. Ich dagegen hatte meine Ratte immer mit spitzen Fingern aus dem Käfig gezerrt und sie relativ unsanft im Labyrinth losgelassen. Auf einmal fiel es mir wie Schuppen von den Augen: Auch Ratten wollen geliebt werden, auch Ratten bauen Beziehungen auf (oder auch nicht), auch Ratten lernen besser, wenn sie in »guter Laune« sind. Das war wohl die Geburtsstunde meines Interesses für Sozialpsychologie und für Stimmungsforschung.

Ich überwand mich also und nahm die Ratte erstmals richtig in die Hand. Ich setzte sie vorsichtig ins Labyrinth und berührte sie dann noch einmal sanft. Und siehe da, auch meine Ratte lernte, sich durch das Labyrinth zu bewegen, den Hebel zum Herunterdrücken zu finden, diesen zu betätigen, um dann für dieses Verhalten in Form eines Futterkügelchens belohnt zu werden. Nach kurzer Zeit war sie fast genauso schnell wie die anderen Ratten. Ich wurde ein bisschen stolz auf »meine« Ratte – und auf mich natürlich auch.

Was hat diese Begebenheit mit den »Seelenlandschaften« der Psychologie zu tun? Das Rattenpraktikum war eine der eindrücklichsten Lehrveranstaltungen, die ich in meinem Studium erlebt habe. Ich bin seit diesem Rattenpraktikum überzeugt davon, dass die Prinzipien des operanten Konditionierens wesentliche und elementare Erkenntnisse über menschliches Verhalten darstellen, dass sie aber – siehe mein Beispiel – zu kurz greifen. Wir sind einerseits alle kleine »Ratten«, die nach Belohnung und Bestrafung lernen. Dies gilt nicht nur für das Lernen im engeren Sinn, sondern zum Beispiel auch für soziale Beziehungen: Wir mögen Menschen, die uns Gutes tun. Wir lassen uns durch Lob betören, wir hören gern, dass wir »Klasse« sind, selbst wenn im Hinterkopf irgendwo klar ist, dass nicht jedes Lob und jede Schmeichelei ernst genommen werden kann. Wenn aber andererseits selbst Ratten in ihrer Lernleistung davon abhängig sind, wie sie behandelt werden, um wie viel wichtiger sind dann diese unterschiedlichen »Behandlungen« und die damit einhergehenden affektiven Zustände, Wahrnehmungs-, Urteils- und Interpretationsprozesse für den Menschen.

Später im Studium und dann in meiner Forschung habe ich mich der Sozialpsychologie zugewandt, die den Prozessen der sozialen Informationsverarbeitung große Aufmerksamkeit zollt, gleichzeitig aber auch Raum für die Berücksichtigung simpler operanter Konditionierungsprozesse lässt.

Noch später habe ich Stimmungsforschung betrieben und mich damit beschäftigt, wie momentane affektive Zustände Informationsverarbeitungsprozesse, Aufmerksamkeitsfokussierung, Urteilsbildungen und Bewertungen beeinflussen. Diese Einflüsse sind enorm. Die Ratte lässt grüßen: Sie hat kein Bewusstsein für ihre Beziehung zur Praktikumsstudentin, sie hat kein Bewusstsein davon, ob sie »guter« oder »schlechter« Laune ist, affektive Prozesse können bei ihr aber trotzdem ablaufen und ihr Verhalten – siehe oben – beeinflussen.

Prof. Dr. Andrea Abele-Brehm, Lehrstuhl für Sozialpsychologie, Universität Erlangen. Fachgebiete: Stimmungs- und Wohlbefindensforschung, Berufspsychologie.

Klaus Moser

Bekenntnisse eines Wirtschaftspsychologen

Was tun Sie denn eigentlich? Wenn ich diese Frage gestellt bekomme und antworte »Wirtschaftspsychologie«, dann werde ich in unangenehme, ja »prekäre« Gespräche verwickelt – jedenfalls habe ich dieses Gefühl genau dann, wenn ich mich doch eigentlich nur deswegen an den Tresen einer Kneipe gesetzt habe, um mitten im Getümmel ungestört eine Weile in ein halbvolles Bierglas zu stieren. Warum sind diese Gespräche »prekär«?

Im Grunde gibt es da nämlich zwei Gruppen von Leuten. Die einen sagen (mit einem verwinkelten Grinsen) »Oh Gott« und parodieren ihr eigenes Kokettieren womöglich noch mit der Aussage, dass Psychologen selbst wohl doch immer noch die meisten Probleme hätten. Da haben wir es: Meint mein Gegenüber das selbst oder zitiert er diese Meinung (und dann ernsthaft oder ironisch)? Und schon ist sie hin, die gerade erst aufkeimende Feierabendlaune. Jetzt muss man also was sagen, und am besten was Schlaues, aber es sollte nicht verletzen und so weiter, und so weiter.

Da gibt es dann auch noch die anderen, die das (Wirtschaftspsychologie!) wirklich »sehr interessant« finden, aber dann gleich mehr wissen wollen (und tatsächlich mehr *sagen* wollen), denn da gibt es also diesen Chef (oder war es doch der eigene?), der dieses oder jenes so und so (und gewiss falsch) macht und *eigentlich* bräuchte es doch so jemanden wie einen Wirtschaftspsychologen im Betrieb und so weiter, und so weiter. Schwupp, gefangen in dieser Falle, wie komm ich da raus – ist man doch als Psychologe gewiss ein »guter Zuhörer«, oder? Und wo ist jetzt die Feierabendlaune?

Was wir in der Psychologie können, ist sehenswert, wirksam, durchdacht, manchmal sogar nachhaltig. Aber manchmal ist es mir *wirklich* einfach zu viel, wenn dann doch jeder meint, auch noch etwas zum Thema (bei mir ist es eben »Wirtschaftspsychologie«) sagen zu müssen. Und weil ich diese Erfahrung zu oft gemacht habe, bleibt mir nur noch ein Ausweg (da ich auf meine Tresenabende nicht ganz verzichten will): Ich verleugne meinen Beruf, ich schwindle und sage »Ich bin Lehrer für Religion und Sport«. Das ist mein Geheimtipp, wenn man seine Ruhe haben will, vielfach überprüft und bestätigt – und seine Wirkung ist ganz bestimmt nicht einfach erklärbar.

Wie lässt sich die Ruhe nach meinem kleinen Schwindel eigentlich erklären? Meine Antwort lautet: Offen gestanden, will ich es nicht wirklich untersuchen, wofür es gleich mehrere Gründe gibt. Erstens möchte ich unbedingt, dass nicht ausgerechnet dieses Phänomen als »Moser-Effekt« in die Annalen der Wissenschaften eingeht. (Man darf ja noch träumen!) Zweitens kann ich mir nicht ernsthaft vorstellen, dass ich dafür Forschungsmittel einwerben könnte. Hierzu muss ich erwähnt haben, dass die Einwerbung von Geldern mittlerweile an vielen Universitäten als Indikator für Forschungsleistung gilt. (Damit wird die alte Managementregel realisiert: Benutze einfache, durchschaubare, gut zählbare und falsche Indikatoren!) Drittens kann man das Ergebnis entsprechender Forschung auch nicht in einer englischsprachigen, prestigeträchtigen Zeitschrift unterbringen, denn niemand außerhalb von Deutschland versteht so richtig die spezielle Rolle des Biertrinkens, geschweige denn die herausragende Rolle, die es in Bayern einnimmt. (Man könnte allerdings darüber nachdenken, das schon lange überfällige *Bavarian Journal of Beer Breweries and Hangover Prevention* zu gründen, in dem das entsprechende Manuskript über diesen wichtigen Forschungszweig nach dreimaliger »reject and resubmit«-Empfehlung abgedruckt werden könnte.) Was das Ganze viertens problematisch machen würde, ist die unkalkulierbare öffentliche Reaktion auf dieses Forschungsparadigma, einmal ganz davon abgesehen, dass ich nicht weiß, wie meine Lebenspartnerin diesmal reagiert. Zu gut ist mir noch in Erinnerung, dass sie vor einiger Zeit sämtliche verbliebene Exemplare einer Boulevardzeitung aufgekauft hat, nachdem ich auf der Titelseite (angeblich!!!) zitiert wurde mit der Feststellung »Feuchte Hände, Herzrasen: E-Mails machen uns alle krank!« Es lehrte mich: Ich muss vorsichtig damit sein, wirklich lebenspraktische Dinge zu erforschen. Fünftens schließlich ist ein Professor heutzutage ohnehin überarbeitet und kann deshalb die wirklich wichtigen Dinge nicht mehr erforschen – zumal ich gerade feststelle, dass ich diesen Beitrag an einem fortgeschrittenen Abend schreibe – und der Tresen noch auf mich wartet . . .

Prof. Dr. Klaus Moser, Lehrstuhl für Wirtschafts- und Sozialpsychologie, Universität Erlangen-Nürnberg.
Fachgebiete: Personalauswahl, -beurteilung und -entwicklung, Leistungsmanagement, Personalentwicklung, Werbewirkung.

Ernst Plaum

Aus einer Kellergeschossnische im Tempel der Wissenschaft Psychologie

»Jede Generation lacht über alte Moden und Gebräuche und folgt dennoch gläubig den neuen.« Dieser Satz stammt von Henry David Thoreau. Zu einem anderen Zitat kann ich den Autor nicht mehr feststellen; es lautet sinngemäß: »Wenn mir alle zustimmen würden, müsste ich mich fragen, was ich falsch gemacht habe.«

Nicht immer ist Neues besser als das Alte, aber selbstverständlich mag auch dieses einmal ganz besonders schlecht gewesen sein. Lässt sich hier eine Bezugsetzung zur Psychologie finden? Die Anpassung an das damals Neue des Nationalsozialismus wurde keineswegs von allen Psychologen vollzogen; zahlreiche Emigranten konnten einiges vom Besten unserer Wissenschaft in andere Länder hinüberretten. Aber selbst die Ansätze derer, die der Versuchung einer Anbiederung erlagen, können nicht durchweg als unwissenschaftlich angesehen werden, sondern weisen Gemeinsamkeiten mit denen auf, die widerstanden. Doch wo sind sie geblieben – die Gestalt- und Ganzheitspsychologen, die Vertreter einer geisteswissenschaftlichen Psychologie, Erben von Köhler, Lewin, Stern, Spranger ... Waren deren Arbeiten umsonst?

In Anbetracht meines Lebensalters darf ich mir vielleicht erlauben, zu behaupten, dass auch die heute als besonders fortschrittlich geltende Psychologie eines (fernen?) Tages »Neuem« weichen muss. Und da hiermit ohnehin bereits die Irrealitätsebene sensu Lewin erreicht ist: Wie wird es dann im Tempel unserer Wissenschaft aussehen? Steht in dieser künftig ganz neuen Zeit dort noch der Thron, auf dem die mehräugige Göttin Methodia sitzt (wie viele Augen sie tatsächlich hat, vermag ich nicht so recht zu sagen)? Wird eines ihrer Augen weiterhin einen besonderen, hypnotisierenden Glanz ausstrahlen, während mindestens ein weiteres Sehorgan eine Binde trägt? Bringt man dieser Göttin, vielleicht ebenso wie einer anderen – nämlich Neurosciencia, die gebieterisch von der Kuppel herabschwebt – Wesentliches der Psychologie als Opfer dar? Wo überhaupt ist *Psychologia* zu finden, die *wahre* Muse?

Da überfällt mich jählings ein Traum: Inmitten des Tempels

steht sie wieder und ringsum huschen Genien. Ich sehe Freude, Trauer, Sehnsucht, Angst und Liebe, nicht als graue Schatten, sondern lebendige farbenkräftige Wesen. Sie umringen Psychologia, die glücklich lächelt. Und Methodia? Auch sie ist da, ebenso wie Neurosciencia, nicht mehr im Mittelpunkt zwar, aber unter respektablem Baldachin, nahe der wahren Göttin. Keines von Methodias Augen trägt noch eine Binde – und mir scheint, als würde sie mir mit mindestens einem davon schelmisch zuzwinkern ... Es ist ein Tempel der Toleranz und der Harmonie, wo Gegensätze auf höheren Ebenen vereint werden und Vieles einen Platz hat.

Doch zurück zur Realität: Ich selbst bin aus der Praxis an die Hochschule gegangen, eine ungünstige Startbedingung im Hinblick auf eine akademische Karriere, schon weil von daher alltagsbezogene Perspektiven naheliegender erscheinen als diejenigen, welche im Allgemeinen von einem Hochschullehrer seitens der Kollegen erwartet werden. Da bleibt fast nur noch eine kleine Nische im »Kellergeschoß des Tempels« als Zufluchtsort. Doch es gibt Studierende, die für praxisnahe Lehre dankbar sind (manchmal erkennen sie deren Nutzen erst, wenn sie kein Examen mehr vor sich haben); das gibt Trost »im Dämmerlicht der Unterwelt«.

Auf meinem Spezialgebiet, der Psychodiagnostik, war es für mich ein Lichtblick, bei Bierkens zu lesen: »Der praktizierende ... Psychologe würde seinem Auftrag nicht gerecht werden, wenn er sich aus lauter Furcht vor Unwissenschaftlichkeit ausschließlich auf rein wissenschaftliche Untersuchungen methodisch streng ausgewählter Verhaltensvariablen oder Dispositionen beschränken würde. Gerade um die humane Wirklichkeit ganz zu erfassen, muß er seine Aufgabe oft zugleich auch in einer anteilnehmenden Hinwendung zum inneren Leben des anderen Menschen sehen.«

Damit steht am Ende dieses Beitrags wieder ein Zitat. In der Psychologie an den Universitäten ist mir wenig Zustimmung begegnet. Meine kühne und vielleicht etwas verwegene Schlussfolgerung hieraus ist, dass ich – jedenfalls als Wissenschaftler – wohl nicht *alles* falsch gemacht habe. Wie war das doch mit den Fischen? Richtig: Wenn sie nicht mehr lebendig sind, schwimmen sie *mit* dem (Main-)Stream.

Prof. Dr. Ernst Plaum, Professur für Differentielle und Persönlichkeits-Psychologie an der Katholischen Universität Eichstätt-Ingolstadt.
Fachgebiete: Geschichte der Psychologie, psychodiagnostische Verfahren, Grundfragen der psychologischen Diagnostik.

Rainer K. Silbereisen

Wie der Bahnhof Zoo mein Leben veränderte

Ziemlich früh in meiner Entwicklung zum Wissenschaftler hatte ich Ende der 1970er Jahre ein entscheidendes Erlebnis. Mein Mentor Klaus Eyferth hatte mich eingeladen, mit ihm ein Projekt zu betreuen, das durch Probleme mit Drogenabhängigen an einer Berliner Universität angestoßen war und sich zum Ziel setzte, sehr junge Abhängige zu untersuchen, um sozusagen die Zeit noch vor ihrer stadtbekannten Verelendung einzufangen und um so nach Auswegen zu suchen. Das Ganze erfolgte ziemlich intuitiv, wobei mein entwicklungspsychologischer Beitrag vor allem darin bestand, die Erfassung der möglichst unverstellten Vorgeschichte durchzusetzen.

Schließlich saßen wir vor den Transkripten zahlreicher Interviews mit Abhängigen, zumeist im frühen Teenageralter. Zu meiner Überraschung las ich von einem Leben ohne Höhen aber auch ohne Tiefen, das auf den ersten Blick ganz normal wirkte, hätte es da nicht die Gegenwart gegeben. Was ins Auge sprang, waren vergleichbar kleine Dinge: verpatzte Schulabschlüsse, misslungene Beziehungen und immer wieder unbedachte Entscheidungen, die in der Summe und in ihrem Zusammenwirken abwärts gerichtet waren.

Ich mag dies alles im Nachhinein verklären, aber ich hatte das Gefühl, etwas verstanden zu haben, und fand dafür später auch mit »Development as Action in Context« den Begriff: Fehlentwicklung, wie Entwicklung überhaupt, wird zu einem gehörigen Teil von der Person selbst in Gang gesetzt durch ihr eigenes Handeln. Und zwar, indem die eigene Umwelt so ausgesucht oder gestaltet wird (falsche Freunde!), dass man günstigstenfalls die zweitbeste, aber eben nicht die beste Chance zu gelungener Entwicklung erhält.

Das scheinbare Paradox bei den jungen Drogenabhängigen war, dass sie zuweilen sehenden Auges die falschen Alternativen angegangen waren. Wieso? Hier wurde mir deutlich, dass es in vielen Fällen die misslungene Suche nach Lösungen für alterstypische Entwicklungsprobleme war. Jeder Jugendliche sucht Anerkennung – was aber, wenn die hierfür üblichen Herausforderungen ohne Erfolg bleiben, in der Schule oder bei Freundschaften? Dann, so unsere Idee damals, sucht man nach Auswegen, und hierfür gibt es in praktisch jeder Umgebung Vorbilder, wie man »fünfe gerade sein lässt« und sich nach außen in scheinbar erwachsenes Verhalten (Substanzgebrauch gehört dazu) flüchtet. Diese Sicht der Dinge wurde dann zum Ausgangspunkt des Berliner Jugendlängsschnitts an einer großen Stichprobe aus der Schülerpopulation, den ich mit jüngeren Kollegen wie Peter Noack durchführte.

Die Idee, dass junge Menschen ihre Entwicklung (in Grenzen) selbst gestalten und dass es vor diesem Hintergrund eine Vielzahl von Wegen und Folgen von scheinbar gleichen Verhaltensweisen gibt, hat über die Jahre Gestalt angenommen. Terrie Moffitt beispielsweise unterscheidet Fälle, die nur in der Adoleszenz auffällig sind, und solche, die ein Leben lang häufigeres und schwerer wiegendes Problemverhalten zeigen als die meisten eines Jahrgangs. Viele unserer jugendlichen Abhängigen, so ist meine Hoffnung im Rückblick, zählten letztlich doch nicht zu diesem zweiten Typ, denn die hierfür charakteristischen frühen, auch biologischen Schädigungen wiesen sie nach den Interviews nicht auf.

Auch für die später von mir betreuten umfangreichen Studien zur Akkulturation unter Migranten und zu den Folgen der deutschen Vereinigung für die Entwicklung Jugendlicher war das damals erworbene Leitbild entscheidend, dass es um eine aktive Auseinandersetzung der Betroffenen mit den neuen Gegebenheiten geht. Offen gestanden handelt es sich mittlerweile schier um einen Allgemeinplatz in der Entwicklungspsychologie, aber ich habe für mich die Erinnerung einer persönlichen Entdeckung. Sie brachte mich in Kontakt mit Forschern wie Urie Bronfenbrenner, Richard Jessor, Richard Lerner, Norman Garmezy oder Paul Baltes, die meine Identitätsentwicklung als Wissenschaftler beeinflussten.

Unseren damaligen Untersuchungsteilnehmern, die tatsächlich »Kinder vom Bahnhof Zoo« waren, bin ich sehr dankbar. Sie haben mir die Augen dafür geöffnet, dass gelungene Entwicklung und Fehlanpassung nicht nur sehr nahe beieinander stehen können, sondern dass Erkenntnisse über die eine Seite der Entwicklung solche über die andere befördern. Das ist übrigens die Grundidee der damals erst im Entstehen begriffenen Entwicklungspsychopathologie.

Prof. Dr. Rainer K. Silbereisen, Lehrstuhl für Entwicklungspsychologie, Center for Applied Developmental Science, Institut für Psychologie, Universität Jena.
Fachgebiete: Entwicklung über die Lebensspanne, Akkulturationsforschung, Entwicklung und sozialer Wandel.

Rolf Steyer

Wozu Psychologie und Psychologische Methodenlehre?

Immer wieder stößt man als Psychologe auf die Meinung, dass Psychologie doch ein relativ nutzloses, irrelevantes Fach ist, das uns nicht helfen kann, unsere gesellschaftlichen, politischen und wirtschaftlichen Probleme zu lösen. Meist versteckt sich diese Meinung hinter Fragen wie »Brauchen wir denn *noch* mehr Psychologen?«, »Wozu brauchen wir psychologische Studieninhalte im Studiengang XY?« oder »Gibt es denn eigentlich *wirklich* genug Arbeit für so viele Psychologen?«

Natürlich sind solche Fragen berechtigt und wichtig; dennoch spiegeln sie eine Sichtweise von Gesellschaft, Politik und Wirtschaft wider, die mir sehr oberflächlich erscheint. Wenn wir mal auf das letzte Jahrhundert blicken und uns fragen »Was war wirklich wichtig?«, dann fallen mir als erstes zwei Weltkriege mit vielen Millionen Toten, die weitgehende Zerstörung vieler Städte und die Traumatisierung vieler Millionen Menschen und deren Verwandter ein. Hätte mehr psychologisches Wissen all dies verhindern können? Ich denke, ja, wenn es breit genug bei gesellschaftlich, politisch und journalistisch tätigen Personen verbreitet gewesen wäre. Dies ist, Gott sei dank, heute schon weit eher der Fall als damals. Hitler würde in unserer Zeit wohl rechtzeitig von den meisten Journalisten als psychisch krank erkannt und hätte politisch wohl keine Chance mehr, an die Macht zu kommen. Andere Beispiele sind Stalin, Mao, Napoleon.

Als positives Beispiel fällt mir als erstes Gorbatschow und die von ihm eingeleitete politische Wende in Osteuropa ein (und nicht nur dort). Sicherlich spielen hier, wie auch bei Hitler, nicht ausschließlich psychische Faktoren eine Rolle, aber mir scheint doch klar, dass sogar eine einzige Person, an der richtigen Stelle zur richtigen Zeit mit ihrem Geist, ihrer psychischen Ausstattung, ihrem Denken und ihrer Ausstrahlung das Schicksal von vielen Millionen Menschen in der ganzen Welt tief greifend und nachhaltig verändern können.

Unser Denken und unsere Grundannahmen dabei bestimmen, wie wir die Welt sehen und wie wir handeln. Für Hitler war die Grundannahme, dass die Juden die Wurzel allen Übels sind. Also war es nur konsequent, sie mit allen Mitteln auszurotten. Für Stalin war jeder eine Gefahr, der seine Macht hätte schwächen können; also war auch dessen Vernichtung nur logisch. Gorbatschow war der erste Sowjetführer, der Grundannahmen der sowjetischen Staatsidee hinterfragt und so den Weg für unglaubliche, bisher sehr positive Veränderungen in der Welt eröffnet hat.

Und heute, hier in Deutschland? Könnten wir vielleicht anders und besser leben, wenn wir anders denken und uns entsprechend anders verhalten würden? Was sind heute unsere großen Krisen? Als erstes fällt mir die finanzielle und wirtschaftliche Situation unseres Landes ein. Ein psychologisches Problem? Niemand kann sich hier ganz sicher sein! Aber was wäre eigentlich, wenn die Grundannahme der gegenwärtigen Wirtschaft- und Finanzpolitik, dass Geld nicht einfach gedruckt werden kann, falsch wäre, und damit die Hypothese, dass man durch Gelddrucken nur eine Inflation herbeiführen würde? Neben dem aktuellen Konjunkturproblem haben wir zweifellos auch einige strukturelle Probleme (Lohnnebenkosten, Alterspyramide), die gelöst werden müssen, aber ist es nicht viel plausibler anzunehmen, dass unter den jetzigen Bedingungen einer nicht ausgelasteten Produktion, eines hohen Außenhandelsüberschusses und einer zur Wende sowieso willkürlich erfolgten Festlegung der Geldmenge eine Ausstattung der öffentlichen Hände mit mehr »Geld« – und zwar ohne Schulden! – die erwünschte Konjunkturstärkung herbeiführen würde, ohne dass dies eine nennenswerte Erhöhung der Inflationsrate zur Folge hätte? Was zum Teufel ist eigentlich »Geld«? Was heißt denn, »es ist keines vorhanden«? Ist uns das Papier ausgegangen? Ist Geld nicht eher ein psychologischer Begriff?

Was hindert uns eigentlich, solche Fragen zu stellen? Es sind Grundannahmen oder Glaubenssätze, die niemand mehr in Zweifel zieht. Als Psychologe und Methodiker, der weiß, auf welch wackligen empirischen Beinen kausale Theorien und Hypothesen in der Regel stehen, denke ich, wir sollten auch solche Grundannahmen, die fast alle stillschweigend teilen, überdenken und neu prüfen. Nur dann haben wir eine wirkliche Chance, aus Krisen wie der gegenwärtigen herauszukommen. Andernfalls droht uns der Teufelskreis Sparen → verringertes Steueraufkommen → Sparen → … in eine wirkliche schlimme wirtschaftliche und politische Entwicklung zu führen, selbst wenn wir die anderen strukturellen Probleme (Lohnnebenkosten, Alterspyramide), die wir inzwischen erkannt haben, erfolgreich lösen sollten.

Und im Privaten? Was sind hier die großen Krisen? Wie oft geht hier etwas schief, was auf falschen Annahmen und Glaubenssätzen beruht? Dass der Andere böswillig ist, einen schlechten Charakter hat, hysterisch ist? Wie viele Arbeits-, Geschäfts- und private Beziehungen sind an solchen oft falschen Grundannahmen gescheitert? Und mit welchem Schaden und wie viel Leid für die direkt und indirekt Beteiligten waren sie verbunden?

Unser Denken, unsere Psyche und unser Verhalten sind die wirklich entscheidenden Dinge in dieser Welt. Sie entscheiden über unser Leben, über unser Zusammenleben und sogar über unser Überleben als Art. Nichts ist lohnender und wichtiger zu erforschen, zu verstehen und zu lehren. Aber, haben wir uns schon den wirklich wichtigen Fragen in unserer Forschung und Lehre zugewandt? Haben wir das Notwendige unternommen, um psychologisches Wissen in die Gesellschaft zu transportieren? Handeln wir in schon genug als Mitglieder und Mitgestalter unserer Gesellschaft?

Prof. Dr. Rolf Steyer, Lehrstuhl für Methodenlehre und Evaluationsforschung, Institut für Psychologie, Universität Jena.
Fachgebiete: Methodenlehre und Evaluationsforschung mit den Schwerpunkten: Stochastische Modellbildung, Theorie kausaler stochastischer Abhängigkeit, Latent-State-Trait-Modelle, Stochastische Messmodelle, Befindlichkeitsmessung sowie Adaptives Testen.

Heiner Keupp

Gemeindepsychologie – ein Fossil der Studentenbewegung?

Die Psychologie an der Universität München ist stolz auf ihre breite Palette von Schwerpunktsetzungen, die ihre Studierenden auswählen können. Neben den klassischen Teildisziplinen gibt es beispielsweise auch die Familien-, Verkehrs-, die Neuro-, die Tiefen- und auch die Gemeindepsychologie, die man in Projektform neben den Kernfächern Klinische, Arbeits- und Organisations- und Pädagogische Psychologie als Vertiefungsfach wählen kann. Mein Revier ist die Gemeindepsychologie und mein Commitment zu dieser Richtung ist durch eine entscheidende biographische Etappe geprägt worden: die Studentenbewegung. Die liegt ja nun auch schon eine Weile zurück und meine Erklärungsbemühungen gegenüber neugierig fragenden Studierenden können nicht mehr auf den lebendigen *spirit* jener Aufbruchszeit bauen. Um das Anliegen der Gemeindepsychologie verstehen zu können, muss man zunächst einmal über ihre Geschichte sprechen.

In den 60er und 70er Jahren des 20. Jahrhunderts nahm die Psychologie einen ungeheuren Aufschwung. Die Psychologie hatte das Image einer Modernisierungswissenschaft. Sie gehörte zu jenen Disziplinen, aus denen Instrumente des »Hinterfragens« bezogen wurde. Hinterfragt wurden traditionale Charaktermasken und ihre pathogenetischen Grundzüge. Vor allem die klinisch orientierte Psychologie reklamierte durchaus den Status einer Aufklärungswissenschaft. In gewisser Weise steht die Psychologie für einen »Wertewandel« hin zu »postmaterialistischen Werten«. Aber die Psychologie gewann nicht zufällig in jener historischen Etappe an Gewicht, da in Politik, Verwaltungen und Wirtschaft ein Reformschub eingeklagt wurde. Die ersten Vorläufer des sich globalisierenden Kapitalismus räumten mit traditionellen Sozialcharakteren auf und die Psychologie hatte die nicht unwichtige Rolle, autoritäre Innenwelten und starre Verhaltensstandards zu überwinden. Der »flexible Mensch«, wie ihn Richard Sennett beschrieben hat, ist auch ein psychologisch gefilterter Mensch.

Politisch engagierte Psychologinnen und Psychologen suchten die ungerichtete Expansion, die damals die Klinische Psychologie zu einem akademischen und gesellschaftlichen Konjunkturritter machte, zu einer politisch-reflektierten Emanzipationsbewegung zu formen. Die Klinische Psychologie war auf dem Weg zu einem völlig unpolitischen Triumphzug und verstand sich als akademisches Zugpferd des Psychobooms. Das war für uns der eigentliche Skandal. Wir waren durch unterschiedliche Politisierungsprozesse der Studierenden und jungen Frauenbewegung geprägt. Wir hatten gelernt, unser Handeln und die Psychologie in einem gesamtgesellschaftlichen Zusammenhang zu sehen. Wir hatten vor allem große Zweifel, dass eine Kopie des ärztlichen Berufsmodells zu einer grundlegenden Verbesserung der psychosozialen Versorgung der Bevölkerung führen würde. Die berufsständischen Teile der organisierten Psychologinnen- und Psychologenschaft bewegten sich eindeutig in diese Richtung. In den 70er Jahren hatten wir die Sozialepidemiologie für uns entdeckt, die mit hervorragend belegten Daten zeigen konnte, dass die Bevölkerungsgruppen, die die höchsten psychosozialen Belastungen erleben, die geringste Chance auf eine adäquate psychosoziale Hilfe haben.

Wir wollten die reale Entwicklung der Klinischen Psychologie kritisch reflektieren, sie im gesellschaftlichen Gesamtzusammenhang begreifen, politische Orientierungen vermitteln, die auf eine strukturelle Verbesserung der psychosozialen Versorgung zielten, und alternative Institutionen entwickeln die solche Verbesserungen ermöglichen sollten. Diese Ansprüche haben wir unter anderem als »gemeindepsychologische Perspektive« bezeichnet.

Was ist von ihr geblieben und ist sie denn noch zeitgemäß? Geblieben sind eine Reihe von gemeindepsychologisch geprägten Institutionen, in denen unsere Vertiefungsfachstudentinnen und -studenten ihre ersten Praxiserfahrungen sammeln: Sozialpsychiatrische und Gerontopsychiatrische Dienste, stadtteilorientierte Erziehungsberatungsstellen, das Frauentherapiezentrum, das Selbsthilfezentrum oder Beratungsstellen für Migrantinnen und Migranten. In ihnen ist ein Lernprozess möglich, der weiterhin aktuell ist: ein lebensweltlicher Zugang zu unterschiedlichen Bevölkerungsgruppen, die Unabhängigkeit psychosozialer Hilfen vom Markt, der immer die Menschen bevorzugt, die privilegiert sind, die Wichtigkeit von Selbstorganisation und Empowerment, die Verbindung psychologischen Handelns mit der Politik.

Auch wenn der »revolutionäre Überschuss« der Studentenbewegung einer größeren Nüchternheit Platz gemacht hat, sind gemeindepsychologische Ansätze in einer Welt wachsender sozialer, materieller und ökologischer Ungleichheit von großer Aktualität. Sie stellen die Beteiligung von Psychologinnen und Psychologen an der Lösung aktueller gesellschaftlicher Problemlagen dar. Diese gibt es im Übermaß und insofern ist die Gemeindepsychologie auch kein Fossil.

Prof. Dr. Heiner Keupp, Sozial- und Gemeindepsychologie am Department Psychologie, Ludwig-Maximilians-Universität München.
Fachgebiete: Postmoderne Identität, soziale Netzwerke, bürgerschaftliches Engagement.

Rolf Oerter

Abenteuer in Tbilisi

Ende Juli 1976 reiste ich als deutscher Vertreter zu einer Unesco-Tagung nach Tbilisi, das man heute zu Unrecht wieder gern Tiflis nennt, denn Tiflis ist der russische Name für das georgische Tbilisi. Der Anflug von Wien nach Moskau gestaltete sich nicht glücklich. Ich kam mit zwei Stunden Verspätung in Moskau an, und niemand erwartete mich mehr, um mich zu der internationalen Gruppe und zum Weiterflug nach Tbilisi zu geleiten. Endlich fand ich jemanden, der Englisch sprach und mir erklärte, dass der Inlandflughafen 80 km entfernt sei und ich ein Taxi nehmen müsse. Das Taxi war kein Problem, aber der russische Flugkapitän, der in dem Taxi saß und irgendwo in den Outskirts von Moskau abgesetzt werden musste. Ich deutete verzweifelt auf meine Armbanduhr, um dem Taxifahrer klar zu machen, dass meine Maschine bald abfliegen würde. Der Taxifahrer bedeutete mir, dass ich keine Sorge zu haben brauche, seine Uhr gehe vor, und alles sei kein Problem.

Endlich, nachdem der Kapitän abgesetzt worden war, erreichten wir den Inlandflughafen. Ich versuchte den Namen Tbilisi an dem langen Empfangsgebäude zu entziffern, was mir auch gelang, doch die Dame am Schalter wies mich fort und hatte nur ein Wort für mich übrig: Intourist! Endlich fand ich heraus, das damit ein kleines, etwas abseits liegendes Gebäude für ausländische Reisende gemeint war. Ich betrat das Gebäude, gelangte in den ersten Stock – und da saßen sie alle, die Vertreter aus Frankreich, England, den USA, Mexiko und aus vielen anderen Ländern. Ich kannte nur zwei: Robert Glaser, den Vertreter der Educational Psychology aus den USA, und Clauss aus Leipzig, dessen Statistikbuch (Clauss/Ebner) im Westen wohlbekannt war. Wie ich nachher erfuhr, vermisste man bereits den (west)deutschen Vertreter, meinte aber bei meinem Eintreten zuversichtlich, dass ich auf keinen Fall Deutscher sei.

Unsere Maschine hatte also so viel Verspätung, dass meine Sorge umsonst gewesen war. Endlich bestiegen wir – im wahrsten Sinn des Wortes – das Flugzeug. Wir reisten auf typisch russisch, und das heißt, in einer ausgedienten Militärmaschine, die innen aussah wie ein alter griechischer Bus. Die russischen oder georgischen Mitreisenden hatten sich mit Jacken und Mänteln sowie mit großen Limonade-Ballons versehen. Da es draußen fast vierzig Grad hatte, vermochten wir die Kleidungsvorsorge nicht ganz mitzuvollziehen. Doch als die Maschine nach dem Start höher und höher stieg, wurde uns die Umsicht der Einheimischen klar. Es wurde empfindlich kalt, und wir begannen mehr und mehr zu frieren. Bevor sich aber im Innern der Flugzeugs Eis bilden konnte, setzten wir zur Landung an, die so heftig war, dass man glauben konnte, die Maschine würde zerrissen. In Folge der perfekten Organisation mussten wir noch mehr als eine Stunde im Bus warten, bevor wir ins Hotel gebracht wurden. Dort setzte die Verwaltungsmaschinerie erst so richtig ein. Unsere Pässe wurden sorgfältig per Hand abgeschrieben, und erst dann durften wir auf unsere Zimmer.

Die Tagung begann am nächsten Tag mit einer feierlichen Eröffnung, bei der Bob Glaser einen leuchtend roten Anorak, die Russen und Georgier aber schwarze Anzüge trugen: eine politisch-ironische Perversion. Es gab viele lustige Zwischenfälle und es gab viel zu lachen. Das begann schon bei der reichhaltigen Speisekarte in unserem Hotel, die ich mit Hilfe unseres Dolmetschers durchprobierte. Der Ober ließ jeweils taktvoll einige Minuten verstreichen, bevor er mit bedauerndem Achselzucken zurückkam, das Gericht sei aus. Schließlich erhielten wir das Gleiche, was alle aßen, die die Speisekarte als Russisch-Analphabeten erst gar nicht gelesen hatten.

Es war eigentlich vorgesehen, dass wir brav mit dem Bus zur Tagungsstätte und wieder zurück ins Hotel fuhren. Doch wir kümmerten uns nicht um den Bus, sondern schlenderten zu Fuß in der schönen georgischen Stadt herum, die damals das Flair einer etwas abgetakelten, aber immer noch bemerkenswerten Dame besaß.

Höhepunkt der Tagung, die wissenschaftlich, wie zu erwarten, wenig ergiebig ausfiel, war ein festliches Bankett in einem Schloss hoch über der Stadt. Wie das so üblich ist, wurden ununterbrochen Toasts, erst auf alle anwesenden und dann auf alle abwesenden Damen, auf die große Sowjetunion und auf Georgien ausgebracht – und es gab Reden. Bob Glaser bedankte sich für die überschwängliche Gastfreundschaft und setzte sich unter großem Beifall. Schon jetzt blickten alle auf mich. Deutschland gleich nach den USA. Ich hatte keine Ahnung, was ich sagen sollte, zumal das heikle Problem anstand, dass dann auch Clauss für die DDR reden müsste, und Clauss war damals des Englischen und auch des Russischen kaum mächtig. Also sprachen erst die Vertreter aus Großbritannien und Frankreich. Aber jetzt gab es kein Pardon mehr, ich war dran. Inzwischen war mir etwas eingefallen, das mehrere Probleme zugleich löste: die Einbeziehung der DDR, sowie die besondere Erwähnung Georgiens und Tbilisis, ohne den Parteispitzel aus Moskau über Gebühr zu verstimmen. Ich erklärte, dass ein altes Band zwischen der deutschen Psychologie und Tbilisi bestehe, denn Usnadze (den wir alle zumindest von einer nach ihm benannten optischen Täuschung her kennen) sei Schüler von Wilhelm Wundt gewesen und habe die Psychologie nach Leipziger Muster in Tbilisi begründet. Beifall. Clauss war sehr erleichtert, dass er nicht zu reden brauchte, der Dolmetscher war ebenfalls froh, denn er tat sich schwer, meine Beiträge auf der Tagung ins Russische zu übersetzen, und ich war aus dem Schneider.

Prof. Dr. Rolf Oerter, Department Psychologie, Ludwig-Maximilians-Universität München. Fachgebiete: Entwicklungspsychologie und Pädagogische Psychologie.

Wolfgang Prinz

Das Pferd des Herrn von Osten

Hundert Jahre ist die Dekonstruktion des Klugen Hans nun her. Es war am 9. Dezember 1904, als Carl Stumpf sein Gutachten veröffentlichte – das abschließende und entscheidende Gutachten, das die famosen Rechenkünste des Hengstes als Reaktionen auf nahezu unmerkliche Kopfbewegungen entlarvte. Es handelte sich dabei um Intentionsbewegungen, die Aufgabenstellern unwillkürlich unterlaufen, während sie dem Tier bei der vermeintlichen Lösung der gestellten Aufgaben zusehen.

Die Dekonstruktion des Klugen Hans ist in Oskar Pfungsts Monografie »Das Pferd des Herrn von Osten« (1907) im Detail dokumentiert. Pfungsts Monografie ist ein ausgesprochener Leckerbissen, und das aus dreierlei Gründen. Erstens führt er vor, dass Wissenschaft gut daran tut, das Offensichtliche in Zweifel zu ziehen und dem Augenschein mit Skepsis zu begegnen. Zweitens führt er vor, wie wissenschaftliche Problemlösung methodisch funktioniert – wie zunächst Gelegenheitsbeobachtungen zu Hypothesen führen, Hypothesen dann zu gezielten und immer genauer kontrollierten Beobachtungen und schließlich zu, wie es damals hieß, messenden Laboratoriumsversuchen. Und drittens führt er vor, was psychologische Forschung zu leisten vermag, wenn sie sich nicht, wie damals üblich, damit beschäftigt, was Personen erleben und empfinden, sondern mit dem, was sie tatsächlich tun.

Der folgende Auszug beschreibt eine experimentelle Anordnung zur Induktion unwillkürlicher Bewegungen, mit der die natürliche Situation »beim Pferd«, unter den künstlichen Bedingungen »im Laboratorium« simuliert werden sollte:

»Das Versuchsverfahren war folgendes. Die Person, deren Bewegungen aufgezeichnet werden sollten, wurde mit wenig geneigtem Oberkörper und etwas stärker gesenktem Kopfe, ganz so wie der Fragesteller neben dem Pferd zu stehen pflegte, an den Apparat gestellt. Mit ihrem Kopfe wurden die drei Hebel verbunden, in der Weise, dass jede Bewegung nach vorn oder hinten dem obersten Hebel, jede Bewegung nach rechts oder links dem zweiten und jede

Busse Gehrcke Krall   v. Osten

Prüfung des Klugen Hans
im Jahre 1907.

nach oben oder unten dem dritten Hebel einen Ausschlag erteilen musste ...

Der Fragesteller wurde nun angewiesen sich eine Zahl vorzustellen, die mir natürlich unbekannt war. In einem bestimmten Momente begann ich dann, mit dem Mittelfinger der rechten Hand – dem rechten Vorderhuf des Pferdes entsprechend – auf die Taste einer Klaviatur zu klopfen. Der Fragesteller blickte auf meine Hand, ich auf seinen Kopf ... und sobald ich seine unwillkürliche Schlussbewegung wahrnahm, reagierte ich darauf, indem ich eine andere Taste derselben Klaviatur, die ich bis zu diesem Augenblick mit dem Zeigefinger der linken Hand niedergedrückt gehalten hatte, plötzlich losließ, dadurch den Rücktritt des Pferdes markierend« (Pfungst, S. 86f.).

Literatur
Pfungst, O. (1907): Das Pferd des Herrn von Osten (Der kluge Hans): Ein Beitrag zur experimentellen Tier- und Menschen-Psychologie. Leipzig. (Enthält einen Abdruck von Stumpfs Gutachten vom 9. Dezember 1904.)

Prof. Dr. Wolfgang Prinz, Max-Planck-Institut für Kognitions- und Neurowissenschaften, München.
Fachgebiete: Kognitionspsychologie, Experimentelle Handlungsforschung.

Lutz von Rosenstiel

Mein Weg zur Psychologie … aber zu welcher ?

Meine frühe Kindheit verbrachte ich auf einem Gut an der Weichsel. Mein Vater war Saatzüchter. Hätte der Zweite Weltkrieg diese Lebensform in Osteuropa nicht zerstört, so würde ich heute vermutlich in der Geisteshaltung eines ostelbischen Junkers Zuckerrüben und Weizen ziehen, im Winter die Werke der klassischen Literatur lesen und in der Psychologie eine etwas dubiose Wissenschaft erblicken, die den Köpfen neurotischer Intellektueller entsprungen sein muss. Aber es kam anders. Mein Vater fand im Januar 1945 auf der Flucht vor der sowjetischen Armee den Tod; meine Mutter geriet für viele Jahre in ein polnisches Zwangsarbeitslager. Dies stellte mich vor die Herausforderung, elternlos aufzuwachsen, und eröffnete mir die Chance, jene Personen und Situationen, die mich prägten, selbst auszuwählen: wenige Gleichaltrige in der Grundschule zunächst, dann, während der Gymnasialzeit, den Jazz und sein Umfeld sowie die Werke von Jean-Paul Sartre, später jene zeitgenössischer amerikanischer Schriftsteller. Insbesondere Tennessee Williams hatte es mir angetan; so wie er wollte ich später einmal schreiben – spannend, abstruse Situationen und Lebensläufe zeichnen, psychologisch hintergründig. Ich verfasste Kurzgeschichten für alle möglichen Zeitungen und Zeitschriften, verdiente so das Geld für meine Sammlung von Jazz-Schallplatten und begann nach dem Abitur in Freiburg/Breisgau mit dem Studium der Germanistik. Ich wurde bitter enttäuscht. Und als ich für eine Seminararbeit die Anzahl der Kommata in zwei Fassungen der Kleistschen Novelle »Die heilige Cäcilie oder die Gewalt der Musik« mit einander vergleichen musste, hatte ich endgültig die Nase voll und wandte mich – im hohen Maß beeindruckt von Robert Heiss – der Psychologie zu, um dann das Studium dieses Fachs in München fortzusetzen. Enttäuschung auch hier: Für mein Berufsziel eines Schriftstellers, der die psychischen Tiefen und Untiefen seiner Helden ausleuchtet, profitierte ich wenig.

Die akademische Psychologie »ist langweilig, misstraut aller Phantasie, verwendet unverständliche Fremdworte, widerspricht aus Prinzip dem gesunden Menschenverstand und gilt daher als seriös. Man erwartet von ihr keinen Aufschluss über lebensrelevante Dinge. Wer tiefere Fragen der menschlichen Existenz im Sinn hat, liest Romane« (Norbert Bischof, »Das Kraftfeld der Mythen«, München, 1996).

So ging ich selten in die psychologischen Lehrveranstaltungen, tat mich in den Nebenfächern, insbesondere in der Philosophie und der Soziologie um, arbeitete in einem Seminar des katholischen Dogmatikers Michael Schmaus mit, das sich mit der Frage beschäftigte, »ob auch Protestanten und Heiden in den Himmel kommen können«, und landete auch in den Vorlesungen zur »speziellen Soziologie der Wirbeltiere« von Konrad Lorenz, der – noch vor dem Nobelpreis stehend – als wenig beachteter Dozent vor einem kleinen Häufchen Interessierter seine überaus anschaulichen, humorvollen und mich faszinierenden Geschichten erzählte. Lorenz führte mich als studentische Hilfskraft zum Max-Planck-Institut für Verhaltensphysiologie nach Seewiesen, wo ich mit Puten experimentierte. In Seewiesen wurde ich wissenschaftlich wesentlich geprägt, knüpfte Kontakte, die noch heute bestehen und erfuhr dort mehr über die Grundlagen menschlichen Verhaltens als während meines gesamten Psychologie-Studiums. So lernte ich – der Sohn eines Saatzüchters – im später häufig erhobenen Vorwurf des »Biologismus«, der gebetsmühlenartig kam, wenn auf biologische Wurzelns des Verhaltens oder der Unterschiede zwischen Individuen oder zwischen den Geschlechtern verwiesen wurde, einen Fundamentalismus zu erkennen, der Ideologie höher schätzt als das Registrieren wirklich gut begründeter Fakten.

»Wenn wir uns weigern, unsere Spuren in die Biologie zu verfolgen, und es den Biologen überlassen, ihnen nachzugehen, dann überlassen wir es auch ihnen, unsere betrüblich lückenhafte Befunde in ein verständliches System zu verwandeln« (Wolfgang Köhler, »Dynamische Zusammenhänge in der Psychologie«, Bern/Stuttgart, 1958).

Nach dem Diplom arbeitete ich zunächst als wissenschaftliche Hilfskraft in der Allgemeinen Psychologie und begann bei Rudolf Bergius mit einer Dissertation über die »Ranschburgsche Hemmung«. Zweifel beschlichen mich. Wozu sollte das eigentlich gut sein? So war es nahezu eine Befreiung, als Arthur Mayer nach München berufen wurde und mir die Möglichkeit bot, innerhalb der Betriebspsychologie Fuß zu fassen. Dies erforderte zugleich eine Öffnung zur Gesellschaft, zur Wirtschaft und zur Praxis. Aussagen und Befunde mussten sich auch dem Kriterium der Nützlichkeit stellen.

»Die für die soziale Praxis erforderliche Forschung lässt sich am besten als Forschung im Dienste sozialer Unternehmungen oder sozialer Technik kennzeichnen. Sie ist eine Art Tat-Forschung, die eine vergleichende Erforschung der Bedingungen und Wirkungen unterschiedlicher Formen des sozialen Handelns und eine zur sozialen Handlung führende Forschung ist. Eine Forschung, die nichts anderes als Bücher hervorbringt, genügt nicht« (Kurt Lewin, »Die Lösung sozialer Konflikte«, Bad Nauheim, 1953).

So habe ich mich denn auch später, wenn immer möglich, darum bemüht, dass die bei mir Studierenden – ganz gleich, ob sie die Psychologie im Haupt- oder Nebenfach betreiben – ihre Diplom- und Doktorarbeiten empirisch im Feld, der Praxis also, erarbeiten, dass eigene Forschung mit dazu beiträgt, Antwort auf Fragen zu geben, die sich aus gesellschaftlichen Problemen ableiten, und dass dort, wo ich an der Konzipierung neuer Studiengänge mitwirken konnte, die Psychologie interdisziplinär – in Vernetzung mit anderen Fächern – aufgestellt wurde, damit sie den Bezug zur Wirklichkeit nicht verliert.

Prof. Dr. Lutz von Rosenstiel, Lehrstuhl für Organisations- und Wirtschaftspsychologie, Ludwig-Maximilians-Universität München.
Fachgebiete: Sozialisation in Organisationen, Kompetenzmessung, Personalentwicklung, Werbewirkung.

Klaus A. Schneewind

Auf die Perspektive kommt es an!

Gar keine Frage. Natürlich wissen wir, dass es immer auf die Perspektive ankommt – auch und gerade in der Psychologie. Spätestens seit Jean Piaget gehört das Thema Perspektivenübernahme zum Basiswissen und Prüfungsstoff der Entwicklungspsychologie. Gleichermaßen sind Begriffe wie Wahrnehmungsperspektive, sozial-kognitive Perspektive oder affektive Perspektive (will sagen: das Nachvollziehen der Sichtweise, Gedanken, Absichten, Motive und Gefühle einer anderen Person) fest etablierte Bestandteile des sozialpsychologischen Vokabulars. All dies ist uns als Psychologen vertraut, und wir können es gut in den Kanon unseres psychologischen Lehrbuchwissens einordnen. Aber verstehen wir auch wirklich das, was wir wissen? Sicher, im Alltag kämen wir nicht sehr weit, wenn wir nicht quasi »naturwüchsig« über ein gewisses Maß an Einfühlungsvermögen verfügten. Nur so können wir uns wenigstens einen ungefähren Eindruck davon verschaffen, was in unserem Gegenüber vorgeht. Und für Psychotherapeuten ist das Sich-einschwingen-Können in die psychischen Prozesse von Klienten eine unverzichtbare therapeutische Ressource. Dennoch existiert nicht selten zwischen (angelerntem) akademischen Wissen und wirklichem Verstehen eine erhebliche Kluft – so manche Prüfungskandidaten sind beredte Beispiele hierfür.

Aber statt mich über meine – genauer: einige meiner – Studenten zu beklagen, möchte ich mich an die eigene Nase fassen und über eine Episode aus einer Zeit berichten, als ich selbst gerade dem Studentenstatus entwachsen war – eine Episode, die für mich im Karl Bühler'schen Sinn ein Aha-Erlebnis auslöste.

Ich hatte gerade an der Universität Erlangen-Nürnberg im Fach Psychologie promoviert und arbeitete als Assistent am dortigen Psychologischen Institut bei Professor Toman, einem außergewöhnlich liberalen und unterstützenden Chef. Das Institut hatte unter anderem die Aufgabe, in strittigen Fällen von Verkehrstauglichkeitsgutachen, die von der Medizinisch-Psychologischen Gutachterstelle des Technischen Überwachungsvereins erstellt worden waren, die Funktion einer Obergutachterstelle zu übernehmen. Professor Toman hatte mir in diesem Zusammenhang vertrauensvoll die hierfür erforderlichen diagnostischen Untersuchungen übertragen.

Ein Fall ist mir eindrücklich in Erinnerung geblieben. Es handelt sich um einen etwa 50-jährigen Mann aus dem Bayerischen Wald. Er war von der Polizei mehrfach im alkoholisierten Zustand mit seinem Auto im Straßengraben aufgegriffen worden und hatte deswegen seinen Führerschein verloren. Da er im dünn besiedelten Bayerischen Wald auf ein Auto angewiesen war, musste er sich nolens volens bei der Medizinisch-Psychologischen Gutachterstelle des TÜV einer Untersuchung unterziehen, um seinen Führerschein wiederzubekommen. Das Gutachten war für ihn negativ ausgefallen, woraufhin er Rechtsmittel eingelegt hatte. So gelangte er an die Obergutachterstelle des Erlanger Psychologischen Instituts und schließlich in den Untersuchungsraum zu mir.

Ich führe mit ihm eine ausführliche Exploration, in der er sich offen und aufgeschlossen gibt. Unter anderem erzählt er mir von seiner Vorliebe für Autos – vor allem für gebrauchte Autos. Aus Kostengründen habe er immer nur gebrauchte Autos gekauft. Insgesamt schon neun. Und er habe – fügt er mit verschmitztem Grinsen hinzu – dabei immer einen guten Fang gemacht. Nach der Exploration führe ich mit ihm eine Reihe diagnostischer Verfahren durch. Unter anderem auch den Hamburg Wechsler Intelligenztest für Erwachsene (HAWIE). Nach den Untertests »Allgemeines Wissen« und »Allgemeines Verständnis«, wo er sich tapfer schlägt, kommen wir zu der Aufgabenreihe »Rechnerisches Denken« mit schwierigkeitsgestuften Rechenproblemen. Auch die hat er bisher zügig und richtig gelöst.

Jetzt lese ich ihm die nächste Aufgabe vor: »Ein Käufer kauft einen Gebrauchtwagen für Zweidrittel seines Neuwerts. Er bezahlt 4000 Mark. Was hat der Wagen neu gekostet?« Mein Klient beginnt angestrengt zu denken. Ich spüre nachgerade, wie seine kleinen grauen Zellen rotieren. Es vergeht eine Weile. Schließlich wendet er sich an mich und fragt: »Sie, Herr Doktor, können's mir die Aufgabe noch mal vorlesen?« »Selbstverständlich«, antworte ich: »Ein Käufer kauft einen Gebrauchtwagen für Zweidrittel seines Neuwerts. Er bezahlt 4000 Mark. Was hat der Wagen neu gekostet?« Wieder verfällt mein Klient in heftiges Nachdenken. Dann wendet er sich mit einer erneuten Frage an mich: »Sie, Herr Doktor, sagen's, wie viel Kilometer hat des Auto drauf?«

Auf die Perspektive kommt es an! Ich hatte verstanden und eine wichtige Lektion für mein Leben gelernt – auch als Psychologe.

Prof. Dr. Klaus A. Schneewind, Department für Psychologie, Ludwig-Maximilians-Universität München.
Fachgebiete: Personlichkeitspsychologie, Psychologische Diagnostik und Familienpsychologie.

Klaus E. Grossmann

Psychologie als Lebensinhalt

Psychologie war exotisch, 1957, als ich, Lehrling im Import- und Exporthandel, lange Wartezeiten auf einem Konsulat mit heimlichen Besuchen von Vorlesungen in Psychologie an der Universität in Hamburg überbrückte. Betriebswirtschaft war eigentlich angesagt. Aber vielleicht konnte ich in der Psychologie Tricks lernen, um ein erfolg-»reicher« Kaufmann zu werden?

Curt Bondy hatte 1952 das Hamburger Psychologische Institut, das mit der Vertreibung von William Stern 1933 aufgehört hatte zu existieren, wieder eröffnet. Er fragte: »Was ist mit Kindern, die nicht wollen können«? Diese entwicklungspsychologische Frage nach der Entstehung von Geist, Bindung und Kultur faszinierte mich seitdem und ließ andere Pläne verblassen

1961 schloss ich mein Diplom ab, um 1962 mit einem Fulbright-Stipendium nach Las Cruces, New Mexico zu gehen. Ich heiratete vorher noch schnell Karin Mailandt, Schülerin, 18 Jahre alt. In Las Cruces, 1961–1962, und von 1962 bis 1965 in Fayetteville, Arkansas, liefen Ratten in Laufbahnen, in Labyrinthen, unter Futter- und Wasserentzug (»Motivation«).

Marian und Keller Breland, die mit B. F. Skinner in Minneapolis Tauben dressiert hatten, um Bomben durch Picken auf eine Zielscheibe mit Fadenkreuz zu steuern, hatten in Hot Springs, Arkansas, einen »I.Q.-Zoo« aufgemacht. Beim Dressieren von Schweinen, Hühnern, Waschbären, Enten, Katzen, Kaninchen, später auch Delphinen und Kühen, verhielten sich die Tiere weniger Skinner- als artspezifisch, was die Brelands 1961 als »*The misbehavior of organisms*« beschrieben. Katzen und Kaninchen rannten für meine Dissertation eine 6 Meter lange Laufbahn hinauf, um einen Hebel mit Lichtsignal zu drücken, und wieder hinunter, um am andern Ende Futter zu bekommen. Die Katzen brauchten sehr viel länger zum Hebel als die Kaninchen, weil sie immer auf den Futterspender schauten, damit ihnen »die Maus« nicht davon lief, während die Kaninchen nicht befürchten mussten, dass ihnen das Gras davon laufen könnte. Karin studierte derweil Mathematik.

Eine vergleichende Psychologie gab es in Deutschland 1965

nicht, wohl aber Vergleichende Verhaltensforschung in der Zoologie bei Bernhard Hassenstein in Freiburg. Ich baute dort eine Skinnerbox für Bienen, die 1971 Titelbild von »Bild der Wissenschaft« wurde. Karin und ich beobachteten am Max-Planck-Institut in Seewiesen Graugänse mit Konrad Lorenz, Helga Fischer und Norbert Bischof, Enten mit Friedrich Schutz, Fische mit Wolfgang Wickler, Menschen in Filmen von Irenäus Eibl-Eibesfeldt und später Kinder und ihre Bindungspersonen auf einer Trobriand-Insel mit dem Ethomediziner Wulf Schiefenhövel.

In den 60er Jahren veröffentlichte Mary Ainsworth erste ethologische Beobachtungen an Säuglingen und ihren Müttern in Uganda. Sie hatte Bindungstheorie von John Bowlby gelernt und in systematische Beobachtungen umgesetzt. Hier fügten sich ethologische Aspekte mit der Frage Bondys zusammen. Karin sammelte Literatur für Bernhard Hassensteins Verhaltensbiologie des Kindes (2001). 1973 ließ ich mir von Mary Ainsworth in Baltimore ihre Strategie zur Beobachtung mütterlichen Verhaltens erklären und die »Fremde Situation« demonstrieren, in der die Organisation der kindlichen Gefühle und des Verhaltens als Folge unterschiedlicher Bindungserfahrungen erfasst wurde. Daraus entstanden Längsschnittuntersuchungen, die ich seit 1975 gemeinsam mit Karin und vielen Studenten durchführte.

Im Herbst 2003 wurde ich emeritiert, die Daten fordern noch viel weitere Arbeit. Von Mary Ainsworth und John Bowlby gaben wir 2003 eine Sammlung ausgewählter Schriften heraus. Das Buch »Bindung, das Gefüge psychischer Sicherheit« (2004) enthält unsere eigenen Forschungen. Bindungstheoretische Längsschnittuntersuchungen wurden im Juli 2003 auf einer internationalen Tagung in Regensburg vorgestellt und erscheinen 2004 bei Guilford Press. Unser eigener Beitrag zur Bindungsforschung führt den Nachweis, dass neben der Mutter auch der Vater auf besondere Weise zur Qualität psychischer Entwicklung seiner Kinder beiträgt, sowie dass die sprachliche Klarheit der Kommunikation über die eigenen Gefühle, die im Zusammenhang mit der äußeren Wirklichkeit stehen muss, im Mittelpunkt der Ontogenese psychisch adaptiver Sicherheit steht.

Prof. Dr. Klaus E. Grossmann, Institut für Psychologie, Universität Regensburg.
Fachgebiete: Entwicklungs- und Bindungspsychologie; Vergleichende, Evolutionäre und Kulturelle Psychologie.

Alexander Thomas

Schlüsselerlebnisse bei der Beschäftigung mit Psychologie, veranschaulicht in Zitaten

Während meiner wissenschaftlichen Beschäftigung mit der Psychologie sind mir einige Sätze begegnet, die eine Art Schlüsselfunktion hatten für meine Beschäftigung mit der Psychologie:

1. Nichts ist praktischer als eine gute Theorie.

   (Kurt Lewin)

2. Gesagt ist nicht gehört.
   Gehört ist nicht verstanden.
   Verstanden ist nicht einverstanden.
   Einverstanden ist nicht behalten.
   Behalten ist nicht angewandt.
   Angewandt ist nicht beibehalten.

   (Leitsätze für die Beratungstätigkeit)

3. Meine Erfahrung hier in Afghanistan hat mir gezeigt, es gibt keine dummen Menschen, die irrational entscheiden und handeln. Oft ist es aber so, dass wir die Rationalität ihres Handelns nur nicht verstehen, weil wir glauben, nur unsere Rationalität habe zu gelten, und so tun, als komme ihr eine universelle Gültigkeit zu.

   (Deutscher Entwicklungsexperte in Kabul, 1978)

4. Nur wer den Gegner und sich selbst gut kennt, kann in 1000 Schlachten siegreich sein.

   (Chinesische Kriegsweisheit, über 3000 Jahre alt)

5. Nur eines habe ich gelernt. In meinem Vaterland heißt es gewöhnlich:
   Lass dich nicht biegen und wenn es dabei auch zum Bruche kommt.
   In China dagegen gerade umgekehrt:
   Lass dich biegen, aber lass es nicht zum Bruche kommen.

   (So berichtet Sir Robert Hart, der vier Jahrzehnte im Reich der Mitte lebte und im chinesischen Zolldienst tätig war. Zitiert im Vorwort des

Buches von A. H. Smith, »Chinesische Charakterzüge«, Würzburg, 1900.)

6. Religiosität in einer indonesischen Familie
Religionen sind auf dem Seeweg gekommen, aber Brauchtum und Sitte sind von den Bergen herabgekommen.
(Indonesisches Sprichwort)

Die Psychologie ist bei allen Bemühungen um gute Theorien nicht immer auch eine auf gute, gezielte und wirksame Anwendung und praktische Nutzbarmachung hin orientierte Wissenschaft gewesen und geblieben. Nichts kommt von allein und entwickelt sich von allein, vielmehr bedürfen alle Interventionen der sorgfältigen Beobachtung, Steuerung und Unterstützung.

Absoluturteile, Generalisierungen und Universalisierungen führen in der Psychologie zwangsläufig zu Fehlurteilen.

Selbsterkenntnis ist nicht nur im Lebensalltag, sondern auch in der Psychologie, schwerer zu gewinnen als Fremderkenntnis.

Die Psychologie in Wissenschaft und Anwendung bedarf des bewussten und reflektierten Perspektivenwechsels und der Wertschätzung von Heterogenität.

Prof. Dr. Alexander Thomas, Institut für Experimentelle Psychologie, Universität Regensburg.
Fachgebiete: Sozialpsychologie, Organisationspsychologie, Interkulturelle und Kulturvergleichende Psychologie.

Siegfried Hoppe-Graff

Über moderne »Seelenprofessoren« und den Wert der Beschreibung

In seinen Kindheitserinnerungen »Als ich ein kleiner Junge war« (1957) denkt der Dichter Erich Kästner besonders liebevoll an seine Mutter zurück. Im Kapitel »Meine Mutter, zu Wasser und zu Lande« beschreibt er Wanderungen, Schwimmversuche und Radtouren, die sie mit ihm und seiner Schwester Dora unternommen hat. Besonders die Radtouren gestalteten sich schwierig, vergaß doch die Mutter zu bremsen:

Was Zufall, Pech und Anfängerei gewesen zu sein schien, entpuppte sich mit der Zeit als Gesetz. Meine Mutter vergaß die Rücktrittbremse jedes Mal und immer wieder! Kaum senkte sich ein Weg, so raste sie auch schon davon, etwa wie die Rennfahrer der Tour de France, wenn sie vor den Pyrenäen herunterkommen.

Dora und ich jagten hinterdrein, und wenn wir sie am Ende des Berges endlich eingeholt hatten, stand sie neben ihrem Rad, war blaß und sagte:»Wieder vergessen!« Es war lebensgefährlich.

...

Wenn ich ein moderner Seelenprofessor wäre, würde ich mir tiefe Gedanken machen und in einer der Fachzeitschriften unter dem Titel »Die Rücktrittbremse als Komplex, Versuch einer Deutung« einen Aufsatz veröffentlichen, worin es etwa hieße:»Für Frau Ida K., die vorerwähnte Patientin, konnte es, wie im Leben überhaupt, so auch beim Radfahren im besonderen, nur ein Bergauf geben. Dem unverwüstlichen Ehrgeiz, der diese Frau, nach eigenen Enttäuschungen und im Hinblick auf ihren hoffnungsvollen Sohn, pausenlos erfüllte, war der gegenteilige Begriff, das Bergab, ziel- und wesensfremd. Da Ida K. das Bergab kategorisch ablehnte und dessen Konsequenzen deshalb gar nicht bedenken konnte, fehlte ihr naturnotwendig jeder Sinn für Vorsichtsmaßregeln. Befand sie sich, wie beispielsweise bei Radtouren, dennoch einem Bergab gegenüber, so weigerte sich ihr Bewusstsein, eingelernte Regeln anzuwenden. Sie wurden automatisch über die Bewusstseinsschwelle ins Unterbewusstsein abgedrängt. Dort fristete die Rücktrittbremse, obwohl gerade die Firma Seidel & Naumann vorzügliche Bremsen fabrizierte, ein für Frau Ida K. im Momente der Gefahr unbekanntes, weil von ihr radikal abgestrittenes Dasein. Sie konnte weder das Phänomen des Bergab, noch wie immer geartete Technik anerkennen, die den Niedergang bremsen sollen. Damit hätte sie, implicite, ihren magischen Willen zum Bergauf kritisiert und angezweifelt. Das kam für sie nicht in Betracht. Lieber bezweifelte sie grundsätzlich, dass Berge nicht nur empor, sondern auch abwärts führen. Lieber bezweifelte sie, auf jedes Risiko hin, die Realität.«

Glücklicherweise bin ich kein beruflicher Tiefseelentaucher und kann mir derartig hintersinnige Abhandlungen und Deutungen ersparen. Menschen zu beschreiben, interessiert mich mehr, als sie zu erklären. Beschreibung ist Erklärung genug. Doch vielleicht ist in dem vorigen Absatz, den ich zum Spaß schrieb, ein Fünkchen Wahrheit enthalten? Es würde mich gar nicht wundern.

Nun bin ich, im Unterschied zu Erich Kästner, ein »moderner Seelenprofessor«. Seit acht Jahren unterrichte ich an der Erziehungswissenschaftlichen Fakultät der Universität Leipzig Lehrer und andere Pädagogen in Psychologie, vornehmlich in Entwicklungspsychologie. Ich teile mit dem Dichter die Skepsis gegenüber voreiliger Deutung und Erklärung, und genau so wie er bin ich vom Wert der Beschreibung überzeugt, auch wenn ich nicht so weit gehen würde, zu behaupten, Beschreibung sei Erklärung genug.

Weil ich die Beschreibung hoch schätze, befasse ich mich seit nunmehr 15 Jahren intensiv mit der Tagebuchaufzeichnung als wissenschaftlicher Forschungsmethode. Unter meiner Anleitung sind etliche »Entwicklungstagebücher« und »Erziehungstagebücher« entstanden, und ich habe in mehreren methodischen Anhandlungen für das Tagebuch plädiert. Ich weiß, dass der »Mainstream« der Psychologen über diesen Zugang zum Menschen immer noch die Nase rümpft, aber das ändert nichts daran, dass es für uns mehr und Wichtigeres gibt, als sich in die vier Wände des Labors und die »Tiefseelentaucherei« auf dünner empirischer Basis fassen lässt. Wir sollten davor nicht die Augen verschließen – und uns von den Literaten inspirieren lassen!

PS.: Sollten Sie, lieber Leser, liebe Leserin, Interesse an der Tagebuchstudie haben, so schlage ich Ihnen vor, sich die eine oder andere meiner folgenden Veröffentlichungen anzusehen.

Literatur

Hoppe-Graff, S. (1989): Die Tagebuchaufzeichnung: Plädoyer für eine vergessene Form der Längsschnittbeobachtung. In: Keller, H. (Hg.), Handbuch der Kleinkindforschung. Berlin, S. 233–251.

Hoppe-Graff, S. (1998): Gespräche, spontane Äußerungen und Tagebücher: Zugänge zum Verstehen von Kindern und Jugendlichen. In: Keller, H. (Hg.), Lehrbuch für Entwicklungspsychologie. Bern, S. 261–294.

Hoppe-Graff, S.; Kim, H.-O.; Schmid, M. (2001): Über Interpretationskompetenz in der (entwicklungs-)psychologischen Forschung. In: Mey, G. (Hg.), Qualitative Forschung in der Entwicklungspsychologie: Potentiale, Probleme, Perspektiven. Forschungsbericht aus der Abteilung Psychologie im Institut für Sozialwissenschaften der TU Berlin, Nr. 2001-1, 24–34

Kästner, E. (1957): Als ich ein kleiner Junge war. München, 2003.

Prof. Dr. Siegfried Hoppe-Graff, Pädagogische Psychologie an der Universität Leipzig. Fachgebiete: Kulturvergleichende und kulturpsychologische Analysen von Sozialisations- und Erziehungsprozessen; Moralentwicklung; Integration qualitativer und quantitativer Forschungsmethoden.

Astrid Schütz

Wer bin ich?

Laura schreibt im Juni 2002 auf ihrer privaten Homepage (http://www.arual.de.tt) in der Rubrik braintrash[1]:

»*Für wen hälst du dich? Bist du die Coole, stehst du überallem und jedem? Ist dir alles egal? Wieso gibst du so viel von dir preis? So hörte ich diese Fragen des öfteren in der letzten Zeit und wusste keine Antworten darauf. Nein, cool bin ich nicht. Und mir ist auch nicht alles egal. Ich bin so, wie ich mich fühle – nicht mehr und nicht weniger. Ich bin auf der Suche nach etwas das mir viel bedeuten könnte, das mich packt und mich einnimmt. Man könnt meine Haltung in einer Arte Warteposition sehen: vor dem Computer, einer Zigarette in der einen Hand, im Hintergrund läuft irgendeine Musik, Scheiben von meinen Eltern, Radio oder die Bravohits von vor 5 Jahren. Ich bin im Internet, gucke, schaue, warte, checke einmal meine Emails, checke sie nochmal – keinen neuen Nachrichten … ich schaue mir andere Homepages an, von super-tollen Mädchen mit einer Webcam. Was suchen sie? Warum haben sie eine Homepage, frage ich mich dann. Und ich frage mich, warum ich eine habe. Ich surfe weiter. Ich glaub, ich schau nochmal in mein Postfach: vielleicht hat jemand 2 Minuten an mich gedacht und mir ein paar Zeilen geschrieben, der Inhalt steht an zweiter Stelle. Über die Zeit vergesse ich das Essen. … Ich vergesse alles um mich herum. Wahrscheinlich will ich es auch. ›Ich kann dich nicht verstehen. Du bist jung und gesund, warum bist du wie du bist?‹ Ja, wirklich, ich sollte Gott dankbar sein, dass ich nicht krank bin. Ein eigenes Zimmer habe, zur Schule gehen kann und ich eine Familie habe. Alles ist gut und ich bin die Ignoranz in Person. Ich kehre mein Innerstes nach Außen, setze es auf meine Homepage. Und weiß, dass es eigentlich keinen Sinn hat. Für mich und jeden anderen, der das hier alles mit einem Auge streift und mich in die Sparte von Mädchen mit eigener Internetpresänz und enormen Selbstdarstellungsdrang steckt. … Ich warte drauf, dass etwas passiert. Vielleicht sollte ich raus gehen unter Menschen. … Der Preis ist hoch, ich könnte kalte Füsse bekommen oder müsste auf den Bus warten, oder irgendwer dreht sich nach mir um, schaut mir ins Gesicht und spricht mich an.*«

Laura reflektiert über sich und ihre Selbstdarstellung. Ungewöhnlich ist nur, dass sie das öffentlich tut – auf ihrer privaten Homepage. Warum erstellen Menschen private Homepages? Warum veröffentlichen sie dort ihre Gedanken und Gefühle, die gemeinhin als relativ privat gesehen werden, vor einem anonymen und potenziell sehr großen Publikum? Inwiefern unterscheiden sich Homepagebesitzerinnen und -besitzer von Menschen, die keine Homepage besitzen? Mit diesen und ähnlichen Frage beschäftigen wir uns im Projekt »Selbstdarstellung im Internet. Persönlichkeitsdarstellung auf privaten Homepages«[2].

Diese Thematik ist in den größeren Kontext der Beschäftigung mit dem Selbst eingebunden. Viele der Fragen, die Laura aufwirft, betreffen die Themen »Selbstdarstellung« und »Selbstwertgefühl« – Themen, die im Mittelpunkt unserer Forschungsaktivitäten stehen. Wie sehen und beschreiben Menschen sich selbst? Sind sie mit sich zufrieden? Woraus beziehen sie ihre Selbstwertschätzung? Wie präsentieren sie sich gegenüber anderen?

Selbstdarstellung haben wir bisher im Kontext von Auftritten in politischen Wahlkämpfen und Skandalen, therapeutischen Gesprächen und Paarkonflikten untersucht. Ausgehend von der Frage, ob hohe Selbstwertschätzung generell günstig ist, haben wir uns außerdem mit Licht- und Schattenseiten von positivem Denken, Illusionen und positiven Einstellungen zur eigenen Person beschäftigt. Unsere Ergebnisse zeigen, dass hohe Selbstwertschätzung insbesondere dann, wenn sie instabil oder verletzlich ist, mit Tendenzen der Selbstaufwertung bei gleichzeitiger Abwertung anderer verbunden ist. In einem anderen aktuellen Forschungsprojekt untersuchen wir, ob derartige sozial unverträgliche Tendenzen bevorzugt dann auftreten, wenn verbal bekundete positive Selbstbewertungen mit Selbstzweifeln auf einer nicht notwendigerweise bewusst repräsentierten Ebene (implizite Kognitionen) verbunden sind.

---

1 Ich danke Franz Machilek für den Hinweis auf diesen Eintrag. Die Orthographie des Textes entspricht dem Original.
2 Ich danke der Deutschen Forschungsgemeinschaft für die finanzielle Unterstützung des Projekts.

Prof. Dr. Astrid Schütz, Institut für Psychologie, Technische Universität Chemnitz. Fachgebiete: Differentielle Psychologie und Persönlichkeitspsychologie, Psychologische Diagnostik.

Horst Gundlach

Philosophische Studien, der befremdliche Titel
der ersten Zeitschrift für experimentelle Psychologie

Das erste der Psychologie gewidmete, universitäre Laboratorium, errichtete Wilhelm Wundt (1832–1920) nach seiner Berufung an die Universität Leipzig 1875. Aus diesem Labor entstand 1879 das erste Institut für Psychologie. 1881 erschien im Leipziger Verlag Wilhelm Engelmann das erste Heft einer wissenschaftlichen Zeitschrift, die der Publikation der Arbeiten des Instituts diente. Dies sind verkettete Ereignisse, die nicht zur Verwunderung anregen. Dieses Gefühl auslösen mag jedoch der Titel dieser Zeitschrift, *Philosophische Studien*, nicht etwa, wie bei Arbeiten aus einem psychologischen Labor zu erwarten, *Psychologische Studien*.

Schon 1929 hielt Boring es für ratsam anzumerken:»Nowadays the title sounds strange ... but we must remember not only that Wundt was professor of philosophy, but also that Wundt believed that philosophy should be psychological and that he was then well started upon the philosophical decade of his life ...« (1929, S. 319). In der Tat amtierte Wundt in Leipzig als Ordinarius für Philosophie, doch die übrigen Erklärungen klingen ungelenk konstruiert und halten einer Prüfung nicht stand.

Doch wie reagierten Zeitgenossen? Adolf Horwicz (1831–1894), bis dahin aufgefallen durch *Psychologische Analysen auf physiologischer Grundlage* (1872–78), besprach in den Philosophischen Monatsheften das erste Heft. Er hatte vieles zu bemäkeln, so auch den Titel:»Mindestens müsste dafür nicht der Titel ›*Philosophische*‹, sondern etwa ›Physiologische‹, ›Psychophysische‹ u. dgl. m. ›Studien‹ gewählt werden, damit Jedermann auf den ersten Blick sieht, dass es sich hier nicht um Erörterung und Förderung philosophischer Probleme, sondern fast ausschliesslich um Dinge handelt, die nur die Herren Experimentatoren und Solche, die es werden wollen, interessiren« (1882, S. 498). Der verblüffte Zeitgenosse schlägt also nicht etwa *Psychologische Studien* vor, sondern Titel, die sich auf ganz andere Fächer beziehen, nämlich Physiologie und Physik. Fechner, der Begründer der Psychophysik, war ja Professor der Physik.

In seinen Erinnerungen hielt Wundt fest:»Als ich mich in der Zeit, in der das psychologische Institut festere Wurzeln zu fassen begann, nach einer Zeitschrift umsah, die zur Veröffentlichung der in demselben entstandenen Arbeiten geeignet sei, war ich zunächst in einiger Verlegenheit. ... Ich entschloß mich daher, die Arbeiten des Instituts in besonderen Heften herauszugeben, und wählte für diese den Titel ›Philosophische Studien‹. Philosophische, nicht psychologische nannte ich sie, weil es nötig schien, auch einzelne, namentlich von mir selbst geschriebene Abhandlungen aufzunehmen, die teils der theoretischen Begründung des Standpunktes dieser Arbeiten, teils der zusammenfassenden Übersicht bestimmt waren. Zugleich war aber dieser Titel ein Kampftitel. Denn die experimentelle Psychologie begegnete in den ersten Jahren des Bestehens unseres Instituts lebhaften Angriffen von seiten mancher Philosophen, denen freilich das damals noch verbreitete Mißverständnis zugrunde lag, diese neue Psychologie wolle … den … Materialismus wieder einführen, jedenfalls aber handle es sich hier um physiologische, nicht um eigentlich psychologische Studien. Mit dem Titel ›Philosophische Studien‹ sollte daher unzweideutig ausgedrückt werden, daß diese neue Psychologie den Anspruch erhebe, ein Teilgebiet der Philosophie zu sein« (1920, S. 312f.).

Es ging Wundt also nicht darum, die Psychologie insgesamt als Teil der Philosophie zu positionieren. Denn das war in den Jahren der Gründung der Zeitschrift längst verbreiteter Konsens. Seit Jahrzehnten war Psychologie Prüfungsfach in der Ausbildung der Gymnasiallehrer, und ebenso lange wurde schon sie durch Ordinarien der Philosophie gelehrt und abgeprüft, da besondere Lehrstühle für Psychologie einzurichten entbehrlich erschien. Durch diese Personalunion ergaben sich auch inhaltliche Verflechtungen, die mit »philosophy should be psychological« gewiss nur dunkel und irreführend bezeichnet werden.

Wundts Kampftitel ließe sich so aufschließen: Einverstanden, Psychologie ist der Philosophie als Teilfach zugeordnet. Aber die der Psychologie angemessenen Methoden sind nicht allein solche der Philosophie, sondern genauso die hier vorzustellenden. Auch wenn sie aus Physiologie oder Physik stammen mögen, behaupte ich, psychologische Forschung kommt ohne sie nicht aus.

Damit störte Wundt, ein habilitierter Physiologe, der erst mit 42 Jahren in das Fach Philosophie überwechselte, die dort überkommene Ruhe und gab den Anstoß für die spätere Trennung des Fachs Psychologie von dem Fach Philosophie. Ohne Wundts Wirken hieße vielleicht die heutige Philosophie des Geistes einfach Psychologie, und in der medizinischen Fakultät wäre möglicherweise irgendwo zwischen Physiologie und Psychiatrie ein Fach entstanden, das dem, das heute Psychologie heißt, ähnlich sähe.

Literatur
Boring, E. G. (1929): A History of Experimental Psychology. New York.
Horwicz, A. (1882): Rezension: Philosophische Studien, Wilhelm Wundt, 1. Heft 1881. Philosophische Monatshefte, 18: 497-502.
Wundt, W. (1920): Erlebtes und Erkanntes. Stuttgart.

Prof. Dr. Horst Gundlach, Institut für Geschichte der Psychologie, Universität Passau. Fachgebiet: Geschichte der Psychologie.

Jens Asendorpf

Selbstverhör

*Kühner, als das Unbekannte zu erforschen,
kann es sein, das Bekannte zu bezweifeln*
Kaspar

Nehmen Sie sich einmal selbst ins Kreuzverhör:

1.1 Glauben Sie als Mutter oder Vater, dass Sie Einfluss auf die Entwicklung Ihrer Kinder (gehabt) haben?

1.2 Auf welche Ihrer Kinder, auf welche Eigenschaften dieser Kinder und ab/bis zu welchem Alter der Kinder? Stichworte genügen.

1.3 Glauben Sie, dass auch Ihre Kinder Einfluss auf Ihre Entwicklung (gehabt) haben, und woher nehmen Sie die Überzeugung, dass dieser Einfluss geringer sei?

1.4 Was ist ein Einfluss?

1.5 Befriedigt Sie die Vorstellung, dass in der belebten und in der unbelebten Natur alles in ständiger Wechselwirkung steht? Was sonst wollen Sie erfahren?

2.1 Glauben Sie, dass Charaktereigenschaften vererbt werden?

2.2 Wenn nein: Auf welche Daten stützen Sie Ihren Glauben?

2.3 Wenn ja: Welche Charaktereigenschaften in welchem Alter in welchen Kulturen zu welchem historischen Zeitpunkt in welchem Grade? Stichworte genügen.

2.4 Halten Sie genetische Einflüsse auf die Persönlichkeit für weniger veränderbar als Umwelteinflüsse?

2.5 Warum glauben Sie, dass sich genetische Einflüsse nur durch Änderung der Gene, Umwelteinflüsse nur durch Änderung der Umwelt verändern ließen, nicht aber genetische Einflüsse durch Veränderung der Umwelt oder Umwelteinflüsse durch Veränderung der Gene?

3.1 Wenn Sie auf Ihren bisherigen Lebenslauf zurückblicken: Halten Sie ihn für Ihr eigenes Verdienst, oder glauben Sie, ein Opfer der Verhältnisse geworden zu sein?

3.2 Wenn Sie ihn für Ihr eigenes Verdienst halten: Sind Sie mit dieser Meinung kein Opfer der Verhältnisse?

3.3 Wenn Sie sich für ein Opfer der Verhältnisse halten: Halten Sie diese Meinung für ein Verdienst?

3.4 Sind Sie ein Opfer *Ihrer* Verhältnisse?

3.5 Warum ist Ihnen schwindlig?

Mit diesem (leicht gekürzten) Selbstverhör in Anlehnung an die Fragebögen in Max Frischs Tagebuch 1966–1971 beginnt mein erstes, populärwissenschaftliches Buch »Keiner wie der andere – Wie Persönlichkeits-Unterschiede entstehen« (2. Aufl. 1999). Es soll scheinbar Selbstverständliches aus der Alltagspsychologie zum Thema Persönlichkeitsentwicklung hinterfragen und so die Motivation stärken, sich mit den Antworten der wissenschaftlichen Psychologie auseinander zu setzen.

Prof. Dr. Jens B. Asendorpf, Institut für Psychologie, Humboldt-Universität Berlin.
Fachgebiete: Persönlichkeit, soziale Beziehungen und ihre Entwicklung.

Jarg Bergold

Gibt es »eine« richtige Psychologie?

Wenn ich gefragt werde, was denn eigentlich Psychologie sei, gerate ich ins Zweifeln. Ich habe schon öfters geglaubt, das zu wissen – und dann war es doch plötzlich anders. Es geht mir damit, wie es der Leserin oder dem Leser vielleicht mit diesem Bild geht.

Es könnte einen See mit Büschen und Schilf im Vordergrund und Bergen im Hintergrund darstellen. Störend dabei ist nur der weiße Fleck. Ist da ein Stück aus dem Bild herausgerissen? Was ist das überhaupt für ein Bild? Ist es ein Aquarell, eine Zeichnung, ein verfremdetes Foto? Ist es überhaupt eine Landschaft?

Nein, es ist keine Landschaft. Es ist eine Fotografie, welche die Photographin Ulrike Bergold in einer verrotteten Konservenfabrik im Oderbruch aufgenommen hat. Dort hatten Jugendliche nach der Wende Gläser mit Konserven an die Wand geworfen und damit ihrem Ärger Luft gemacht.

Was haben nun dieses Bild und die Psychologie gemeinsam? Für mich ändern beide beim wiederholten Hinsehen und darüber Nachdenken im Verlauf der Zeit immer wieder ihre Bedeutung. Zu Beginn meines Studiums schien mir Freud und die Psychoanalyse die Antwort auf die Frage zu sein, was Psychologie sei. Vor allem der Hinweis auf die Bedeutung der Beziehung beschäftigt mich heute noch. Dann stieß ich auf ein anderes Konzept. Die Lerntheorien und die dazugehörigen Experimente gaben bis auf Sekunden genau Auskunft darüber, wie Lernen stattfindet. Wenn ich menschliches Tun, Denken und Fühlen als gelerntes Verhalten verstand, konnte ich sehr genau darüber Auskunft geben, wie der Mensch »funktioniert«. Das galt auch für einen Bereich, der schon immer die Menschen verwirrt hat, die psychischen Störungen und ihre Behandlung.

Die Verhaltenstherapie, die auf dieser Basis entstand, veränderte nicht nur mein Verständnis von psychischen Störungen und deren Therapie, sondern auch das Berufsbild des Psychologen. Erstmalig wurden Psychologen zu gesuchten Therapeuten, übernahmen Stellen von Stationsärzten, begannen die

Psychotherapieforschung in Gang zusetzen und so weiter. Nach einiger Zeit wurde mir deutlich, dass Klarheit und Präzision trotz dieser Erfolge nur Schein waren. So erwiesen sich beispielsweise die so genannten »unspezifischen« Faktoren in der Psychotherapie wichtiger als »spezifische« Faktoren der jeweiligen Therapierichtung.

Es fiel mir auch schwer, die Beziehungen zwischen mehreren Menschen in einer Familie, auf einer Station, in einer Therapiegruppe, in einem Mietshaus oder einem Stadtteil mit den Konzepten der Lerntheorie zu analysieren. Eine andere theoretische Konzeption wurde mir daher wichtig. Die Systemtheorie versprach, sowohl einzelne Menschen als auch das Miteinander vielfältiger Menschengruppen analysierbar zu machen. Die Systemtheorie wurde für unser Team zu einem nützlichen Arbeitsinstrument bei der Analyse des psychosozialen Systems im Berliner Bezirk Wedding. Politische Interessen, Macht und Engagement ließen sich allerdings schwer damit fassen.

Gemeindepsychologie und Gemeindepsychiatrie haben bereits sehr früh versucht, politische Prozesse auf unterschiedlichen Ebenen einzubeziehen. Beide gehen von der Annahme aus, dass Menschen immer in einem sozialen Kontext leben, der ihre Entwicklung beeinflusst und dessen Entwicklung sie ihrerseits aber auch mitgestalten. Der Ansatz erlaubte es uns, den Stellenwert der verschiedenen anderen Konzeptionen zu bestimmen. Diese Vorstellung von Psychologie erwies sich für mich auch bei Besuchen in Lateinamerika nützlich. In den Armenvierteln der großen Städte zum Beispiel wird es notwendig, den Prozess des Empowerments anzuregen. Das bedeutet, die Menschen darin zu unterstützen, ihre Forderungen für lebenswerte Lebensbedingungen zu äußeren und durchzusetzen und die Gestaltung dieser Lebensbedingungen selbst in die Hand zu nehmen.

Was Psychologie für mich ist, hat sich also auf dem Hintergrund der Aufgaben gewandelt, vor denen ich stand. Ich habe gelernt, dass die verschiedenen theoretischen Ansätze dann »richtig« sind, wenn sie Menschen ein Verständnis ihrer Selbst und ihrer Lebenswelt geben und ihnen neue Entwicklungsmöglichkeiten eröffnen. Das jeweilige Verständnis von Psychologie ist also nicht so beliebig, wie es vielleicht scheint. Es ist aber schwierig zu akzeptieren, dass es »die richtige« Psychologie nicht gibt. Ich muss immer wieder neu auf die Suche gehen, welche »Psychologie« in dieser Situation für diese Menschen in dieser Lebenswelt angemessen ist.

Prof. Dr. Jarg Bergold, Fachbereich Erziehungswissenschaften und Psychologie, Arbeitsbereich Klinische Psychologie und Gemeindepsychologie, Freie Universität Berlin.
Fachgebiete: Gemeindepsychologie, Public-Health-Forschung, Psychotherapie- und Beratungsforschung, qualitative Forschungsmethoden, Evaluationsforschung.

Peter Frensch

Verschiedene Berufungskulturen, verschiedene Welten

Im Sommer des Jahres 1989: Ich rufe das Institut für Psychologie einer nordamerikanischen Universität an. Das Institut hat mich zum Vorstellungsgespräch eingeladen; es geht um die Besetzung einer Stelle als Assistant Professor. Das Telefonat verläuft in etwa so:

Ich sage: »I am sorry but I have a problem with the date of my scheduled talk at your place. My family has booked a vacation a while ago and we'll be on vacation on the scheduled date.«

Antwort des Vorsitzenden des search committees: »No problem, don't worry. I'll contact the members of the search committee and see if we can arrange for a different date. I'll get back to you within half an hour.«

Anruf eine halbe Stunde später: »I have 3 different dates for you to choose from; please let me know which of the days suits you best.«

Weniger als 10 Jahre später: Anruf im Institut für Psychologie einer bundesdeutschen Universität. Das Institut hat mich zum Vorstellungsgespräch eingeladen; es geht um die Besetzung einer C4-Professur. Das Telefonat verläuft in etwa so:

Ich sage: »Es tut mir Leid, aber ich habe Probleme mit dem anvisierten Termin des Vorstellungsgesprächs. Wir haben bereits vor einiger Zeit einen Familienurlaub gebucht, der genau in die Zeit des Vorstellungstermins fällt.«

Anwort des Vorsitzenden der Berufungskommission: »Es tut mir sehr Leid für Sie, aber so ist das im Leben. Wir alle haben unseren Ordner, in dem wir verpasste Gelegenheiten ablegen.«

Im Sommer des Jahres 1989. Besuch eines Instituts für Psychologie an einer nordamerikanischen Universität. Das Institut hat mich zu einem Vorstellungsgespräch eingeladen. Gespräch mit der Berufungskommission.

Ich frage: »Where do you see your department 10 years from now?«

Antwort der Gruppe: »We have formulated clear goals for our department both in terms of the research and in terms of the teaching we want to conduct. Ten years from now, we envision our department as one of the leaders in the psychology of health. We have thought about how you can help us to achieve our goals and here is how we believe you fit in with what we have in mind … «

Weniger als 10 Jahre später. Besuch des psychologischen Instituts einer bundesdeutschen Universität. Das Institut hat mich zum Vorstellungsgespräch eingeladen; es geht um die Besetzung einer C4-Professur. Gespräch mit der Berufungskommission.

Ich frage: »Wie soll Ihr Institut in 10 Jahren aussehen?«

Allgemeine Heiterkeit unter den Anwesenden. Der Vorsitzende der Berufungskommission: »Wie Sie wissen, sind die Strukturen unseres Instituts gesetzt und die Forschungsinhalte von der Wahl der berufenen Kolleginnen und Kollegen abhängig. Wir haben nur wenige Möglichkeiten, die Strukturen und Forschungsinhalte unseres Instituts zu beeinflussen.«

Im Sommer des Jahres 1989. Besuch einer nordamerikanischen Universität deren Institut für Psychologie mir eine Stelle als Assistant Professor angeboten hat. Gespräch mit dem Provost der Universität.

Provost: »I understand that your main research interest is in cognitive psychology, especially in skill acquisition and expertise. I have read some of your publications and was wondering about some of the issues that your research opens up ...«

Weniger als 10 Jahre später. Besuch einer bundesdeutschen Universität, deren zuständiges Kultusministerium mir einen Ruf auf eine C4-Professur für Allgemeine Psychologie erteilt hat. Gespräch mit dem Präsidenten der Universität.

Präsident: »Sagen Sie, in welcher Ecke Ihres Büros wird denn Ihre Couch stehen?« Als er meine wohl ziemliches Unverständnis ausdrückende Mimik bemerkt: »Sind Sie etwa nicht Psychoanalytiker?«

Mein subjektives Fazit: Selbstverständlich gerät der internationale Vergleich professioneller Strukturen und Gepflogenheiten in der Psychologie beileibe nicht immer zum Nachteil der bundesdeutschen Psychologie, weder in der subjektiven Erfahrung noch in objektiven Statistiken. Dort, wo Defizite offenkundig werden und vielleicht sogar leicht korrigierbar sind, werden wir in Zukunft allerdings handeln müssen – ansonsten haben wir nur geringe Chancen, unseren nach wie vor exzellenten Nachwuchs im eigenen Land zu halten.

Prof. Dr. Peter A. Frensch, Psychologisches Institut, Humboldt-Universität Berlin.
Fachgebiete: Denken, Lernen, Fertigkeitserwerb.

Helmut Jungermann

Möglichkeitssinnlichkeit

»Wenn es aber Wirklichkeitssinn gibt ..., dann muß es auch etwas geben, das man Möglichkeitssinn nennen kann. – Wer ihn besitzt, sagt beispielsweise nicht: Hier ist dies oder das geschehen, wird geschehen, muß geschehen. Sondern er erfindet: Hier könnte, sollte, oder müßte geschehen, und wenn man ihm von irgend etwas erklärt, daß es so sei, wie es sei, dann denkt er: Nun, es könnte wahrscheinlich auch anders sein. So ließe sich der Möglichkeitssinn geradezu als die Fähigkeit definieren, alles, was ebensogut sein könnte, zu denken und das, was ist, nicht wichtiger zu nehmen als das, was nicht ist.« Diese Überlegung, Feststellung oder Hoffnung stammt von dem Schriftsteller und Psychologen Robert Musil (Der Mann ohne Eigenschaften, 1952, S. 16). Ich glaube, sie trifft meinen Stil des Umgangs mit Wissenschaft, Psychologie und dem Leben überhaupt. Ein gut entwickelter Möglichkeitssinn lässt Theorien, Hypothesen und Daten, Erklärungen und Vorhersagen, Behauptungen und Argumente mit einiger Gelassenheit und oft mit Ironie wahrnehmen und hinnehmen.

Und wer, wie ich, Entscheidungen verstehen will, der braucht eigentlich sogar einen Möglichkeitssinn. Denn man darf sich nicht nur für den Moment der Entscheidung interessieren, in dem eine Option irreversibel ausgewählt wird, sondern man muss sich auch den vorauslaufenden Prozess anschauen, in dem die möglichen Optionen generiert werden und so der Raum der Möglichkeiten aufgespannt wird. Der Möglichkeitssinn des Entscheiders bestimmt, wie eng oder weit der Möglichkeitsraum, wie konventionell oder originell die Optionen sind, zwischen denen gewählt wird.

Aber Musils Gedanke kann auch zu viel allgemeineren Fragen anregen, etwa:

Wer hat ihn, den Möglichkeitssinn, wer hat ihn nicht?
Haben Männer mehr Möglichkeitssinn als Frauen?
Haben Juristen mehr Möglichkeitssinn als Psychologen?
Habe ich selbst einen (schwachen, starken) Möglichkeitssinn?

Wann und worin zeigt sich Möglichkeitssinn? Bei mir selbst, bei anderen?

Wann ist Möglichkeitssinn nützlich, wann hinderlich?

Wem würde man mehr Möglichkeitssinn wünschen, wem weniger?

Wie wirkt meine Demonstration von Möglichkeitssinn auf andere?

Kann man den Möglichkeitssinn erlernen? Kann man ihn verlernen?

Bezeichnet Altersstarrsinn den Verlust von Möglichkeitssinn?

Korreliert Möglichkeitssinn mit Stil und Lautstärke des Diskutierens?

Auf diese und ähnliche Fragen habe ich natürlich keine eindeutigen Antworten. Sie womöglich? Ich selbst beruhige mich mit dem Satz von Helmut Schmidt: »Das ist der ganze Jammer: Die Dummen sind so sicher und die Gescheiten so voller Zweifel.«

PS: Das Dumme an dieser gescheiten Bemerkung ist, dass sie von einem Mann stammt, der sich seiner ziemlich sicher und der nicht dumm ist.

Prof. Dr. Helmut Jungermann, Institut für Psychologie und Arbeitswissenschaft, Technische Universität Berlin.
Fachgebiet: Entscheidungs- und Risikoforschung.

Friedhart Klix

Aus dem Schnipselbuch von F. Klix – Gedanken zum Nachsinnen

Auswahl aus Sätzen zur Psychologie im weiten Sinn,
zu allgemein Menschlichem, zum Schmunzeln und
zum Nachdenken über Logik, Bedeutung und Semantik

1. Weltanschauung zu vermitteln, das ist die Überzeugung von Überzeugungen.
2. Es gibt in der Psychologie kaum falsche Theorien, nur unbrauchbare.
3. Eine erstklassige Theorie sagt voraus, eine zweitklassige schließt aus, eine drittklassige erklärt hinterher.
4. Intellektuelle Kraft zeigt sich, wie in einer schwer überschaubaren Vielfalt eine überschaubare Einfachheit erkannt wird. Oft ist die große Komplexität eines Gegenstandes (auch in der Wissenschaft) nur die Maske seiner Einfachheit.
5. Woran erkennt man gute Psychologie? – (1.) An der Gründlichkeit, wie die Literatur eingearbeitet ist, (2.) am Verhältnis zwischen Daten, Berechnungen und Text, (3.) an der Diskussion gegenteiliger Auffassungen.
6. Schwierigkeiten wissenschaftlicher Entwicklungen liegen weniger darin, neue Ideen zu haben, als darin, veraltete zu erkennen.
7. Eine datenlose Wissenschaft ist zumeist auch eine tatenlose.
8. Der prinzipielle Verzicht auf Formalisierungen bedeutet den Verzicht auf eine bestimmte Klasse von Erkenntnissen (s. das Fechner'sche und das Steven'sche Potenzgesetz).
9. Gibt es ein kognitives Lernen? Ja: Es unterscheidet sich vom Pawlowschen oder Thorndike-Hebb'schen Lernen dadurch, dass es unspezifisch bekräftigt wird und dennoch Gedächtnisbildungen schafft (Der Erwerb von Wissen ist ungleich dem Erwerb von Werten; die Aneignung von Weltbildern erfolgt zumeist jenseits sensorischer Reize.)
10. Große wissenschaftliche Gebäude können durch Einsichten in winzige Details zerstört werden (z.B. das ψ-Phänomen in der Wahrnehmung).
11. In der Charakterologie wurde nicht gerechnet, in der Psychophysik blieb der Mensch auf der Strecke. Vergleicht man unsere Wissenschaft mit einem Messer, so ist die Charakterologie wie ein Messer ohne Schneide und die Psychophysik wie ein Messer ohne Griff.
12. Menschen gehen durchs Leben wie Sendboten; geschickt von den versiegelten Instruktionen ihres Genoms, die sie nicht lesen können, und zu einem Ziele hin, das sie nicht kennen. Deshalb können sie sich frei fühlen.
13. Die Kindheit zeigt die Persönlichkeit an, wie der frühe Morgen den späten Tag.
14. Interessen sind die Leitstrahlen der Lebensläufe.
15. Jede Situation hat viele Zukünfte, aber nur eine Vergangenheit.
16. Nicht der Misserfolg stimuliert zu höheren Leistungen, sondern die Angst vor ihm. Emotionale Spannungen, die stimulieren, entstehen durch das Pendeln zwischen Erfolg und Misserfolg.
17. Manche Menschen sind wie ein Uhrwerk, das ohne Zeiger läuft.
18. Nur wer glaubt, weiß alles.
19. Wir leben in einer Zeit des Umbruchs. Die Tatsache, dass einer so gut wie nichts ver-

öffentlicht hat, genügt jetzt schon, ihn in den Kreis der gehinderten Autoren aufzunehmen.

20. Kleine Leute (auch in der Wissenschaft) machen ihre Umgebung gern klein, damit sie selber größer erscheinen.

21. Ein Mensch wird zumeist nicht durch seine Fehler geschlagen, sondern durch seine Feinde, wobei die Motive seiner Feinde zumeist nicht aus seinen Fehlern gespeist werden.

22. Manche Wissenschaftler tun so, als ob die Errungenschaften ihrer Wissenschaft zugleich auch ihre eigenen wären.

23. Wer wir sind, zeigt sich auch in dem, was wir nicht vergessen können.

24. Logik von Quantoren in der Semantik: Wenn alle in die Kirche gingen, gingen nicht alle hinein, aber da nicht alle in die Kirche gehen, gehen alle hinein.

25. Hans: Ein Nickerchen dann und wann, bewahrt vor dem Altwerden. Paul: Ja, ja, besonders beim Autofahren.

26. Wodurch entsteht einer Wissenschaft der meiste Schaden? Durch drei Sorten von Wissenschaftlern: 1. Durch den Fleiß der Dummen (Herr A:»In meinem 4. Band über Charakterologie behandle ich völlig neue Zusammenhänge«); 2. Durch die Arroganz von Faulen (Herr A:»In der Psychologie kommt auch nichts Neues mehr zustande«); 3. Durch das Besserwissen der Einfallslosen:»Ach wissen Sie, der Wiener mit seiner Kybernetik hat auch nur mit Wasser gekocht.«

27. Auch der Schatten eines kleinen Menschen kann sehr groß sein, er muss nur einen niedrigen Sonnenstand abwarten.

28. Wie man's macht, macht man's falsch, und macht man's falsch, dann ist es auch nicht richtig.

29. Der vollständige Taktiker: Wenn der stirbt, dann fragen sich seine Bekannten, was hat er damit wohl bezweckt?

30. Durch Aufgeben hat noch keiner gewonnen.

31. Im Nervensystem sind Module entstanden, die in der Evolution eine hinreichend lange Rolle gespielt haben und die durch Sozialisierung »möbliert« werden (z. B. die Wortbedeutungen in Lautsprachen).

32. Der Selektionsvorteil kognitiver Prozesse besteht im richtigen Voraussagen künftiger Ereignisse.

33. Auch in der Evolution findet ein geistiges Wettrüsten zwischen sozialen Konkurrenten statt. Das hat sich in der menschlichen Geschichte verstärkt.

34. Das schwerere Leben, wenn man es besteht, war immer auch das glücklichere.

35. Marxistische Ökonomen haben die Ökonomie des Sozialismus entdeckt, wie Kolumbus Indien, als er in Amerika landete.

36. Warum kann nie ein Auto entstehen, wenn ein Orkan über einen Schrotthaufen voller Autoteile fegt?

37. Der Mensch hat eine biologische Konstitution, die auf Kultur hin angelegt ist. Liegt das an der Kombination zwischen kombinierendem Denken und Reden?

38. Wissenschaften sind so gebaut, dass sie sich ihre Anhänger aussuchen.

39. Komplexes Lernen: Ein Konvolut aus kleinen Regeln über die Generationen hinweg, nachgeahmt in Sprichwörtern und Geboten, in Konventionen und Riten.

40. Das Gegenteil einer richtigen Aussage ist immer eine falsche Aussage. Das Gegenteil einer wahren Aussage kann zu einer tieferen wahren Aussage führen.

41. Der Glaube eines Menschen funktioniert im sozialen Bereich wie sein Immunsystem im Biologischen. Was an Bedeutung zu ihm passt, verstärkt ihn, und er stößt ab, was nicht zu ihm passt.

42. Der Unterschied: Das Immunsystem scheidet das ICH vom NICHT-ICH, der Glaube das WIR vom NICHT-WIR.

Prof. Dr. Dr. h.c. mult. Friedhart Klix, Institut für Psychologie, Humboldt-Universität Berlin.
Fachgebiete: Psychophysik kognitiver Prozesse, Evolutionspsychologie.

Wolfgang Schönpflug

Alpha – meine Lieblingsratte

Mehrere Jahre stand auf meinem Schreibtisch eine ausgestopfte Ratte. Sie war schlecht präpariert, und deshalb befielen sie Würmer. Ich musste sie schließlich wegwerfen. Ich hatte dem Tier den Namen Alpha gegeben. Alpha war eine von achtzehn Ratten, mit denen ich ein Lernexperiment durchgeführt hatte. In einem Labyrinth hatte ich mehrere Tage lang an verschiedenen Stellen Wasser aufgestellt. Die Tiere sollte sich die Plätze merken. Fanden sie das Wasser, durften sie 30 Sekunden davon trinken. Das taten sie begierig, denn sie hatten vor dem Versuch 18 Stunden lang keine Flüssigkeit mehr erhalten. Auf diese Weise wollten wir die Rolle von Trieben und Belohnungen beim Lernen und Vergessen untersuchen Alpha war von allen die Klügste. Sie fand jedenfalls am schnellsten heraus, wo es in dem Labyrinth Wasser gab.

So hat Alpha ausgesehen. Leider habe ich kein Bild von ihr. Das nebenstehende Bild stammt von einer anderen Ratte, die ihr ähnlich sieht. Sie lebt als Haustier bei Alex Reid, einem vierzehnjährigen Cree-Indianer. Alex hat sie auf seiner Webseite abbildet (http://www.trinculo. educ.sfu.ca/pgm/students/alex_reid/ BASILPIG.GIF).

Als ich meine Versuche mit Alpha machte, war ich Student an der Universität Kansas im amerikanischen Mittelwesten. Dort unterhielt das Psychologische Institut ein großes Tierlaboratorium, und die Arbeit mit Tieren waren Teil meines Studienprogramms. Später bin ich oft gefragt worden: Warum hast du Versuche mit Ratten gemacht? Du wolltest doch Psychologe werden! Hinter der Frage standen zwei Vorurteile: Erstens, Psychologen befassen sich nur mit Menschen. Und zweitens, die Beobachtung von Nagern verhilft nicht zur besseren Kenntnis des Menschen. Ich lasse diese Vorurteile nicht gelten. Zum Ersten: Psychologie ist eine Lebenswissenschaft. Ihre zentralen Themen sind die Erkenntnis und das zweckmäßige Verhalten im Dienst des Lebens. Diese Probleme konnte man auch an Alpha studieren. Ihr Leben beschränkte sich auf das Labor. Aber selbst in dieser künstlichen Welt, die so viel ärmlicher war, als die ihrer Gattung bestimmte natürliche Umwelt, hat sie beachtliche natürliche Fähigkeiten unter Beweis gestellt: Raumorientierung, Lernen und Verhalten zur Befriedigung von Bedürfnissen. Selbst wenn Alpha und ihre Gattungsgenossinnen mit uns Menschen nichts, aber auch gar nichts gemein hätten: Es sind lebende Wesen, deren Erforschung die wissenschaftliche Psychologie nicht versäumen sollte.

Und zum Zweiten: Haben Ratten und Menschen wirklich nichts gemein? Ist die Raumorientierung der Ratte von der des Menschen völlig verschieden? Wirken sich Durst, Hunger und andere Triebe bei Tier und Mensch nicht ähnlich aus? Mensch und Tier sind Sonderanfertigungen der Natur, aber sie sind wohl keine von Grund auf unterschiedlich konzipierte Konstruktionen. Freilich zeichnet den Menschen der Besitz von Sprache und Kultur aus. Doch wandeln sie ihn um in ein Wesen, das gar keine Verwandtschaft mehr mit einem Pelz-, Feder- oder Flossentier aufweist? Nein! Gerade in den letzten Jahren häufen sich Theorien und Befunde zur Doppelnatur des Menschen. Man stößt auf Modelle der Emotion, der Wahrnehmung, der Bewegung und der Entscheidung. Sie unterscheiden »heiße« und »kalte«, »automatische« und »kontrollierte«, »implizite« und »explizite« Prozesse und Mechanismen. Mit einfacheren Worten: Derselbe Mensch kann sich durchaus unterschiedlich verhalten – je nach Situation, Erfahrung, Alter und Ähnlichem: Ruhig oder erregt, unbeherrscht oder überlegt, ohne sich dessen bewusst zu sein oder mit bewusster Erkenntnis, sprachlos oder zu Erklärungen fähig. Neuropsychologisch bewanderte Forscherinnen und Forscher haben sogar begonnen, das Doppelwesen des Menschen mit dem Schichtenaufbau seines Gehirns in Beziehung zu setzen. Sie berichten von einer (stammesgeschichtlich älteren) Schicht, die schnell, spontan und routiniert einfache, doch zweckmäßige Erkenntnis vermittelt und ebensolches Verhalten lenkt – dem instinktiven tierischen vergleichbar. Und von einer anderen (stammesgeschichtlich jüngeren) Schicht, die flexibler, einfallsreicher, beherrschter aber auch zeitaufwändiger agiert und gerade dadurch zu überlegenen Kulturleistungen gelangt – wie es nur dem Menschen zukommt. Diese Sicht bestärkt mich in der Auffassung: Durch die Beobachtung von Tieren wie meiner Ratte Alpha kann man auch etwas über Menschen erfahren.

Dr. Wolfgang Schönpflug ist Professor für Psychologie an der Freien Universität Berlin. Die Experimente, welche er schildert, hat er 1958 als Fulbright-Student durchgeführt und dafür seinen ersten akademischen Grad, den Master of Arts (MA), erhalten. Nach Deutschland zurückgekehrt, hat er nie wieder Tierversuche unternommen. Er hat sich vielmehr experimentellen Forschungen an Menschen gewidmet; zudem beschäftigt er sich mit der Geschichte der Psychologie.

Peter Walschburger

Grenzerfahrungen und widersprüchliche Wirklichkeit – Ein Plädoyer für eine biopsychologische Anthropologie und eine Lese-Empfehlung

Die moderne Psychologie hat sich als eine naturwissenschaftlich inspirierte Disziplin etabliert. Wir sind alle Zeitzeugen des Siegeszugs biologischer Denkweisen und einer stürmischen Entwicklung der Hirnforschung.

Leider hindert uns gerade der Erfolg unseres wachsenden Spezialwissens daran, elementare Körperfunktionen und Verhaltensweisen auch als Bausteine einer Lehre vom ganzen Menschen in seiner Lebenswelt zu nutzen. Eine biopsychologische Anthropologie, die den Menschen als ganzheitliches Entwicklungsprodukt von Natur und Kultur begreift, ist noch erstaunlich wenig ausgearbeitet. Eine solche Lehre böte wertvolle Orientierung. Sie könnte Lernende und Lehrende ermuntern, nach dem »Wesen« des Menschen hinter der zugleich präsentierten Vielfalt subjektiver Daseinsentwürfe und wechselnder Sozialkonstruktionen zu suchen. Diese Suche böte eine Chance, dem »Wesen« – wenn auch nur indirekt und ansatzweise – auf die Spur zu kommen.

Eine umfassende Lehre vom Menschen stößt aber auch deshalb auf Widerstand, weil wir nur über widersprüchliche Zugänge zur Wirklichkeit des ganzen Menschen vordringen können: Zugänge zum äußeren Verhalten und zur inneren Erfahrung des Menschen, Natur- und Geisteswissenschaft, verhalten sich *komplementär*: Der eine Zugang benötigt zwar den anderen als wesentliche Ergänzung, aber jener andere Zugang kann aus der Perspektive des einen nicht angemessen und widerspruchsfrei beurteilt werden.

Für den Bereich der Biopsychologie hat Fahrenberg schon früh auf die Bedeutung der Komplementarität natur- und geisteswissenschaftlicher Perspektiven für eine Lehre vom Menschen hingewiesen und hat diese Sicht vielfach methodologisch und empirisch erläutert und kommuniziert (Fahrenberg 1979, 2003; Fischer, Herzka u. Reich 1992).

Auch Norbert Bischof hat verhaltensbiologische Erkenntnisse und Zugänge zur Innerlichkeit des Menschen komplementär und disziplinübergreifend zu einem reichhaltigen Entwurf einer biopsychologischen Anthropologie weiterentwickelt. Auch sein Entwurf ist methodologisch fundiert und wissenschafts- und erkenntnistheoretisch abgesichert. Nicht zuletzt führt er zu einem ungewöhnlichen Lesegenuss.

Im ersten von zwei Bänden geht Bischof (2001) der Naturgeschichte des Inzesttabus auf den Grund und entwickelt in einem interdisziplinären Rahmen ein verhaltensbiologisches Modell der Antriebsgrundlagen zwischenmenschlicher Beziehungen.

Im zweiten Band greift Bischof (1996) den dazu komplementären Aspekt des inneren Erlebens auf. Da sich die meisten Kulturen in ihren Mythen auf das Inzestmotiv beziehen, rückte die Deutung der Mythen ins Zentrum seines Interesses. Die Grundidee ist, dass sich die Mythen – als anonyme Erzählungen – auf kritische Phasen unserer emotionalen Entwicklung beziehen, obwohl sie wie Antworten auf Fragen nach unseren objektiven Existenzbedingungen aussehen. Der Mythos wird »als Niederschlag der Erinnerung an jene phänomenale Weltentstehung« aufgefasst, »bei der jeder von uns einmal selbst zugegen und mit Leib und Seele beteiligt war« (Bischof 1996, S. 115).

Wer sich nicht scheut, die Grenzüberschreitungen in den Disziplinen, den Methoden und dem Stil der Annäherung an einen faszinierenden Forschungsgegenstand mitzumachen, die Bischof gründlich, konsequent und kenntnisreich vollzieht, der wird ein Stück weiter zur Wirklichkeit des ganzen Menschen vorgedrungen sein.

Literatur
Bischof, N. (1996): Das Kraftfeld der Mythen. Signale aus der Zeit, in der wir die Welt erschaffen haben. München.
Bischof, N. (2001): Das Rätsel Ödipus. 5. Aufl. München.
Fahrenberg, J. (1979): Das Komplementaritätsprinzip in der psychophysiologischen Forschung und psychosomatischen Medizin. Zeitschrift klin. Psychol. Psychother. 27: 151–167.
Fahrenberg, J. (2003): Annahmen über den Menschen. Menschenbilder aus psychologischer, biologischer, religiöser und interkultureller Sicht. Heidelberg.
Fischer, E. P.; Herzka, H. S.; Reich, K. H. (Hg.) (1992): Widersprüchliche Wirklichkeit. Neues Denken in Wissenschaft und Alltag. München, S. 294.

Prof. Dr. Peter Walschburger, Studiengang Psychologie, Freie Universität Berlin. Fachgebiet: Biopsychologie.

Alfons Hamm

Ich weiß zwar was ein Neuron ist, aber was ist eigentlich ein Psychon?

Wenn man als im Sauerland geborener Westfale, der normalerweise nur ungern auf die Sicht des gewohnten Kirchturms verzichtet, seinen ersten Ruf an die Ernst-Moritz-Arndt-Universität Greifswald im hohen Nordosten der plötzlich so großen Republik bekommt, sucht man zunächst einmal nach Orientierung vor Ort. Dies ist zum Glück in Greifswald sehr viel leichter möglich als vielerorts sonst. So fand ich eines Tages auf meinem Schreibtisch völlig überraschend eine Einladung zu einer Vernissage, auf der die Bilder des Greifswalder Neurologie-Professors Christof Kessler ausgestellt werden sollten. Da ich wusste, dass viele Neurologen eine gewisse Reserviertheit gegenüber der Psychologie pflegen – frei nach dem Motto: »Ich weiß zwar was ein Neuron ist, aber was ist eigentlich ein Psychon«? –, war ich zunächst einmal skeptisch. Glücklicherweise bin ich dennoch hingegangen und lernte so meinen Kollegen aus der Neurologie kennen. Nun ist es eines der berühmten Phänomene Greifswalds, dass sich solche Kontakte sehr schnell intensivieren, und so kam es nach zwei Tennismatches (die Ergebnisse tun hier jetzt mal nichts zur Sache), dass mich Christof Kessler zu einem Vortrag in die Klinik für Neurologie einlud.

Hier erzählte ich nun, dass protektive Reflexe durch Angstzustände gesteigert werden können und dass die Amygdala für diese Furcht-induzierte Bahnung verantwortlich sei. Ich erzählte außerdem, dass konditionierte Reize, die vorher mit einem aversiven US gepaart wurden, die Amygdala auf einer – wie LeDoux es nennt – schmutzigen Route (eine Art holprige Abkürzung) direkt aktivieren können, ohne den Umweg über den visuellen Kortex zu nehmen. Dies bedeutet, so sagte ich, um den Effekt dieser Worte zu steigern, dass Sie sich vor etwas fürchten können, das Sie gar nicht sehen. Ich spürte sofort die skeptischen Blicke der versammelten Neurologenschaft, ließ mich aber nicht beirren.

Zwei Wochen später, Christof Kessler und ich saßen wieder zusammen, sagte mein Neurologie-Kollege plötzlich, wenn es stimmt, was du bei deinem Vortrag kürzlich bei uns erzählt hast, dann müsste doch ein kortikal Blinder eine Furchtreaktion auf einen Reiz lernen, obwohl er diesen Reiz nicht sieht. Darüber hatte ich noch gar nicht nachgedacht, außerdem kannte ich die Literatur zu kortikaler Blindheit bis dahin nicht so genau, um es schmeichelhaft auszudrücken. Dennoch sagte ich ziemlich mutig, ja, eigentlich hast du Recht, wenn die tierexperimentellen Befunde auch für den Menschen gelten, dann muss das so sein.

Wieder drei Wochen später rief mich Christof Kessler an, diesmal in meinem Büro. Wir haben einen Patienten, sagte er aufgeregt, bei dem der visuelle Kortex nach einem zweiten Schlaganfall völlig ausgefallen ist und der somit kortikal völlig blind ist, beidseitig, den müssen wir mit deinen Methoden untersuchen. Nach einem Elitzantrag an die Ethikkommission war der Patient eine Woche später in unserem Labor und wir haben ein Konditionierungsexperiment mit ihm gemacht. Tatsächlich zeigte unser Proband trotz bilateralem Verlustes der primären Sehrinde nach wenigen Lerndurchgängen eine deutliche Potenzierung seiner Schreckreaktionen, wenn diese in Gegenwart des konditionierten Reizes ausgelöst wurden, obwohl er diese Reize nicht im Kortex wahrnehmen konnte.

Wir haben diese Kasuistik als unser erstes gemeinsames Manuskript gleich in »BRAIN« veröffentlicht und waren nicht wenig überrascht, als L. Weiskrantz dieser Studie noch ein Editorial voranstellte, worin er feststellte, dass ein Greifswalder Psychologe und ein ebenso dort ansässiger Neurologe gerade eine 65-jährige Lücke in der Erforschung kortikaler Blindheit geschlossen hatten. Dies zeigt, dass Forschung manchmal seltsame Wege geht und auch der Besuch einer Vernissage Dinge in Gang setzen kann, die sonst nie auf den Weg gebracht worden wären. Ach so, inzwischen sind wir uns übrigens darüber einig, was ein Psychon ist, nämlich eines oder mehrere Neurone bei der Arbeit.

Prof. Dr. Alfons Hamm, Institut für Psychologie, Lehrstuhl für Physiologische und Klinische Psychologie/Psychotherapie, Universität Greifswald.
Fachgebiete: Neuropsychologie von Furcht und Angst, Ätiologie von Angststörungen, Wirkmechanismen der Expositionsbehandlung.

Bernhard Schlag

»Du sollst dir kein Bildnis machen«?

1. Pygmalion, König von Zypern, wurde nach Ovids Darstellung von einer glühenden Leidenschaft für die von ihm selbst hergestellte Statue einer Jungfrau erfasst. Auf seine Bitte hin belebte Aphrodite die Statue, die er daraufhin heiratete. G. B. Shaw (1950) beschreibt ein ähnliches Geschehen, verfilmt als »My fair lady«:

»... You see, really and truly, apart from the things anyone can pick up (the dressing and the proper way of speaking, and so on), the difference between a lady and a flower girl is not how she behaves, but how she's treated. I shall always be a flower girl to Professor Higgins, because he always treats me as a flower girl, and always will; but I know I can be a lady to you, because you always treat me as a lady, and always will.«

2. Klare Bilder dürfen sich anscheinend Könige machen, wie Antoine de Saint-Exupéry (1956) in »Der kleine Prinz« schreibt: Der kleine Prinz ...

»befand sich in der Region der Asteroiden 325, 326, 327, 328, 329 und 330. Er begann also, sie zu besuchen, um sich zu beschäftigen und um sich zu bilden. Auf dem ersten wohnte ein König. Der König thronte in Purpur und Hermelin auf einem sehr einfachen und dabei sehr königlichen Thron. ›Ah! Sieh da, ein Untertan‹, rief der König als er den kleinen Prinzen sah. Und der kleine Prinz fragte sich: ›Wie kann er mich kennen, da er mich noch nie gesehen hat!‹ Er wußte nicht, daß für die Könige die Welt etwas höchst einfaches ist: Alle Menschen sind Untertanen.«

3. Eine differenzierte psychologische und zugleich optimistische Analyse zum Anfertigen von Bildnissen liefert Bertolt Brecht (1967):

»Der Mensch macht sich von den Dingen, mit denen er in Berührung kommt und auskommen muß, Bilder, kleine Modelle, die ihm verraten, wie sie funktionieren. Solche Bildnisse macht er sich auch von Menschen: Aus ihrem Verhalten in gewissen Situationen, das er beobachtet hat, schließt er auf bestimmtes Verhalten in anderen, zukünftigen Situationen. Der Wunsch, dieses Verhalten vorausbestimmen zu können, bestimmt ihn gerade zu dem Entwerfen solcher Bildnisse. Den fertigen Bildnissen gehören also auch solche Verhaltensarten des Mitmenschen an, die nur vorgestellte, erschlossene (nicht beobachtete), vermutliche Verhaltensarten sind.

Dies führt oft zu falschen Bildern und auf Grund dieser falschen Bilder zu falschem eigenen Verhalten, um so mehr, als sich alles nicht ganz bewußt abspielt. Es entstehen Illusionen, die Mitmenschen enttäuschen, ihre Bildnisse werden undeutlich; zusammen mit den nur vorgestellten Verhaltensarten werden auch die wirklich wahrgenommenen undeutlich und unglaubhaft; ihre Behandlung wird unverhältnismäßig schwierig. Ist es also falsch, aus den wahrgenommenen Verhaltensarten auf vermutliche zu schließen? Kommt nur alles darauf an, richtiges Schließen zu lernen? Es kommt viel darauf an, richtiges Schließen zu lernen, aber dies genügt nicht. Es genügt nicht, weil die Menschen nicht ebenso fertig sind wie die Bildnisse, die man von ihnen macht und die man also auch besser nie ganz fertigmachen sollte. Außerdem muß man aber auch sorgen, daß die Bildnisse nicht nur den Mitmenschen, sondern auch die Mitmenschen den Bildnissen gleichen. Nicht nur das Bildnis eines Menschen muß geändert werden, wenn der Mensch sich ändert, sondern auch der Mensch kann geändert werden, wenn man ihm ein gutes Bildnis vorhält. Wenn man den Menschen liebt, kann man aus seinen beobachteten Verhaltensarten und der Kenntnis seiner Lage solche Verhaltensarten für ihn ableiten, die für ihn gut sind. Man kann dies ebenso wie er selber. Aus den vermutlichen Verhaltensarten werden so wünschbare. Zu der Lage, die sein Verhalten bestimmt, zählt sich plötzlich der Beobachter selber. Der Beobachter muß also dem Beobachteten ein gutes Bildnis schenken, das er von ihm gemacht hat. Er kann Verhaltensarten einfügen, die der andere selber gar nicht fände, diese zugeschobenen Verhaltensarten bleiben aber keine Illusionen des Beobachters; sie werden zu Wirklichkeiten: Das Bildnis ist produktiv geworden, es kann den Abgebildeten verändern, es enthält (ausführbare) Vorschläge. Solch ein Bildnis machen heißt lieben.«

Literatur
Brecht, B. (1967): Gesammelte Werke in 20 Bänden, Band 20. Frankfurt a. M.
Saint-Exupéry, A. de (1956): Der kleine Prinz. Düsseldorf.
Shaw, G. B. (1950): Pygmalion. In: Klassische Stücke. übersetzt von S. Trebitsch. Berlin/Frankfurt a. M.

Aus: Bernhard Schlag (1995): Lern- und Leistungsmotivation. Opladen. 2. Auflage. 2003.

Prof. Dr. Bernhard Schlag, Fakultäten Verkehrswissenschaften und Mathematik/ Naturwissenschaften, Technische Universität Dresden.
Fachgebiete: Verkehrspsychologie, Motivationspsychologie.

Boris M. Velichkovsky

Von Aufmerksamkeitslandschaften zu Sinnbildern. Eine neue Methodologie zur Lösung alter philosophischer und psychologischer Probleme

Kann man in die Gedanken anderer Menschen ein Blick werfen? Wohl kaum – und das ist bestimmt gut so. Unsere Erfahrungen und Gefühle sind vor einer Fremdbeobachtung durch die berühmte transzendentale Barriere der Philosophie gehütet. Trotzdem ist es uns in den letzten Jahren gelungen, einen Schritt in die Richtung zu schaffen. Als Ergebnis können nun *visuelle Wahrnehmungen* von Menschen deutlich besser analysiert werden.

Die Entwicklung ist mit der Analyse der visuellen Aufmerksamkeit verbunden. Diese kann man auf verschiedene Weise untersuchen. Verbreitet sind bildgebende Verfahren. Die bunten Bilder der Aktivierung von Hirnregionen sind aber zu teuer, langsam und mehrdeutig, als dass wir sie zur Interpretation der Wahrnehmung einer komplexen Szene ohne weiteres heranziehen könnten. Praktikabler ist eine Registrierung von Augenbewegungen. Es besteht eine gute statistische Übereinstimmung zwischen der Blickrichtung und dem Ort in der Umgebung, der uns momentan am meisten interessiert und deswegen unsere Aufmerksamkeit anzieht. Dank der technologischen Fortschritte der letzten Jahre kann die Registrierung der Blickrichtung heute ohne große Belastung für Probanden erfolgen. Einige der Untersuchungssysteme funktionieren sogar völlig berührungslos.

Die Registrierung zeigt ein Muster von Fixationen und schnellen sakkadischen Sprüngen. Die Informationsaufnahme kann dabei nur während der Fixationen erfolgen. Fixationen spiegeln deshalb die Verteilung der Aufmerksamkeit wider. Schon mit diesem Wissen kann im Prinzip vieles gemacht werden. Eine Möglichkeit besteht darin, dass wir so genannte *Aufmerksamkeitslandschaften* konstruieren (dazu dienen die Daten über die Abnahme der Sehschärfe in Peripherie des Gesichtsfelds) und die entsprechende Funktionen als Filter für die Bearbeitung der betrachteten Bilder benutzen.

In weiterem Schritt werden die Fixationen nach ihrer Funktion differenziert. Unsere Experimente zeigen, dass die (eher) kurzen, mit längeren Sakkaden verbundenden Fixationen im Dienst der räumlichen Orientierung stehen. Wir nennen diese »ambiente Fixationen«. Die »fokalen Fixationen« sind hingegen mit längerem Abtasten von Objekten verbunden. Die Grundlage für diese Trennung sind die zwei visuellen Systeme im menschlichen Gehirn. Das erste System ist uralt und auf schnelle Lokalisation ausgerichtet. Das zweite System beschäftigt sich mit Identifikation von Objekten. Dieses System benutzt das im Gedächtnis gespeicherte Wissen und sorgt dafür, dass die visuelle Verarbeitung unseren Zielen entspricht.

Nun ist es leicht, die Aufmerksamkeitslandschaften in ambiente und fokale zu trennen. Wenn wir dann die fokale Verteilung mit dem betrachteten Bild multiplizieren (das geht auf das Matrizenrechnen zurück), entsteht das, was wir *Sinnbild* nennen – eine von ambienten Komponenten bereinigte Repräsentation der Wahrnehmung. Die Abbildungen a und b zeigen das an Hand von Böcklins »Insel der Toten« sowie »Der verrückten Welt« von Jan Steen. Aus der Darstellung ergibt sich, was subjektiv der Sinn der jeweiligen Geschichte ausmacht: die Totenfigur im ersten Fall und das Flirten in dem zweiten.

Diese Forschungslinie ist weitreichend anwendbar, beispielsweise auf dem Gebiet medizinischer Radiologie, wo diese Art cer Analyse subjektive Urteile objektiver machen kann. Außerdem kann eine *Online*-Unterscheidung von ambienten und fokalen Modi der Verarbeitung beim Autofahren behilflich sein, da sie vorhersagt, wann wir eine plötzliche Gefahr identifizieren und bewältigen können. Es kann eben passieren, dass wir einen Fußgänger auf der Fahrbahn zwar anstarren, dabei aber uns gerade im ambienten Modus (räumlich zerstreute Aufmerksamkeit) befinden.

Prof. Dr. Boris M. Velichkovsky, Institut für Psychologie III, Technische Universität Dresden. Fachgebiete: Kognitive Organisation, Aufmerksamkeit und Augenbewegungen, Evolution und Mikrogenese, Angewandte Kognitionsforschung.

Philipp Mayring

Interpretation eines Interviewausschnitts

Aus meinem persönlichen »Schatzkästchen« stammt ein Interviewausschnitt, den wir im Rahmen eine Forschungsprojekts erhoben haben (Ph. Mayring, J. König, A. Hurst u. N. Birk: »Opfer der Einheit«, Opladen, 2000) und den ich in der Methodenausbildung den Studierenden gern vorlege:

I: Ja. Ist die Situation, so wie sie im Augenblick für Sie ist, äh eine belastende Situation?

P: Ja, also ich denke, daß man damit nicht fertig wird, daß man, äh, einfach beiseite geschoben wird.

I: Mh. Und was würden Sie dann sagen, ist da das zentrale Problem?

P: Hm ja, einmal diese Ungerechtfertigkeit, daß man äh also der Meinung ist, daß hier Sachen gewertet werden, die so in dieser Bewertung nicht richtig sind ...

I: Ja.

P: ... äh, dann, daß es Leute bewerten, die meiner Meinung nach, sich nicht die Mühe gemacht haben, ein bißchen irgendwie das zu durchdringen, und damit werde ich absolut nicht fertig weil ich hier doch (... uv...) einiges aufgebaut habe.

I: Mh. Gibt's da augenblicklich auch positive Seiten für Sie, was die berufliche Situation anbelangt?

P: Naja, ich habe ..., ich geh mal davon aus, daß ich das relativ gut kann. Also ich habe es verstanden, mich in den neuen Job wieder so einzuarbeiten, daß ich dort eine Basis habe und mithin auch zu den besten gehöre, also was den neuen Job anbetrifft, habe ich mich dort genauso wieder weiterentwickelt, wie es bisher bei mir üblich war – immer ein Stück voraus, nicht, ... aber, äh, es ist halt ein Job, den ich mir nicht rausgesucht habe, sondern den ich genommen hab, weil's (... uv...) oder weil ich Zeit habe (... uv...)

I: Ja. Gibt's denn in dieser Hinsicht dann Schwankungen, was die positiven und auch negativen Seiten betrifft?

P: Ja, immer wieder dann, wenn's irgendwelche Bildungsakzente gibt, also wenn ich wieder mal mit Kollegen oder mit Freunden zusammen komme, oder (...) sonst ...

I: Mh.

P: Und natürlich, wenn's manchmal nicht so läuft. Ich bin selbständiger Versicherungsvertreter, und wenn's da mal, äh, ein Tief gibt, und man sieht, wie gut es eigentlich den anderen Beamten geht, nicht ...

I: Ja.

P: ... aber es gibt auch Tatsachen, daß ich jetzt sagen will, ich bin auf eine Art froh, mit diesem Bildungssystem nicht ungedingt mehr zusammenarbeiten zu müssen ...

Der erste heilsame Eindruck ist, dass wir den Text ohne Hintergrundinformationen nicht verstehen. Text muss zum vollen Erfassen interpretiert werden. Erst wenn wir den Kontext näher kennen, erschließt sich der Text; wenn wir erfahren, dass dies ein Interview mit einem etwa 55-jährigen Lehrer ist, Konrektor einer Schule in der DDR, der nach der Wende wegen SED-Mitgliedschaft nach einer kommissionellen Überprüfung nicht übernommen wurde, arbeitslos geworden ist und nun Bausparverträge im Haustürgeschäft verkauft.

Die zweite wichtige Einsicht, die uns die Arbeit mit diesem Text vermitteln kann, ist, dass unterschiedliche Auswertungstechniken aus demselben Material völlig verschiedene Ergebnisse liefern können. Ich möchte drei Beispiele geben:

- Die Sozialwissenschaftlich-hermeneutische Paraphrase (Heinze) würde nach mehreren Interpretationsdurchgängen verschiedener Auswerter eine zusammenfassende Kernaussagen aus dem Text herauskristallisieren. Das Ergebnis könnte sein: »Ambivalentes Erleben der Situation mit Hochs (erfolgreich im neuen Beruf, weg vom Bildungssystem) und Tiefs (ungerecht beiseite geschoben worden zu sein, Neid auf übernommene Beamte)«.
- Die Psychoanalytische Textinterpretation (Leithäuser, Lorenzer, Volmerg) sucht nach Brüchen im Text (3. Zeile: Wechsel von der Ich- zur Man-Ebene) und versucht diese zu deuten: Verdrängung der Betroffenheit und Kränkung, Rationalisierung (»bin froh, mit diesem Bildungssystem nicht mehr zusammenarbeiten zu müssen«). Sie bezieht auch die Interaktionssituation mit ein (szenisches Verstehen) und sieht die positiven Darstellungen (Erfolg im neuen Job) als Rechtfertigung des »Ossi« vor dem jüngeren Interviewer aus dem Westen.
- Qualitative Inhaltsanalyse definiert theoriegeleitet Auswertungskategorien (z. B. Belastungsgrad) und wendet sie systematisch, kontrolliert (Interkodervergleich) auf den Text an. Es wird aufgrund der inhaltsanalytischen Regeln ein mittlerer Belastungsgrad diagnostiziert.

Dies weist uns auf das zentrale Verhältnis von Fragestellung, Gegenstand und Methode hin.

Prof. Dr. Philipp Mayring, Institut für Psychologie, Universität Klagenfurt.
Fachgebiete: Angewandte Psychologie, Methodenforschung, Qualitative Inhaltsanalyse.

Erich Kirchler

Über die Sicht auf die Dinge

Seit dem Schwur, redlich für das Ansehen der Universität zu wirken, sind Forschung, Lehre und Verwaltung meine Arbeitsfelder. Exzellenz in der Forschung, begeisternde Lehre und Selbstverwaltung nach optimalen betriebswirtschaftlichen Kriterien sind anzustreben. Das tue ich, frag- und rastlos. Weil ich für diese Zeilen innehalten muss und einen Blick zurück machen darf, freue ich mich über die Einladung dazu.

Zwei Fragen stellen sich mir neben vielen anderen auch: eine zur Forschung, die andere zur Leitung von Teams.

Forschung führt zu Antworten und wirft oft brennende Fragen auf. Zwei Jahrzehnte lang näherte ich mich der Entscheidungsdynamik in der Familie und hoffte, ein Bild über die Komplexität des Alltags zu entwerfen. Mit zunehmender Sezierung von Entscheidungen rückte die Aufmerksamkeit näher und bohrte tiefer in das Forschungsobjekt; letztlich wurde der Blick für das Ganze riskiert. So wie der Betrachter eines Bildes die Entfernung bemisst, um optimal zu sehen, frage ich mich nach der »guten« Distanz zum Forschungsphänomen und danach, wann die Nähe die Sicht verdunkelt.

G. B. Shaw macht die Zweifel über die eigenen Erkenntnisse erträglich, denn auf alle komplexen Fragen gibt es eine einfache Antwort; sie ist falsch. Und ob die eigenen Erkenntnisse bestand haben, ist auch von relativer Bedeutung: Selbst Zwerge werfen lange Schatten, wenn die Sonne der Kultur niedrig steht (K. Kraus). Eines aber ist mir wichtig: Um zur Lösung von Aufgaben beizutragen, müssen Forschung und Lehre die Fesseln der eigenen Disziplin sprengen und mit Vertretern anderer Disziplinen kooperieren. Wer Selbstverständlichkeit der eigenen Ansichten und lokale Egoismen nicht überwindet, flieht letztlich vor dem »Leckerbissen«, wie der Fuchs bei Jean de La Fontaine:

> Das Füchslein ist von arger List,
> tut gern, was andern übel ist.
> So lädt er einst den Storchen ein
> und bietet ihm den schönsten Wein,
> jedoch auf flachem Teller an,
> sodass der Storch nicht trinken kann.
> Das Füchslein lacht : »Ei gelt, das schmeckt!«
> und hat's alleine ausgeleckt.
> Der Storch ist bös, doch dankt er fein
> und lädt den Fuchs auf morgen ein.
> Und als der Fuchs nun zu ihm kam,
> der Storch ein steinern Flasche nahm,
> war oben schmal und unten breit:
> »Nun, Füchslein, komm, es ist so weit!«
> …
> Der Storch mit seinem Schnabel lang
> tunkt tief hinunter in den Trank,
> und ohne Blick auf seinen Gast
> verzehrt er fröhlich ohne Hast
> die aufgesparten Leckerbissen.-
> Da ist das Füchslein ausgerissen.
> (La Fontaine)

Die Leitung von Teams schillernder Persönlichkeiten verlangt oft Balanceakte, um es schließlich allen, auch sich selbst, recht zu machen. War ich manchmal dabei, den »Esel zu tragen, anstatt auf ihm zu reiten«?

Ein Vater und Sohn …
Trieben ein Esel vor sich hin,
Das sah einer und sprach zu ihn:
Ihr müßt fürwahr
groß Narren sein
Das ihr den Esel
treibt herein
Und ihr beyde zu
Fuß laufft her …
Der Vater …
Den Sohn bald auf den Esel setzt.
Da kam ein anderer …
Und sprach: Ist das nichten eine schand
Daß der alte Mann hie geht im Dreck
Und reiten läßt den jungen Geck.
Der Vater sprach: Sieh lieber Sohn
Wir han hie auch nicht recht gethon
Steig ab und laß mich sitzen auff
Und du nun neben mir herlauff.
Ob solches jedem möcht schein recht
Bald sich ein dritter herbewegt
Und spricht: Wer hat's je ärger wohl gesehn?
Das kleine Kind muß im Dreck hier gehen.
… Der Vater sprach …
Wir wollen noch eins wagen recht
Ob das jemand gefallen möcht;
Thaten beyd auff dem Esel sitzen
Drückten ihn hart, daß er that schwitzen.
Kam aber einer
und hebt an:
Kein größer Narrn
ich gesehen han
Sie sitzen beyd
auffs Thierlein
schwach
Sich keiner sein
erbarmen mag.
Ein jeder solt ein weil drauff reiten
Der ander dann zu Fuß her schreiten.
Ihr thut den Esel viel eh tragen
Dann er euch mit sei'm leerem Magen.
Besonnen beyd
sich lang nicht
mehr
Trug'n ihn an einer
Stangen her …
(Eucharus Eyring 1520–1597)

Neugier und Zweifel, Freude und Relativität, Kooperation, Entschlossenheit, Einsicht in
die Gewalt der Situation und viele Erfahrungen mehr, … auch das Dilemma von Elisa-
beth, das Friedrich Schiller in »Maria Stuart« erahnen lässt: »Warum hab ich Gerechtigkeit geübt, … selbst die Hände mir gefesselt! Das Muster, das ich selber gab, verdammt
mich!«
Ändert sich im Rückblick die Sicht?

**Prof. Dr. Erich Kirchler, Institut für Psychologie, Arbeitsgruppe Wirtschaftspsychologie,
Universität Wien.**
Fachgebiete: Ökonomische Psychologie, ökonomische Entscheidungen im Haushalt, Steuer-
psychologie.

Ilse Kryspin-Exner

Szenen einer Ehe

Als Studentin war ich Sekretärin des Berufsverbandes Österreichischer Psychologen, und aus dieser Zeit ist mir auch der Film »Szenen einer Ehe« in Erinnerung. 1973 von Ingmar Bergman inszeniert, werden Situationen aus dem Leben eines Paares dargestellt, das sich nach schmerzhafter Aufarbeitung verdrängter Konflikte aus der Ehe befreit. Sechs Szenen sind für diesen Film charakteristisch, ich möchte sie mit der Behandlungskompetenz von Psychologen und ihrer gesetzlichen Regelung in Verbindung bringen.

Die 1. Szene stellt die nahezu ideale Ehe von Marianne und Johann dar. Selbstgefällig sind die beiden überzeugt, alles bestens arrangiert zu haben. Dennoch kündigen sich erste gegenseitige Verletzungen an.

Die Nachkriegszeit ist überwunden, die Emigration vieler bedeutender Psychologen ist in Vergessenheit geraten. Das Psychologiestudium verzeichnet einen Aufschwung, es ist empirisch-wissenschaftlich, nicht auf Anwendung ausgerichtet. Der Tiefenpsychologie gegenüber besteht eine enorme Skepsis, die Aktionen der 68er-Generation wirken sich auch auf die Auseinandersetzung mit der Thematik Psychologie, Therapie und so weiter aus.

In der 2. Szene werden Ärgernisse in spaßig-kompromisshafter Form gelöst. Marianne verspürt jedoch eine vage Angst, dass etwas zwischen ihr und Johann falsch läuft; sie macht einen lahmen, nicht sehr erfolgreichen Versuch, die entstehende Kluft zu reparieren.

In Österreich werden die Bestrebungen, ein Psychologengesetz zu etablieren, intensiver. Über die therapeutischen Kompetenzen herrscht Uneinigkeit. Durch einen angestrebten Titelschutz der Berufsbezeichnung »Psychologe«, ohne die Tätigkeit zu spezifizieren, hofft man dieses heikle Problem zu umgehen.

3. Szene: Johann verkündet ziemlich brutal, dass er eine andere Frau liebt und Marianne verlassen wird. Mit einer unglaublichen Selbstbezogenheit lebt er seine vitalen Begierden aus. Marianne reagiert betroffen, scheint völlig hilflos und gedemütigt.

1982 bildet sich der Dachverband Österreichischer Psychotherapeutischer Vereinigungen – die Psychologie gehört, da sie keine eigene Therapierichtung verkörpert, als geschlossene Gruppierung nicht dazu. Die Psychologen sind zum Teil zutiefst in ihrer Identität getroffen; es gelingt nicht, Behandlungskompetenzen, die sich aus dem eigenen Fach, der Psychologie, entwickelt haben, zu etablieren.

Szene 4: Marianne und Johann treffen sich nach längerer Zeit wieder. Eine gewisse Erholung kündigt sich an, die nach wie vor bestehende Bindung mischt sich mit dem Abwägen neuer Lösungen und Aggressivität. Für kurze Augenblicke führen Isolation und Einsamkeit die beiden Partner zueinander.

Längst sind viele Psychologen in klinischen Einrichtungen und Beratungsstellen tätig. Viele haben Ausbildungsbausteine neben dem Studium erworben, manche konsequent in einer Therapierichtung, andere wiederum nützen verschiedenste Angebote. Eklektizismus steht gegen Spezialisierung. Die Bestrebungen einer gesetzlichen Basis ziehen sich in die Länge, einmal ist der große Gegner »die Medizin«, dann wiederum haben die verschiedenen Gruppen Abgrenzungsprobleme untereinander. Je nach »Feindbild« ändern sich Positionen, Argumente und Kooperationen.

5. Szene: Scheidung; Marianne und Johann engagieren beide den gleichen Rechtsanwalt. Es leben die gegenseitigen Verletzungen und Zermürbungen auf, die all die Jahre unterdrückt waren. Opportunistisch und egoistisch versucht jeder das Beste für sich herauszuholen.

Am selben Tag (1.1.1990) werden vom Gesetzgeber das Psychologengesetz und das Psychotherapiegesetz verabschiedet.

Letzte Szene: Eine »neue« Marianne und ein »neuer« Johann, die in all den Jahren Entwicklungen durchgemacht haben, suchen einen Ausweg aus dem Desaster. Beide wissen nun mehr über sich selbst, ihre Lebensweisen bauen auf widersprüchlichen Kompromissen auf. Es ist alles nicht wirklich besser, dennoch ist die Situation aus einer anderen Realität heraus zu beurteilen.

Im Film gibt es keine Lösung, auch kein Happy End. Bergman schließt seine Expertise mit dem Ausspruch »Now lets see what happens«: In Deutschland traut vereint, in Österreich geschieden, frage ich mich, ob die Hoffnung besteht, dass es für die »Patchwork-Familie Europa« in Hinblick auf Ausbildung und Ausübung von Psychologie und Psychotherapie zukünftig eine einheitliche Basis geben wird.

Univ. Prof. Dr. Ilse Kryspin-Exner, Institut für Psychologie, Arbeitsgruppe Klinische und Gesundheitspsychologie, Universität Wien.
Fachgebiete: Organische Grundlagen psychischer Störungen, Psychologie körperlicher Erkrankungen, klinische Neuropsychologie.

Brigitte Rollett

Das Institut für Psychologie der Universität Wien

Zunächst gilt es ein häufiges Missverständnis auszuräumen: Nach wie vor verbinden ausländische Besucher die »Wiener Psychologie« mit der Psychoanalyse Freuds. Tatsächlich lehrte jedoch Freud nie an der Philosophischen Fakultät der Universität Wien, welcher das von Karl Bühler 1922 gegründete, streng empirisch-experimentell ausgerichtete Psychologische Institut zugeordnet war, sondern an der Medizinischen Fakultät. Wie Bühlers Frau, die bekannte Entwicklungspsychologin Charlotte Bühler, in ihrer Autobiographie vermerkte, gab es zwischen den beiden Richtungen keine offiziellen Kontakte, was allerdings interessierte Studierende, die in ihren späteren wissenschaftlichen Arbeiten beide Aspekte verbanden (z. B. René Spitz, Erik Erikson oder Hans Leo Kreitler), nicht daran hinderte, sowohl bei Bühler als auch bei Freud Lehrveranstaltungen zu besuchen. Schon damals zählte die Psychologie zu den von Studierenden äußerst nachgefragten Fächern. Von Karl Bühler ist eine 1929 eingebrachte Eingabe an die akademischen Behörden überliefert, in der er sich darüber beklagte, dass an seiner Lehrveranstaltung im Auditorium Maximum an die 1000 Studierende teilnähmen, was ihre angemessene Betreuung unmöglich mache. Da in Österreich kein Numerus clausus existiert, hat sich an dieser Situation bis heute nichts geändert.

Eine Besonderheit des Instituts war (und ist) die Offenheit für Frauen als Studierende und Wissenschaftlerinnen, aber auch für Kontakte über die engen Fachgrenzen hinweg. Wenig bekannt dürfte zum Beispiel sein, dass der Philosoph Karl Popper nach seinem Lehramtsstudium bei Bühler Psychologie studierte und sogar eine experimentelle denkpsychologische Arbeit begann. Nach Fertigstellung des theoretischen Teils hatte er die arbeitssparende Idee, dass dieser eigentlich für eine philosophische Dissertation genüge und ihn kurzerhand – mit Erfolg – bei dem Philosophen Schlick als Hauptprüfer und Bühler als Zweitprüfer eingereicht. Als er in den 1980er Jahren als Honorarprofessor an der Universität Wien wirkte, äußerte er gelegentlich, dass er bei Bühler wesentlich mehr über Schule gelernt habe, als dies in seinem regulären Lehramtsstudium der Fall gewesen sei; eine gute pädagogisch-psychologische Ausbildung könne fast alle Schulprobleme beheben – und für jene Lehrer, für die dies nicht ausreiche, habe er auch eine Lösung: ein bereits bei der Ersteinstellung jedes Lehrers vertraglich zugesicherter Arbeitsplatz bei der Post. Eine hohe Latte, die Popper damit der Psychologie im Allgemeinen und der Pädagogischen Psychologie im Besonderen im Hinblick auf ihre sozialpräventive Funktion im Anwendungsbereich gelegt hat!

Die Integration von hochstufiger Methodologie und Grundlagenforschung und darauf aufbauender systematischer Anwendungsforschung ist für Forschung und Lehre am Wiener Institut charakteristisch. Als Beispiel sei die Längsschnittstudie »Familienentwicklung im Lebenslauf« (FIL) genannt, die nunmehr seit über 10 Jahren läuft. 175 Familien wurden mit einem umfangreichen Instrumentarium zu vier Zeitpunkten (vor der Geburt, im Alter von 3 Monaten, 3–8 und 11 Jahren des Kindes) untersucht. »Highlights« in Gestalt von sowohl theoretisch wie praktisch interessanten Ergebnissen war zum Beispiel die Diagnose, dass Eltern heute recht wenig auf die Belastungen durch ein (weiteres) Kind vorbereitet sind. Besonders die Väter neigten – entgegen allen vor der Geburt des Kindes geäußerten guten Absichten – dazu, sich nicht an der Kinderbetreuung und anderen familiären Aufgaben zu beteiligen. Die in den Medien viel diskutierten »neuen Väter« erwiesen sich als eine eher seltene Erscheinung (Rollett u. Werneck 2001). In der Zeit der Babypause der Mütter scheint sich daher eine traditionelle Rollenverteilung durchzusetzen, die besonders von jenen Müttern negativ erlebt wird, die sich vor der Geburt des Kindes zu emanzipatorischen Werten bekannten. Erfreulicher war dagegen ein anderes Teilergebnis: Babys mit einem auffallend »schwierigen« Temperament machten ihren Eltern zwar die Anpassung an die Vergrößerung der Familie besonders schwer, doch bestätigte sich die in der klinisch-psychologischen Literatur vertretene These nicht, dass diese Kinder in der Schule durch schwerwiegende Verhaltensstörungen auffielen. Bereits mit drei Jahren zeigten die ursprünglichen »Schrei-Babys« im Gegenteil ein eher zurückgezogenes, friedliches Verhalten. Als Konsequenz dieser Untersuchungsergebnisse für die familienpsychologische Praxis wäre eine Ergänzung der heute schon flächendeckend angebotenen Geburtsvorbereitungskurse durch »Geburtsnachbereitungskurse« in Form einer psychologischen Unterstützung der Eltern bei der Bewältigung des Familienalltags wünschenswert.

Literatur
Bühler, Ch. (1972): Charlotte Bühler. In: Pongraz, L.; Traxel, W.; Wehner, E. (Hg.), Psychologie in Selbstdarstellungen. Stuttgart, S. 9.
Popper, K. R. (1928): Zur Methodenfrage der Denkpsychologie. Unveröff. Diss. Universität Wien.
Rollett, B. (1994): Siebzig Jahre Institut für Psychologie an der Universität Wien. In: Gittler, G.; Jirasko, M.; Kastner-Koller, W.; Korunka, C.; Al-Roubaie, A. (Hg.), Die Seele ist ein weites Land. Aktuelle Forschung am Wiener Institut für Psychologie. Wien, S. 11–16.
Rollett, B.; Werneck, H. (2001): Einstellungen, Rollenverhalten und Berufstätigkeit bei Erst-, Zweit- und Dritteltern in Österreich. In: Nickel, H. u. Quaiser-Pohl, C. (Hg.), Junge Eltern im kulturellen Wandel. Untersuchungen zur Familiengründung im internationalen Vergleich. Weinheim, S. 123–136.

**Ordentliche Professorin Dr. Brigitte Rollett, Institut für Psychologie, Universität Wien.
Fachgebiete: Entwicklungspsychologie und Pädagogische Psychologie.**

Die Psychologie auf der Suche nach ihrem Selbstverständnis

Aufgrund der Gegensätzlichkeit, die sich zunehmend zwischen einer kultur- und einer naturwissenschaftlichen Orientierung in der Psychologie herausbildete, ist die Gefahr einer Spaltung der Disziplin offenkundig geworden. Vor diesem Hintergrund und angesichts der Verantwortung des Menschen für den Erhalt oder die Wiederherstellung einer von Zivilisationsschäden unbelasteten Umwelt entstand das Projekt, das integrative Modell einer „Psychologie als Humanwissenschaft" zu entwickeln.

Gerd Jüttemann ist es gelungen, eine Reihe von führenden Vertreterinnen und Vertretern der akademisch repräsentierten Psychologie für die Frage zu interessieren, inwieweit sie eine humanwissenschaftliche Konzeption des Fachs für notwendig halten und welche einschlägigen Implikationen sie für ihren Bereich daraus ableiten.

Gerd Jüttemann (Hg.)
Psychologie als Humanwissenschaft
Ein Handbuch

2004. 380 Seiten mit 2 Abbildungen, kartoniert
ISBN 3-525-46215-8

Vandenhoeck & Ruprecht

Eine handlungsrelevante Methodologie

Methodologie – die Lehre von den wissenschaftlichen Methoden – wird in aller Regel losgelöst von inhaltlichen Theorien und empirischen Resultaten dargestellt und begründet. Dieses Buch bricht mit dieser Tradition, indem es eine auf den Prinzipien des Kritischen Rationalismus aufbauende deduktivistische Methodologie der empirischen Psychologie in Verbindung mit Theorien und Befunden zu verschiedenen Teilgebieten der Allgemeinen Psychologie präsentiert und kritisch diskutiert. Auf diese Weise soll deutlich werden, dass eine Methodologie nicht zwangsläufig vom konkreten Forschungsprozess abgehoben sein muss, sondern für Forschende in sehr direkter und unmittelbarer Weise auch handlungsrelevant sein kann, indem sie weiterführende Untersuchungsmethoden und theoretische Zugänge nahe legt, die ohne diesen methodologischen Hintergrund unwahrscheinlich gewesen wären.

Edgar Erdfelder /
Joachim Funke (Hg.)
**Allgemeine Psychologie
und deduktivistische
Methodologie**

2004. 334 Seiten mit 11 Abbildungen
und 22 Tabellen, kartoniert
ISBN 3-525-46210-7

V&R
Vandenhoeck
& Ruprecht

Psychologie und Beruf – die neue Reihe

Herausgeber: Gerd Jüttemann, Heidi Möller, Lutz von Rosenstiel, Walter Volpert, Wolfgang Weber

1: Christina Schachtner (Hg.)
Das soziale Feld im Umbruch
Professionelle Kompetenz,
Organisationsverantwortung,
innovative Methoden

2003. 220 Seiten mit 12 Abb. und 3 Tabellen, kartoniert
ISBN 3-525-45150-4

Im Zuge des gegenwärtigen Globalisie-rungsprozesses erodiert das Soziale oder konstituiert sich bereits wieder neu. Das Buch arbeitet die Konturen einer neuen Professionalität im sozialen Feld heraus, die sich in der gesellschaftlichen Um-bruchsituation bewähren muss.

2: Wolfgang G. Weber /
Pier-Paolo Pasqualoni /
Christian Burtscher (Hg.)
Wirtschaft, Demokratie und soziale Verantwortung
Kontinuitäten und Brüche

2004. 422 Seiten mit 3 Abb., kartoniert
ISBN 3-525-45151-2

In seiner konzeptionellen und prakti-schen Ausrichtung leistet das Buch eine Verbindung zwischen Ansätzen der Wirtschaftsdemokratie, Wirtschaftsethik, Corporate Citizenship und Humanisie-rung des Arbeitslebens.

3: Matthias Hüsgen
Projektteams
Das Sechs-Ebenen-Modell zur Selbst-reflexion im Team –
Instrument und Einsatz

2004. Ca. 200 Seiten mit einigen Abb., kartoniert
ISBN 3-525-45152-0

Die dominierende Organisationsform in Unternehmen steckt in einer Hierarchie-krise. Um die Qualität der Zusammenar-beit in Projektteams zu optimieren, hat der Autor ein Sechs-Ebenen-Modell ent-wickelt, das Erkenntnisse der Gruppen-dynamik, des Projektmanagements und der Systemtheorie integriert.

4: Jürgen Kaschube
Eigenverantwortung – eine neue berufliche Leistung
Chance oder Bedrohung für
Organisationen?

2004. Ca. 340 Seiten mit einigen Abb., kartoniert
ISBN 3-525-45153-9

Wie unterscheidet sich der Begriff *Eigenverantwortung* vom herkömmlichen Begriff der Verantwortung? Welche Kompetenzen und welche Persönlichkeit besitzen eigenverantwortlich handelnde Mitarbeiter? Die psychologischen Er-kenntnisse führen zu einem zwiespälti-gen Fazit: Eigenverantwortliche Mitar-beiter können eine Chance und Berei-cherung für Organisationen sein; sie können aber auch als Bedrohung wahr-genommen werden, da sie sich nicht stillschweigend in die festgefügten Hierarchien eingliedern.

V&R
Vandenhoeck
& Ruprecht